学前教育家文库

张慧和文集

凤凰出版传媒集团
江苏教育出版社
JIANGSU EDUCATION PUBLISHING HOUSE

学前教育家文库
编委会
主　任：鲁　洁
副主任：许卓娅　张胜勇
编　委：陈秀云　陈淑安　胡建华　卢美贵　唐　淑
　　　　屠美如　王振宇　虞永平　赵寄石　祝士媛

总序 / 1

前言 / 1

计算教学与发展幼儿的思维 / 1

幼儿的计算教育 / 6

早期数学教育的内容和方法 / 9

对幼儿园早期数学教育改革中几个问题的认识 / 16

我国幼儿园数学教育改革的回顾与思考 / 23

幼儿园数学教育中的分类活动 / 29

幼儿园数学课程说明 / 34

幼儿园数学教育的目标和内容 / 44

幼儿园数学教育活动设计与组织 / 67

学前儿童集合概念的发展和教育 / 100

学前儿童10以内数概念的发展和教育 / 120

学前儿童10以内加减运算概念的发展和教育 / 143

学前儿童几何形体概念的发展和教育 / 161

学前儿童量的概念的发展和教育 / 175

《幼儿数学画册》使用说明 / 193

幼儿计算教育中应注意的问题 / 201

幼儿园的卫生保健工作 / 215

婴幼儿的营养 / 219

日本一所幼儿园的体育工作 / 223

学前儿童中常见的不良情绪和行为及其纠正 / 227

重视向幼儿进行营养教育 / 232

幼稚园第一要注意的是儿童的健康 / 237

保教结合　促进儿童健康成长 / 244

幼儿的解剖生理特点 / 248

美好的事业　幸福的人生 / 276

个人成果参考目录 / 280

个人学术年表 / 282

后记 / 284

总　序

　　我国学前教育理论与实践的研究,始于20世纪初期的南京高等师范学校(南京师范大学的前身)。从南京高等师范学校到南京师范大学,在将近100年的时间中,经过几代学前教育学人绵延不断的探索、传承、弘扬和发展,成就与积累了极为丰硕的学术成果,形成了我国学前教育学术宝库中一份十分珍贵的财富。为了使后继者得以在前人已有成就的基础上继续前进,为学前教育学术发展搭建一个历史平台,南京师范大学学前教育专业与江苏教育出版社决定联手出版《学前教育家文库》。

　　早在20世纪20年代,时任南京高等师范学校教务主任的陶行知先生创建了教育科,并任首届主任,就在这里开始了近代中国学前教育的奠基工作。陈鹤琴先生在这里开始了儿童心理、家庭教育、幼稚教育的研究与教学工作,举办了我国第一个幼教实验中心——南京鼓楼幼稚园;陶行知和陈鹤琴的学生张宗麟先生首先自愿成为陈鹤琴研究幼教的合作伙伴,在鼓楼幼稚园进行了课程、设备、故事、读法等项研究,后又成为陶行知在南京郊区开辟农村幼教基地的得力助手,陈鹤琴也曾被晓庄乡村试验学校聘为幼稚师范院院长。他们的论著如《儿童心理之研究》、《家庭教育》、《幼稚教育概论》、《幼稚园的演变史》、《幼稚教育论文集》(一、二两册)等书,在幼教界影响深远。他们是中国化、大众化、科学化幼教道路的开拓者和领路人。他们作为先行者的实践业绩和理论建树,其影响一直延伸至今。

新中国建立后,经1952年院系调整,由南京大学、金陵大学、上海震旦大学、广东岭南大学等相关系科组合,在南京师范大学建立了当时全国惟一的幼儿教育系,陈鹤琴先生被国务院任命为南京师范学院的首任院长。陈鹤琴在幼教系亲自教授儿童心理学、教育史等课程,还设置了儿童教育研究室和儿童教玩具研究室及玩具工厂,开创了教学、研究、生产三结合的体制,并建立了南师附属幼儿园—附属幼儿师范学校—幼儿教育系的三级完整的幼教体系。在陈鹤琴先生的带领下,南师幼教系的老师们还分别深入各种类型的幼儿园进行各科教学、玩教具、游戏、设备、营养、混龄教育等项研究,与幼儿园建立了鱼水关系。陈鹤琴所倡导的热爱儿童、热爱幼教的奉献精神,中西融通、不断探索的创新精神,理论和实际紧密结合的务实精神,深深地影响着一代又一代的南师学前教育学人,这种奉献、创新、务实的精神已蔚然成风,逐步形成为南京师范大学幼教人的传统风格。

改革开放后,南京师范大学学前教育专业进入了历史性突破的新时期。20世纪70年代末,为促进全国幼教事业的复兴,南京师范大学学前教育专业肩负起筹备全国幼教研究会的重任,在南京召开了成立大会和第一届学术年会;80年代初,南京师范大学学前教育专业首批执行教育部和联合国儿童基金会幼教师资培养的合作项目;80年代末,承办了我国第一次幼教国际会议;90年代初,被国务院学位委员会批准设立了我国首个幼儿教育学科博士点;本世纪初,被教育部确定为首个国家级学前教育重点学科。南京师范大学学前教育专业已成为当代我国学前教育领域中的先导和中坚。

近30年来,南京师范大学学前教育专业以不断拓展理论视野和深入幼教实践来提高队伍素质,完善课程建设为根本方针。在教学方面,努力加强学前教育学、儿童心理学、儿童教育哲学等基础理论课,逐步增设了学前教育史、学前教育研究方法、学前课程论、儿童游戏论等科目,将幼儿园各科教学法改造成学科教育学。20世纪80年代中期承担了多项全国高校"七五"规划教材编写项目,由人民教育出版社出版了《学前教育学》、《学前教育学参考资料》、《中国学前教育史》、《中国学前教育史资料选》、《学前儿童发展与教育科学研究方法》、《学前儿童语言教育》、《学前儿童音乐教育》、《学前儿童美术教育》、《幼儿科学教育》、《学前儿童数学教育》、《儿童营养学》等教材,填补了高师学前教育专业课教材的空白。在硕士和博士学位点的建设方面,设有学前教育基本理论、学前教育课程论、学前审美教育、学前科学教育、学前语言教育、学前道德启蒙、幼儿社会性发展、学前健康教育等专业方向。在科学研究方面,20世纪80年代初,率先进行幼儿园综合教育的研究,由此拉开全国幼儿园课程改革的序幕;承担了全国教育科学"七五"规划重点项目"农村幼儿教育研究","八五"规划重点项目"学前儿童艺术综合教育"、"幼儿道德启蒙教育","九五"规划重点项目"我国幼儿园课程体系的研究"、"学前儿童审美教育"、"幼儿园师幼互动的研究"等,并都取得了丰硕的成果,出版了《农村学前一年综合教育课程设计》、《学前儿童艺术综合教育》、《幼儿道德启蒙的理论与实践》、《师幼互动行为研究》、《幼儿审美教育学》、《儿童教育新论》、《儿童精神哲学》、《幼儿园课程指导丛书》、《幼儿园课程实施指导丛书》、《幼儿园课程研究论文集萃》、《托儿综合教育课程》等书。近年来,还重视与国内外同行的合作研究,多次举办国际、国内学术研讨会,在刊物上开展学术思想争鸣。总之,南京师范大学学前教育学人的研究覆盖了学前儿童的生理和心理、正常儿童与特殊儿童、托儿所与幼儿园、教学与游戏、分科教学与综合教学、城市与农村、正规与非正规保教形式,涉及到幼儿教育系统工程的方方面面。他们的研究成果不仅有利于自身教育质量的提高、师资队伍的专业成长,也促进了全国幼教界教育改革的步伐,为建设有中国特色的幼教事业作出了重要贡献。

这次出版的《学前教育家文库》共13卷,包括陶行知、陈鹤琴、张宗麟、方观容、黄人颂、赵寄石、汪爱丽、卢乐珍、屠美如、王志明、张慧和、唐淑、楼必生13位教授、专家的个人专卷。用以彰显他们的开拓创新和求真务实精神,供人们分享他们的丰硕成果,以期薪火传承,发扬光大!在这里我深深祝愿本文库的出版将促进我国学前教育学术更加繁荣、事业更加兴旺!

鲁 洁
2005年10月

前 言

在本文集中,收集了我在南京师范大学教育系工作期间及退休后发表的论文和所编著的教材。文集内容包括两个部分,一是学前儿童数学教育方面的论文和教材,主要有《计算教学与发展幼儿的思维》、《早期数学教育的内容和方法》、《对幼儿园早期数学教育改革中几个问题的认识》、《我国幼儿园数学教育改革的回顾与思考》等。主编的教材有《学前儿童数学教育》(高等教育大专自考教材,我撰写了其中7章)、《幼儿园数学教育》(幼儿园教师培训教材,我撰写了其中2章)、《计算教学法》(幼儿园教师培训教材,全书章节为我撰写),在此期间还主编了多部幼儿园教材,例如,"幼儿园课程指导丛书"数学部分,"幼儿园课程实施指导丛书"数学部分等。二是幼儿卫生保健方面的论文和教材,主要有《幼稚园第一要注意的是儿童的健康》、《幼儿园的卫生保健工作》、《重视向幼儿进行营养教育》等文章,主编了《幼儿卫生学》(幼儿园教师学历培训教材,我撰写了第1章),参与高等师范学校《幼儿卫生学》教材的编写(我撰写了第7章)。

在我工作期间和退休后的这些年中,我对幼儿园的数学教育问题给予了较多的关注,并进行了一定的探索和研究。对这一问题的研究我们主要集中在以下几个方面:首先是对幼儿园数学教育目标和内容的研究。我们着重探讨的是在数学教育目标中如何体现"完整儿童"培养的思想及目标的层次性。在多年实践研究的基础上,我们对所提出的幼儿园数学教育目标进行了深入而全面的梳理和概括,使之对幼儿园的教育实践更具指导性和可操作性。同时我们还较全面、具体地提出了幼儿园各年龄班的数学教育内容,并指出在选择教育活动的内容时,应注意内容的启蒙性、生活性、可探索性和系统性。第二,探讨、研究早期数学教育如何促进幼儿思维的发展。数学教育能够锻炼并促进儿童思维的发展,这是一个不争的事实,但并不是一切的数学教育活动都能自然而然地促进幼儿思维的发展。我们的研究表明,教师认真、科学地选择和安排数学教育内容,才有可能使幼儿学习和获得数学的关键经验。幼儿获得数学关键经验,反映了他对数量关系的初步理解和掌握。在幼儿理解和掌握数量关系的同时,他的思维能力也得到了同步的发展。教师认真、科学地选择和安排数学教育内容,还有助于幼儿学习运用已掌握的经验去获取新的经验,使幼儿能从已知推出未知,导出新知。教师精心设计和组织数学教育活动,才有可能让幼儿通过与材料的相互作用,通过尝试与操作,建构自己的数学概念;同时在师幼讨论和交流中,经过观察、分析、比较、抽象和概括,使幼儿在活动中获得的经验得到了整理和提升。这一过程既是幼儿建构数学概念的过程,更是幼儿思维获得发展的过程。第三,探讨、研究了幼儿园数学教育的方法和组织形式。教育实践表明,操作的方法是幼儿获得数学经验的基本方法,而游戏法、讲解演示、观察比较等方法也是幼儿学习数学不可或缺的方法。在幼儿数学教学的组织形式上,我们总结了实践中常采用的三种形式,即集体活动、小组活动、集体与小组相结合三种组织形式,指出三种形式各自具有的特点和功能。教师在了解幼儿发展水平和已有经验的基础上,根据教学内容选择相应的教学组织形式,才可能使教学达到最优的效果。第四,近年来我们探讨、研究数学教育与其他领域教育的整合、渗透的问题。首先,我们关注的是数学教育内容如何密切联系儿童的生活。我们认为，应从幼儿日常生活情境中选择他们熟悉的、感兴趣的和有价值的问题，引导他们学习用简单的数学方法去解决，使幼儿感受到数学的有用和重要，同时在此过程中也萌发了幼儿对数学活动的兴趣和喜爱情感。其次，探讨、研究了数学教育与其他领域教育的整合和渗透。我们认为，根据主题设计与实施的课程，能够整合各领域的教育内容。主题一般来源于儿童的生活，反映的是一个整体的、具体的世界，一个鲜活的现实世界。在这鲜活的现实世界中，蕴含着多个领域的教育内容。幼儿在获得对事物较为整体、全面、生活化的认识中，也同时会感受到事物的数量、形状、空间位置及时间流动等特征，体验到事物之间的多种数量关系。但是，我们还应看到，由于主题之间经验的不衔接和核心经验存在的局限性，幼儿在主题活动中所获得的数学经验常是零散和不完整的，无法保证幼儿对数学关键经验的获得，也难以锻炼和发展幼儿的思维能力。因此，在重视各领域教育内容的整合与相互渗透的同时，还必须依据和遵循数学自身的逻辑结构和顺序，并以此设计和组织数学教育活动，以保证数学教育的价值在幼儿发展中得到真正的实现。经过多年的研究和探讨，我们对上述问题有了较为明确的认识，取得了一定的成果，得到了幼教同行和幼儿园教师的认可和肯定。

　　我从1958年毕业至今，已在幼儿教育岗位工作了近50年，我自觉对工作、对事业是尽力的，但作为陈鹤琴先生的一名学生，我又深感自己对陈老的教育思想学习、理解还很不够。我愿在今后的岁月中，努力学习陈老的教育思想，继承、发扬他的精神，为我国幼儿教育事业的发展、进步献出一点微薄力量。

计算教学与发展幼儿的思维[1]

幼儿园的计算教学,在锻炼和发展幼儿的思维能力方面起着重要的作用,我们是从以下几个方面进行的。

一、在直观、形象的基础上,着力讲清概念,培养幼儿学习的迁移能力

发展幼儿思维,培养幼儿的学习能力,其实质就是要培养幼儿能运用已有的知识去获得新的知识,就是要培养幼儿具有举一反三、触类旁通的能力。要做到这点,重要的是,教师要在直观形象的基础上,着力讲清概念,帮助幼儿对已有的感性经验进行抽象概括,形成初步数概念。幼儿掌握了概念,在学习上才可能具有迁移、储存和转换应用的能力,才可能为进一步学习,为顺利解决生活中的实际问题打下基础。

任何知识之间都不是彼此孤立而是相互联系的。这一点数学知识表现得更为突出。数学概念之间的联系极为紧密,正如克鲁普斯所说:"数学这是概念中的链条,掉了一个小环,下面的内容就不懂了。"在学习《幼儿园教育纲要(试行草案)》的基础上,我们根据数学知识的内在结构和联系,对数学内容作了较为科学的安排。例如,教幼儿学习数的概念,先教 10 以内数的形成,按数取物,认识相等数,比较数的多少,目测数群,再教一个数由若干 1 所组成,序数和邻数。这样的安排,有利于幼儿运用已掌握的知识去学习新的知识,便于教师引导幼儿由已知推出未知,导出新知。

教幼儿学习任何一项内容的开始阶段,教师都要运用各种直观教

---

[1] 本文原载于《幼儿教育》(江苏)1984 年第 5 期。

具、语言讲解、动作演示,引导幼儿对直观图像进行分析、综合、抽象、概括,逐步使幼儿形成概念。这一阶段,教师要在直观形象的基础上,着力讲清概念,使幼儿对概念有较清楚的认识,逐渐掌握知识的规律和联系,因为这是知识转化为能力的重要条件。

10以内每个数虽然都要教,但不要平均使用力量,要根据在各阶段里幼儿掌握知识的情况提出具体、明确的要求。

例如,教5以内的邻数,教学的重点是要让幼儿理解一个数比它前面的数多1,比它后面的数少1。教学时,可以从幼儿已有经验出发,出示两排相等数量的物体,要求幼儿进行比较,接着教师在其中的一排物体上添上一个。引导幼儿观察、比较:两排物体哪一排多,多几个?哪一排少,少几个?由于这两排物体的数量是从相等到不相等,因此幼儿容易发现数量的变化并进行比较。在幼儿进行比较时,教师要强调和突出添一和去一的动作,使幼儿能清楚地看出多一或少一的数量关系。在观察、比较的基础上,最后教师帮助幼儿用语言概括,如:2比1多1,2比3少1,2的邻数是1和3。

当幼儿对邻数的概念初步掌握后,教师应着重启发和引导幼儿运用已学知识去解决同类性质的问题,掌握新的知识。这阶段要注意培养幼儿类推的能力和迁移的能力。

例如,学习6的邻数,就可以先复习5的邻数,接着向幼儿提问:6有没有邻数?它的邻数是几和几?幼儿回答后,教师再用教具验证一次。这样做,对能正确回答的幼儿来说,是一次强化,也是一次鼓励,进一步激发了幼儿学习的兴趣和积极性;对尚未掌握邻数概念的幼儿,通过教师的演示、讲解,使他们再次在具体形象的基础上进行学习。对于这部分幼儿,再次运用教具进行讲解、演示还是很需要的,这样做,可以帮助他们理解和掌握。

二、训练思路,教会幼儿思维的步骤和顺序,培养幼儿初步的逻辑思维能力

训练思路就是要教会幼儿思考问题的路子,即学习思维的步骤和顺序。思路的训练实际上就是在幼儿脑中建立一定的认知结构。有了这样的结构,不仅使现有知识之间建立了联系,同时还能较快地将新知识纳入已有的认知结构中,加快由已知到未知的过程。

怎样训练幼儿的思路？教师要向幼儿具体地、有顺序地提出问题,引导幼儿一步步思考,最后解答问题。当幼儿对某一内容初步理解和掌握后,提出的问题可以笼统些,并注意变化提问的形式,以培养幼儿思维的敏捷性和灵活性。

例如,教幼儿学习5的形成,首先问幼儿：这里有几个布娃娃？（4个布娃娃）接着问：添上一个是几个布娃娃？再结合教具问：4添1是几？（结合教具提问,幼儿比较容易理解和回答这个问题）以后可以在此基础上这样提问：4添几是5？几添1是5？5去几是4？几去1是4？等等。

幼儿依次地回答这样的提问,对数与数之间的关系就会逐步清楚和掌握。在这过程中,也就锻炼和发展了幼儿的思维能力。

训练幼儿的思路还有赖于多种方法的运用。教师的提问和讲解要伴随直观教具和动作的演示,使抽象的数概念形象化,也使幼儿思维过程形象化,就是说使幼儿的思维过程成为可以见到的过程,这样有利于幼儿思路的形成。在这过程中,教师的语言讲解是很重要的。它能引导幼儿观察和思维,进行抽象、概括,形成概念。

让幼儿动手操作,并要求幼儿用语言表达操作过程,能使幼儿较迅速地明确思路。

三、重视幼儿的实践活动,启发幼儿积极主动地学习

教学是师生共同活动的过程。教学过程中,教师要善于启发、诱导幼儿积极探索、主动学习；要创设情境,让幼儿意识到一切好像是他自己发现的,是他自己解决的,这种意识会使幼儿获得成功的愉悦和求知欲望的满足,这种积极的情感体验,能使幼儿积极主动地进行学习,促使幼儿智力发展。

创造条件让幼儿自己动手、动脑去发现问题,解决问题,获得成功,这是最重要的。

动手操作是激发智力才能的一种强有力的刺激。我们一年的研

究表明：如果想培养出思路开阔、头脑聪明的孩子，那就必须经常让他锻炼手指的活动能力，由于手指的活动而刺激脑髓中的手指运动中枢，就能促使幼儿全部智能的提高。

幼儿对数的理解不是靠模仿成人的语言和靠机械记忆，而必须让幼儿通过自己摆弄物体，实际进行操作来掌握，在具体活动中获得数的经验，理解数的概念。

我们在每节课中，都安排幼儿有动手实践的机会，运用人手一套教具解决这个问题。实践中我们感到，算盘（或计数器）是比较好的人手一套教具。算盘准备方便，练习机会多，同时，算珠可代表任何的实物，它既比数字具体，又比实物抽象，因而能发挥从具体到抽象的桥梁作用，帮助幼儿完成从感性到理性这一认识过程的飞跃。除使用算盘外，还要结合使用其他小教具如纽扣、蚕豆、圆片、泡沫塑料等，使用了这类教具，幼儿摆弄的机会就多，就有兴趣。

教师提供给幼儿的材料要有利于促进幼儿思维能力发展，要使幼儿有想象和创造的机会。例如，给幼儿一些冰棒棍，要求他们拼三角形。教师给幼儿的冰棒棍有长有短，数量也不止 3 根，这样，幼儿就能根据自己的思考，拼出许多不同的三角形。如果只给每个幼儿 3 根一样长的冰棒棍，那幼儿只能按老师所拼的样子去模仿，这样做，将会影响幼儿思维能力和创造能力的发展。

四、采用游戏教学形式，激发幼儿的学习兴趣

智力发展与幼儿积极的情绪有着密切的关系。从生理学、心理学观点来看，教学时，幼儿大脑处于积极的状态，就能较好地吸收、分析、判断和储存信息，达到最佳学习效果。游戏是幼儿喜爱的一种活动。游戏活动中有动作，有材料，有角色，构成一种特定的情境。在这种情境下进行学习，对幼儿来说，就不再是外来的要求，而成为他自己的需要，使学习活动成为幼儿的一种自主活动。数概念比较抽象，幼儿较难理解和掌握，因而在教学方法上需仔细考虑和选择，采用游戏形式进行教学更为需要。

我们在选编计算教学游戏时，除考虑要完成一定的教学要求外，

还注意从幼儿的年龄特点出发,尽可能多地设计一些动作,让全班或大多数幼儿有较多的活动机会。同时,游戏中包含猜测、竞赛的成分,以引起幼儿的好奇心和求知欲,激发幼儿思维的积极活动。

例如,小班学习按数取物,游戏时,幼儿一边念着儿歌,一边跑向场地的一头(如在教室里,就跑到讲台前),按老师的要求,从桌上拿取几块小积木(或其他物品)。这个游戏全班幼儿都可以参加,又由于学习按数取物同体育活动结合,幼儿很喜欢玩。

又如,大班计算教学游戏(猜猜是几),要求幼儿看老师出示的横式题,猜猜式题背面写的是几,实际上是要求幼儿计算出横式题的得数。由于提出的要求是要他猜猜是几,因而引起了幼儿的好奇心,激发了学习的兴趣和积极性,较好地复习了10以内加减运算。

从以上几点做法中,我们可以看出,要发展幼儿的思维能力,关键在于教师要发挥主导作用。教师要认真学习《幼儿园教育纲要(试行草案)》,掌握计算教育的具体要求,并要反复钻研和熟悉教材,才能抓住教学的重点和关键性问题,启发、引导幼儿积极主动地学习。教师要根据幼儿的认识特点,合理组织教学过程,引导并帮助幼儿掌握事物的本质特点和内在联系,才能促进幼儿思维能力的发展。

幼儿的计算教育[1]

数学概念是比较抽象的概念，看不见，摸不着。幼儿学习它要比学习其他概念难得多。有些教师和家长，不熟悉计算教育的内容和方法，对幼儿提出过高要求，采用小学教学形式，因此效果不好。

教幼儿学习初步的数学概念，包括以下几方面的内容：认识数量和数以及常见的几何形体，初步了解时间和空间概念，掌握10以内数的加减运算。在教学过程中，要培养幼儿学习计算的兴趣，训练幼儿思维，发展幼儿智力。

下面谈谈怎样教幼儿认识10以内数和进行加减运算。

一、认识10以内的数

对于小班幼儿，在学习数概念之前，应先教他们学习分类和排列顺序。分类就是把具有共同特点的物体放在一起，学习计数先得会分类；排列顺序是按照物体的差异和顺序进行排列，这可以使幼儿对物体的数量差异和顺序有所认识。在日常生活中要尽量开展这类活动。例如，整理各种玩具，让幼儿把同类玩具放在指定的地方，积木可按颜色和形状摆放，球类可以从大到小排列。在幼儿完成这些任务后，还应要求他们用语言来表达。这样可以让幼儿学会掌握表示物体量和物体之间关系的相应词汇。

在教幼儿认识数目时，要先教他们认识"1和许多"。通过引导幼儿操作和摆弄物体，使他们懂得"许多"可以分成1个、1个，而1个、1个合起来就是许多。比如网袋里的许多皮球可以分给每个小朋友，小朋友把皮球一个一个还回来，网袋里又有了许多皮球。

---

[1] 本文原载于《幼儿教育》（江苏）1985年第12期。

在教幼儿学习比较物体数量的时候,可以采用一一对应的方法。例如让幼儿给娃娃戴帽子,可以安排娃娃和帽子一样多,也可以安排娃娃多或者帽子多。

总之,幼儿认识10以内的数,应该在直观的基础上,让他们理解每个数的实际意义,绝不能死记硬背一个个数字。要结合认数让幼儿学习点数,要求点一个,数一个,手口一致。数完后,能说出一共有几个。就是说,通过点数帮助幼儿掌握总数的意义。

在认数过程中,还必须教幼儿比较和认识数与数之间的关系,也就是学习邻数。例如认识2和3的关系,小班的幼儿应该知道3多2少;中班和大班的幼儿应该认识3比2多1,2比3少1,3比4少1,4比3多1。要让幼儿懂得在10以内的任何一个数都比它前面的数多1,比它后面的数少1。如果懂得了,就说明他对数与数之间的关系已有了解,已初步掌握数概念。在教幼儿认识数与数之间的关系时,可以先出示两排数量相等的教具,再在其中一排上添上一个,让幼儿比较:哪一排多,多几个?哪一排少,少几个?最后,教师帮助幼儿用语言概括:几比几多1,几比几少1。

幼儿认识数量多少时,常常受物体外部非本质特点的影响,例如同等数量的两种球,他们会认为大球多,小球少;同样数量的两排纽扣,他们会认为排列紧密的少,排列稀疏的多。因此,老师应该有意识地选择一些本质属性相同、外部属性有差异的物体作为教具,以培养和锻炼幼儿的观察能力和思维能力。幼儿只有在逐步懂得数目不受物体大小、颜色、排列形式等的影响后,才可能形成抽象的数概念。

二、教10以内的加减运算

幼儿如果能掌握10以内数的加减运算,就为入学学习作好了准备。在教幼儿学习10以内数的加减运算时,要注意培养幼儿思维的准确性、敏捷性和灵活性,使他们具有初步的逻辑思维能力。

把数的组成、分解和加减法结合起来教,可以减少循环圈。如果先教数的分合,再教加法,最后教减法,不仅要循环三次,而且不利于幼儿理解和掌握数量间的关系。

教大班学习加减法,一般应该先教一个数的组成和分解,接着就教这个数的加减法,加减结合起来教。例如,学习 4 的组成、分解、加法和减法。先教幼儿知道 4 可以分成 3 和 1,3 和 1 合起来是 4,接着教 3+1=4,4−1=3,1+3=4,4−3=1。要启发幼儿运用数的分合知识解答加减题目。加减并教,可以帮助幼儿理解加减之间的互逆关系,减少幼儿学习减法题的困难。

教幼儿加减法应从应用题开始。式题较抽象,幼儿不容易领会。可以先编口头应用题,帮助幼儿理解加减运算的意义。例如,加法表示"一共"、"合起来"、"又来了"、"东西多了"等等的意义,减法表示"剩下"、"还有"、"拿走了"、"东西少了"等等的意义。然后,再教幼儿口算的方法,也就是教会幼儿怎样思考、怎样计算。幼儿学会口算,对发展智力有重要作用,并为以后笔算打下良好的基础。最后要通过多种游戏形式,多种多样的练习方法,使每个幼儿熟练掌握计算技能。

加减计算题应该采用同一套教具,这样有利于幼儿理解数量之间的辩证关系。算盘或计数器是很好的练习工具,幼儿运用它可以做到一题多练,使运算技能熟练巩固。

对幼儿进行计算教育,应该生动有趣,具体形象,联系幼儿的生活和各项活动,自然地从具体到抽象,避免枯燥乏味的单调练习。世界上任何事物和现象,都与量和数有关,因此在引导幼儿观察时,应注意引导他们感受事物的数量特征及其关系。总之,要从幼儿的特点出发,进行计算教育。

早期数学教育的内容和方法[1]

　　幼儿园的数学教育多年来一直被称作计算教育,幼儿园的数学活动称作计算作业或计算活动。在《幼儿园教育纲要(试行草案)》中,计算教育包括以下内容:教幼儿掌握10以内数的概念和加减运算,学习一些有关的几何形体、时间、空间等粗浅的知识。从《纲要》规定的内容来看,这一教育主要是向幼儿进行数学启蒙教育,"计算"这一名称不能准确地反映和概括上述教育的内容和要求。此外,"计算"这一名称也容易使人产生这样的认识,认为幼儿园的数学教育就是儿童认数和学习加减运算。我们接触到的教师和家长中,就有一些同志把数学教育局限在教儿童认数或教儿童加减法。因此,我们认为,将幼儿园计算教育改称早期数学教育比较恰当,比较能够概括它所包含的内容和要求。

　　当代科学和技术、经济和生产的发展,要求人们必须经过一定的数学训练,形成严格的逻辑思维能力。早期数学教育向儿童进行粗浅的数学知识教育仅仅是一个方面,重要的是应该通过一些生动有趣的数学活动,让儿童积累丰富的数学经验,逐渐形成一些基本的数学概念和掌握相应的语言,促进儿童数学思维的发展。

　　当代心理科学的发展是迅速的,教育科学理论也正在发生深刻的变化。我们在探讨儿童早期数学教育的内容和方法时,必须充分运用心理、教育科学的研究成果,使儿童早期数学教育建立在较扎实的科学基础上。

　　根据我们的实践,下述一些思想对我们研究、确定早期数学教育

---

[1] 本文原载于《学前教育研究》1988年第4期。

的内容和方法是具有指导意义的。

首先,儿童数概念的建立有赖于他对两种关系的理解,这就是对类的包含关系和序列关系的认识和掌握,儿童学习数学概念时,必须在其心理上建立相应的结构,数学结构的建立和儿童心理结构的发展是相关连的,存在着一种平行关系。

其次,数理逻辑知识不是从客体本身获得的,而是从改变客体的行动中获得的,是来自儿童的行动以及这些行动之间的协调。协调的动作具有这样几种形式:

——它们可能被合并在一起(加法性的协调);

——它们可能连续产生(次序的或序列的协调);

——两个动作之间的协调(一一对应的协调);

——动作之间的交叉。

数学的抽象乃是操作性质的,它的发生发展要经过连续不断的一系列的阶段,而其最初的来源又是一些十分具体的行动。

第三,基础数学概念的源泉是周围的客观现实。儿童数学概念的学习应该依靠他自己的经验,而不应该是教师的经验。儿童是在自己的多种多样的活动中,在与成人的交往中认识这个现实,积累着数学的经验。

第四,有目的、有组织的教学引导儿童的发展,促进儿童的发展。没有有目的、有组织的教学,没有成人的引导,儿童周围环境中很多事实和现象以及物体的特性就会成为儿童视野和知觉之外的东西。零碎的、没有形成一定体系的知识和经验,不可能引起儿童智力的重大飞跃。只有在有目的、有组织的教学下,才能使儿童获得的经验得到整理和概括,才能使儿童形成一些基本的数学概念,促进其数学思维能力的发展。早期数学教育应该使儿童理解一些基本数学概念和数学思想,而不是发展儿童算术计算技巧。

从上述思想出发,我们认为,儿童早期数学教育的内容应该进行必要的修改和补充,教育的方法和形式也应随内容的改变而改变。儿童早期数学教育内容的确定,应该从为儿童掌握基本数学概念作准备和打基础,从有利于儿童逻辑、数学结构的形成来考虑,并进行探讨。

一、儿童早期数学教育的内容

在我们研究考虑各班数学教育内容时,除按《纲要》提出的内容进行教育外,增加了集合和关系的概念、逻辑的教育。

1. 集合是具有某种属性的一些确定的对象所组成的全体。

集合概念对数学和逻辑概念的形成起着基础概念的作用。早期逻辑入门的最合适、最自然的原始资料是具体东西的集合和对它们的初等运算。具体集合的观念和其运算是儿童学习数学概念的感性基础。例如,数5是具有5个元素的各式各样集合的标志;集合的概念并是抽象加法的基础。

集合概念的教学可以促进儿童思维的发展。儿童必须通过分析、比较、抽象、概括后,才可能将具有共同特性的物体看作为一个整体,即形成具有某种特性的集合观念。儿童从不同角度按照物体的不同特性对一组物体进行分类,可以形成不同的集合。例如,水果可以按颜色、形状、剥皮方法等进行不同的分类。这一活动过程将促进儿童思维能力的发展。

教师应该广泛利用儿童已有的简单的生活经验,在这些经验的基础上,逐渐形成最简单的集合概念。例如,引导儿童学习按物体的某一特征、特性进行分类(如按物体的大小、颜色、形状);学习物品的集合,物品属于集合,理解一集合包含另一集合(按类和属的特征进行分类),包含关系在逻辑和数学上都是重要的。

2. 关系概念,数学概念就是关系概念。归类或分类的思想是以关系的思想为基础的。在儿童的生活经验中,有许多事例可以用来学习关系概念。例如,皮球"属于"小红,"属于"就是一种皮球和小红的关系。又如,儿童给每个娃娃戴顶帽子,比一比球的大小、棍子的长短、物体数量的多少等等,这些都能使儿童理解物体之间的一一匹配、大小、长短、多少等关系。

教师应该运用儿童日常生活中具体关系的例子,帮助儿童理解关系的性质,逐步掌握等价关系和顺序关系。例如,儿童说出两支铅笔是一样长,知道3和3一样多,将5根不同长短的小棍按序排列,将1~5的点子卡片按大小顺序排列。

3. 逻辑的教育。向儿童进行逻辑的教育,就是要让儿童认识到周围的环境都是有秩序的、有规律的,能够对事物表示肯定和否定,能够识别物体的特征,对事物作出判断。例如,请儿童拿一个红色的三角形的图形,找出没有穿红衣服的小女孩;早上看见院子里的地上湿了,能够推论出这是因为昨天晚上下雨了,等等。

二、早期数学教育的方法

我们对这个问题的认识经历了一个认识过程。最初,我们仅从儿童认识事物的一般特点——从具体到抽象这一点出发,研究考虑数学教育的方法和形式。当时,我们强调数学的直观,要求教师结合各种直观教具讲清一些基本数学概念,并注意启发引导儿童自己进行分析、抽象和概括,帮助儿童逐步形成概念。这阶段,我们已开始注意儿童的操作活动,强调在计算教学中要人手一套教具,但这时我们对操作活动在儿童数学概念形成中重要性的认识还很不够。因此儿童的实际操作往往只起着复习、巩固已学概念的作用。例如,教师教过"3"的形成后,要求儿童从许多纽扣中拿出3粒用以表示"3";认识三角形后,要求儿童拿3根小木棍拼搭成一个三角形等等。现在分析和回想起来,这种模式的教育,没有注意早期数学教育的特点和规律,没有认识和了解儿童是如何学习数学的,教学中忽视让儿童通过操作活动获得数学经验,并在此基础上建构起初级的数学概念。在当时情况下教学大多是"注入式"的,多少带有小学化的倾向,儿童的学习也常是被动的,有时可能是一种语言的模仿和记忆。

我们经过一段时间的学习,一段时间的摸索实践,在认识上有了一定的提高,实践中也作了初步的改革,对儿童早期数学教育的方法和形式,有了一些新的认识、体会。

1. 在儿童早期数学教育中,必须强调儿童的实际操作,教师应根据儿童心理发展状况,提供合适的材料让儿童操作、摆弄,让儿童在活动中学习,在活动中通过自己身体动作的参与获得数学感性经验。例如选用分类盒作为儿童的学具(见图①),可以将分类、匹配、排序、认数等若干内容有机地结合在一起,让儿童通过操作进行学习。这种组织形式和方法,可以改变过去那种枯燥乏味的、一个个数教的方法,可以较大地调动儿童的积极性、主动性。这种形式和方法可以使每一个儿童在已有的基础上获得发展。在实际操作中,儿童能够按照自己掌握的情况,自行调节学习的速率,按自己的理解在不同水平上完成任务。例如,教师要求儿童按分类盒上实物卡片的数量取出相应数量的物品放入盒子的小格中,和实物卡片一一对应。在完成这一任务的过程中,个别儿童是采用一一对应的方法完成任务(他在每个图形上放一个物品,或者每拿一个物品都要和卡片上的每个图形碰一下再放下来);一部分儿童逐个点数物品,数出所需数量后再放进小格里;还有一部分发展较好的儿童能一次取出所需数量的物品。又如,在一次学习邻数的活动中,要求儿童根据卡片上的数字,制作两张点子卡片表示这个数的前后两数(相邻数)。在这一活动中,有一个儿童制作了25张卡片,大部分儿童都能制作5～8张卡片,儿童学习的积极性很高。在活动过程中,儿童之间可以互相交谈、学习和帮助。这种组织形式和方法使儿童在教师启发下积极地思考,主动、独立地解决问题,这是一种思考水平的教育模式。

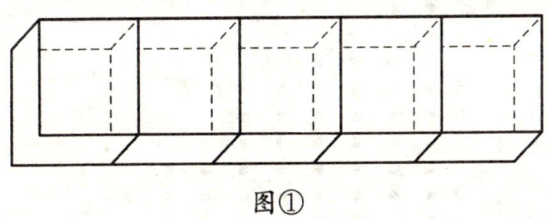

图①

2. 教师要发挥主导作用。我们认为,在早期数学教育中,教师的主导作用主要表现在以下几个方面:

教师应该很好地考虑和选择儿童学习的材料。教师提供的材料不仅要考虑教育要求,还应该考虑儿童的心理发展水平和特点。例如,要求儿童按数取物,将所取物品放入分类盒中,如果选用一些平薄的物品,它们容易重叠在一起,结果儿童拿取时数错了,往往不易发现;而使用一些立体的物品,就不太会发生以上情况。又如,儿童学习数的组成与分解,开始时儿童总认为一个数是不能分的,或者只将一组物品平均分,如果是3,分成1和1后,他会认为多了1个。如果教师提供两种颜色或形状的同类物体让儿童进行分合操作,这时儿童就会根据颜色、形状将这一组物体分成两份,逐渐理解到一个数也可以分成两个较小的数,两个较小的数合起来仍是这个数。

  教师应该帮助儿童整理、概括已获得的经验。儿童在日常生活中,可以获得一定的经验,但这些经验往往是零碎的、散乱的,没有成为系统的知识,这样的知识不易储存,也不易检索,不能够促进儿童智力的发展。例如,在儿童对10以内数有所认识后,教师出示1~10的数图(见图②),这一直观的图形,使儿童一下子发现了10以内数与数之间的关系,看出每一个数都比它前面的一个数多1,比它后面的数少1。又如,在比较两组物体数量时,有些儿童常说"这个多,这个也多",或者说"两个都多",而不会说"一样多"或"同样多"。这说明,儿童在掌握基本数学概念时,往往缺乏表达数学概念的相应语言。这些数学语言需要在教师启发引导下逐步掌握。

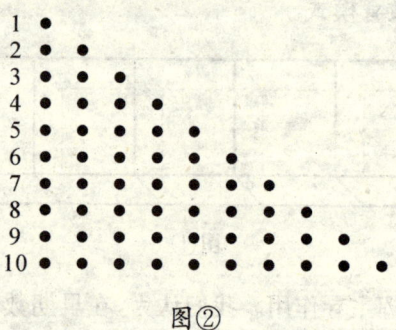

图②

  3. 儿童早期数学教育应该渗透在儿童的一切活动中,通过各种活动形式进行教育。

  在儿童的周围环境中,在儿童的各项活动中,时时、处处都存在向儿童进行数学教育的内容和材料,只要教师注意引导,就可以使儿童获得丰富的数学经验。例如,在游戏中,儿童可以选择两色木珠,一一间隔或一个、两个、一个、两个间隔而穿成一串木珠,儿童在使用积木建造建筑物时,对几何体以及几何体之间的关系有所认识。在音乐、体育活动中,可以加深儿童对空间方位的认识。总之,教师应注意到,在儿童的周围环境中有很多情景和材料可以用来向儿童进行数学教育。

  早期数学教育的组织形式可以分小组活动,也可以组织全班活动。

  分组活动,儿童可以根据自己的兴趣选择学习内容,因此能较好地发挥儿童的积极性、主动性,能够培养儿童的独立性、自主性。由于分组,同时安排几项活动内容,教师的注意力不易分配,不太容易掌握全班儿童的情况,对个别儿童也难以给予必要的指导。

  全班活动,教师可以组织儿童讨论、归纳某一问题,引导儿童寻找问题的答案。全班活动便于教师组织和领导。可是全班按同一要求和内容进行活动,教师往往只能注意中间水平的儿童,对于发展较快及较慢的儿童常常注意不够。

  因此,这两种形式如何运用,教师应根据教育要求和儿童的发展情况来确定,必须使每个儿童都得到较好的发展。

  我们在实验研究中深深体会到,早期数学教育要取得一定的成果,除了要加强这方面的理论学习和实践探索外,还必须研究幼儿园的整个教育工作的改革,因为幼儿园的各项教育工作是一个统一的整体,只有进行整体改革,才可能使每一方面的教育取得较好的效果。此外,教师树立正确的教育思想,也是做好早期数学教育的必要条件,今后,我们将在这两方面进行努力。

对幼儿园早期数学教育改革中几个问题的认识[1]

目前,幼儿园早期数学教育改革正在深入进行,不少地区对幼儿园早期数学教育进行了实验研究。这些研究不仅提出了一些新的教育方案,更为重要的是,他们在方案中提出了一些新的认识、新的观点。我们认为这些认识和观点是十分重要的,因为不解决认识问题,就不可能使早期数学教育的改革深入进行。在本文中,我们想结合我们在幼儿园进行的实验,谈谈对早期数学教育改革中的几个问题的认识。

一、早期数学教育的目的

早期数学教育的目的,应当也必须将儿童的发展放在首位,也就是教育目的主要是促进儿童数学思维的发展。早期数学教育中要让儿童学习一些最初步的、最粗浅的数学知识,因为不学习一定的知识就不可能达到一定的发展,但知识的学习并不能保证儿童的发展,也不能代替儿童的发展,儿童的发展需要进行有目的、有计划的教育。

当代科学与技术、经济与生产的迅猛发展,对教育的要求愈来愈高,要求之一就是需要人们能进行连续的思维活动,复杂的过程分析,正确的逻辑推理,简言之,就是要求人们具有一定的逻辑思维能力。因而数学教育的目的必须重视儿童思维能力的发展。数学的学习可以最大限度地促进儿童逻辑思维的发展,因为数学知识具有严密的逻辑性和高度的抽象性,这决定了它对儿童思维发展具有特殊作用。

---

[1] 本文系与肖湘宁合著,原载于《学前教育研究》1992年第5期。

幼儿时期是一个人身心迅速发展的时期,也是一个人智力发展的最佳时期,因此早期数学教育必须重视儿童的发展,而不应将儿童对知识的获得作为教育的主要目的。

在当前幼儿园的实际工作中,我们感到一些教师对儿童掌握数学知识比较注意,而忽略了儿童的发展。例如,在早期数学教育中,对教师的"教"研究比较多,而对儿童的"学"则研究不够。事实上教和学两者是辩证统一的,教是为学而教,不考虑、不研究儿童的"学","教"也无法发挥作用。在早期数学教育的组织形式上,基本上采用的是集体教学形式,这种形式不易考虑和注意每个儿童发展的特点和差异,在这种组织形式下,数学内容很难适应每个儿童的发展水平,当然也就谈不上通过这样的教学活动促进每个儿童都能在自己的基础上得到发展。

因此,明确早期数学教育的目的是十分必要的。我们应在教育必须促进儿童的发展这一思想指导下,考察研究早期数学教育中的各个问题。

二、早期数学教育的内容

早期数学教育内容的确定既要考虑数学知识本身的体系和特点,同时又必须考虑儿童的认知发展水平和特点。《幼儿园教育纲要》中提出的教育内容对儿童来说仍然是需要学习的,但是根据现代数学的发展和对儿童认知心理发展的研究,早期数学教育还应增加以下新的内容,这就是集合、关系的概念和逻辑的教育。

为什么要增加这些内容?

心理学的研究表明:数学概念的建立必须在心理上具有相应的认识结构。例如数数这一活动,儿童需要在心理上完成6个不同的步骤,这就是:

(1) 为了将计数的物体从环境中分离出来,必须先找出计数物体之间的相同点。

(2) 将物体分类,分出哪些是需要数的,哪些不要数。

(3) 将需要数的物体按一定形式排列起来,或者在心里排成一个系列。

（4）按照习惯顺序回忆数词。

（5）将数词和被数物体一一配对,即手口一致地点数。

（6）说出总数,把最后一个数词作为基数使用,用来表示所数物体的总数。

这一过程说明,儿童要学会数数,他必须会求同、分类、排列和对应,要具有进行上述活动的思维能力。

因此,儿童学习数学概念前,应具有对数的学习起准备作用的逻辑观念。集合、关系概念和逻辑的教育,可以形成数学学习所需要的逻辑观念,可为数的学习打下基础和作好准备。

集合是具有某种属性的一些确定对象所组成的全体。集合概念对数学和逻辑概念的形成起着基础概念的作用,自然数的基数是一切等价集合(非空集合)的共同特征,集合又是逻辑类概念的另一种表现形式。集合的操作和运算可以在运用实物的情况下进行,这符合幼儿期儿童思维发展的特点。例如,教师引导儿童学习按物体某一特征(如形状、颜色、大小)进行分类,并对具体集合进行比较,建立一一对应的逻辑观念,继而可学习按类和属的特征进行层级分类,理解一集合包含另一集合,从而逐步建立类的包含关系。

关系概念,数学概念从实质上看就是关系概念。在学习的最初阶段教师可鼓励儿童灵活地把各种事物与活动联系起来,以形成各种关系。例如,让儿童知道这顶帽子是属于小红的,"属于"即表示了帽子和小红之间的关系。在儿童生活中,有很多情境可以帮助他理解事物之间的相互关系。儿童在此基础上可逐步感知和理解抽象的数学关系。例如,认识数与数之间的数差关系及顺序关系,通过等价关系认识运算的特点和规律等。从而逐步建立一个数学的基本结构,建立起这种结构既有利于现有知识的系统化,又有利于今后新知识的学习。

逻辑的教育即要让儿童认识周围的环境是有秩序、有规律的,能对事物表示肯定和否定,能够识别物体的特征,对事物作出判断。可以看出,这种教育实质上是对儿童的思维进行训练。例如,要求儿童根据下列三幅图上的几何图形的排列规律,在图的空白处填上合适的图形:

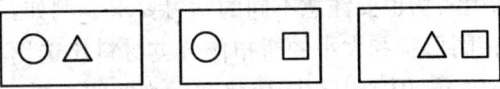

这一作业,要求儿童要仔细观察三幅图,然后根据已知条件解决提出的问题。这一活动可发展儿童判断、推理能力。

在教育内容的具体安排上,我们认为可以这样考虑:

由具体集合的学习(即进行分类、归类活动)逐步过渡到数的学习。

将认识几何形体、空间的内容有机地结合于集合、数和思维训练等数学活动中。

按思维、逻辑训练的要求有目的、有计划地安排各班的数学活动。

三、早期数学教育的方法和组织形式

在研究、探讨早期数学教育方法时,必须要注意儿童学习数学知识的特点。当代儿童心理学的研究指出:儿童对数理逻辑知识的掌握不是来自于被操纵的对象本身,而是来自于儿童的行动以及这些行动的协调,数学的抽象其最初的来源是一些十分具体的行动。这一思想给我们指出了,儿童对数的学习必须通过直接操作实物材料,必须通过自身的活动,儿童需要依靠自己的经验进行学习。

通过实际操作进行学习,这一问题是目前幼儿园数学教育中比较忽略、研究较少的问题,在大多数计算作业中,仍然以教师的讲解演示为主,只留下较少的时间让儿童操作,而这种操作基本上是复习、巩固教师所讲的内容,按教师的思路进行的活动,儿童缺少独立的、主动的学习机会。

我们认为儿童应该通过操作实物进行学习,也就是说要让儿童有充分的机会主动去操作、摆弄材料,在这样的过程中动作得到抽象,动作得到协调,从而获得有关数学概念的感性经验。

操作的实物既是儿童进行活动的材料,同时它也包含着儿童学习的内容。因此教师需要认真选择操作材料,精心组织操作活动。一般地说,学习初期应选用各种实物,然后运用图片,最后采用抽象的符号。即使是选用实物也要注意不同的学习要求。例如,学习按颜色进行分类,选用相同形状和大小的纽扣作分类材料比选用不同形状和大小的纽扣来得容易,因为用相同形状和大小的纽扣进行分类,没有物体形状和大小的干扰。在组织儿童操作活动时,教师既要考虑教育要求,同时又要考虑各个儿童的发展水平。例如,有时几组活动学习要求相同,但操作材料不同,这样可扩大儿童的经验,以便他们能从多种形式和材料中进行抽象、概括,以建立某一概念。有时几组活动学习要求不同,这样可满足不同发展水平、具有不同经验儿童的学习需要。

在早期数学教育中,教师采用直观教具进行讲解演示,引导儿童学习这一方法仍然是需要的。但采用这一方法应有一定的前提,那就是儿童对老师所讲的内容应有一定的经验,这样教师的讲解演示才能为儿童所理解和接受。采用这一方法的目的是,通过直观教具的演示和讲解,在教师启发引导下,师生共同讨论,归纳整理儿童平时生活中所积累的数学感性经验,从而使零碎、片断、模糊的经验得以明确化、系统化,在儿童心理上建立一定的认知结构。在归纳整理感性经验的过程中,儿童的思维得到了新的发展,而建立起来的认知结构,将引导和帮助儿童由已知导向新知。

这种方法适合中、大班教学,这是因为中、大班儿童已积累了一定的数学感性经验,语言能力有一定的发展,自我控制能力较强,因而对教师的讲解演示能注意地观察,能够理解教师的讲解内容,以及能按教师的指示进行活动。

在早期数学教育中,儿童通过操作实物进行学习是主要的教学方法。但是,根据不同儿童的认知特点和不同教学要求,有时教师仍需运用多种方法,以取得更好的教育效果。

在早期数学教育的组织形式上,应该变同步教育为异步教育。目前幼儿园的计算课,基本上是全班"齐步走",即全班按统一的要求和内容进行学习,它很少注意和考虑每个儿童的发展水平和特点。这种组织形式不能调动儿童学习的主动性、积极性,不利于儿童的发展。这种状况必须改变,我们认为必须变同步教育为异步教育。所谓异步教育,是指教师能提供符合儿童发展水平的操作材料,让儿童主动地、独立地进行学习,在儿童进行活动时,教师应针对不同儿童的情况,给予必要的指导和帮助,在形式上有小组和个别儿童的活动。

早期数学教育的组织形式应该多样化,既要有全班集体作业,也要有小组和个别儿童的活动。

根据我国目前幼儿教育发展情况,全班集体作业的形式仍然是需要的,但必须强调要让儿童通过操作进行学习,要让儿童有主动的、独立的学习机会。例如,全班学习按点子卡片上的数量在分类盒中放相应数量的实物。这一活动儿童要进行以下的操作:首先儿童要辨认卡片上点子的数量,然后按数的顺序将点子卡片插在分类盒的每一格上。完成上述两个步骤,有的儿童可以一次完成,有的儿童则要先数一数卡片上的点子,然后才能确定卡片插在哪里,有的儿童需要反复调整卡片插放的位置。最后,儿童要按点卡的数量拿取相应数量的实物,将其放进盒子的每一格中,这一操作也有多种情况出现,如有的儿童可一次拿好所要的数量,有的还要再次数数卡片上的点子,再一个一个拿取实物,点数后放进盒中,有的儿童是拿一个实物和点卡上的一个点子碰一碰后再放进盒中,个别的儿童则是把一个个实物放在一个个点子上。总之,儿童是按照自己的想法完成任务,这样每个儿童都在自己的基础上进行学习,并获得了发展,因而这种全班性作业能调动儿童学习的积极性、主动性。

在小组或个别儿童的活动中,儿童可以自由地选择活动内容,这对儿童的发展更为适宜,但在这种组织形式中,教师的主导作用则不应忽视,教师的作用主要表现在:(1)认真考虑和选择活动内容和材料,它应该满足不同发展水平儿童的学习需要。(2)在活动开始时,教师要清楚地交代活动的要求和进行活动的方法,使儿童明确做什么,怎样做。(3)教师要认真观察了解儿童活动情况,及时给予指导和帮助。当然,在一次作业中教师不可能做到对每个儿童的活动情况都有所了解,但这一工作应有目的、有计划地进行,因为了解儿童的发展状况和特点,才可能较好地、有针对性地对他们进行教育。

本文中谈及的几点认识是很初步的,今后我们还需要在理论和实践两方面继续进行探讨,使认识有新的提高。

我国幼儿园数学教育改革的回顾与思考[1]

本文想就笔者所接触到的幼儿园数学教育的改革情况,作一些回顾与思考。

一、幼儿园数学教育的目标

促进儿童的发展,应当是幼儿园数学教育的基本目标。但在相当长的时期内,幼儿园的数学教育中比较突出地存在着重知识、轻发展的倾向。在具体的学习目标上又强调整齐划一,忽视对儿童的区别对待。北京师范大学林嘉绥教授和她的研究小组,1991年抽样调查了1 093名大班和学前班儿童的数学能力的发展情况。测试结果表明,对知识型问题,儿童一般都回答得较好,而对智力型问题,即涉及比较、抽象、概括、判断、推理等能力发展的问题,则回答得不好。这一结果,在一定程度上说明了幼儿园数学教育中普遍存在的问题。

在幼儿园数学教育改革的过程中,首先应该注意和考虑的是儿童的发展。儿童的发展应包括以下两个方面的内容:一是促进儿童思维能力的发展。数学学科的逻辑性和抽象性较强,这对儿童思维能力的发展具有特殊的智力开发价值。在幼儿园数学教育中,教师不应将注意力集中于"数学事实"的获得上,而应该重视儿童思维能力的发展。1992年4月在西安召开的全国第二次幼儿园数学教育研讨会,其中心议题就是"幼儿园数学教育与儿童思维能力的发展"。这反映了我国幼教工作者对数学教育目的的认识有了质的变化。二是重视儿童的

---

[1] 本文原载于《幼儿教育》1995年第2期。

一般发展,即重视动作、技能、情感、态度和社会性的发展。幼儿园数学教育的目标不能局限在认知方面,更不能局限在数概念方面,还必须指向包括动作、技能、情感、态度和社会性等方面在内的一般发展目标。冯晓霞在《活动区的创设、利用及活动指导》(《幼儿教育》1994年第7、8期合刊)一文中所举的小班数学区活动的具体教育目标,就是分别从认知、情感和社会性、动作技能三方面提出的。这表明,在数学教育中幼教工作者正在积极探索如何促进儿童的一般发展,并提出了相应的较为明确和具体的教育活动目标。

二、幼儿园数学教育的内容

在以往的数学教育中,比较重视10以内数的认知、组成和加减运算的掌握。人们还未能从儿童数学概念形成的基础,即儿童学习数学需要一定的心理准备这一角度来考虑幼儿园数学教育的内容,因而数学教育不能达到理想的效果。

当代儿童心理学的研究指出,儿童学习数学需要一定的心理准备,即儿童必须建立相应的逻辑观念。这些逻辑观念是:

1. 通过一一对应,确定等量的逻辑观念。当人们将两组物体一对一摆放时,就可以确定它们是一样多,还是多一些、少一些。这是确定物体集合是否相等的最简单、最直接的方法。用这种方法来比较两个集合是否相等,不需要依靠对数的理解,相反,它是理解数的基础。

2. 数目守恒的逻辑观念。守恒观念是儿童数学概念形成的必要条件。缺乏数目守恒观念的儿童,对数的认识往往会受物体外形特征(如大小、空间排列形式等)的影响,而不能准确地把握物体的数量。儿童只有建立数目守恒的逻辑观念后,才能理解数目是一种不受其他因素影响的、持续不变的等量,最终形成数的概念。

3. 在一个系列中,排列顺序所依靠的是逻辑观念。要排列物体的顺序,必须理解物体之间差量比较的传递性,如A比B长,B比C长,那么A也比C长;同时还应理解某一个物体在系列中的位置及其具有的双重性。这就是说,在系列中,任何一个物体的量都比前面的物体大(小),比后面的物体小(大)。儿童有了具体物体的排序观念后,就能够开始考虑抽象的数的顺序了。

4. 类包含的逻辑观念。类是进行一切逻辑思维的基础,也是数概念形成的基础。作为数学基础知识的集合概念就是建立在类概念上的。数是用来表示特定事物的量的,而要确定某一特定的事物,就需要先进行分类。一个数是一类物体或一个集合的基数标记。分类活动不仅有同层次的,而且有不同层次的,这就需要以分类层级的逻辑观念为基础,这就是类包含的观念。这种类包含的观念也是数概念形成和进行加减运算的基础。

基于对上述问题的认识,各地教师对幼儿园数学教育的内容作了必要的修改和增删,强调了对儿童进行前数概念的教育的必要性,重视了集合、排序、对应(匹配)和分类等方面的内容,注意了上述内容与数、量、形等内容的有机结合和相互渗透。

三、幼儿园数学教育的方式方法

教师考虑幼儿园数学教育的方法和组织形式时,以往习惯于仅以儿童认识事物是从具体到抽象这一特点为依据,只强调直观性,在活动中教师常常运用教具进行演示,并在此基础上讲解基本的数学概念。事实上,儿童数学概念的形成不是通过听老师讲、看老师演示所能解决得了的。儿童要接受和转换教师讲解、演示中的信息,首先需要对这些信息有所体验,否则,就只能机械地记住一些数学用语。

近年来,幼教工作者开始注意和研究儿童是怎样思维、怎样学习数学的。人们认识到,儿童学习知识首先是通过行为把握,即用自己的手、脚来把握对象;接着是图形把握,即以印象的方式去把握对象;最后才是符号把握,即以语言或数量形式去把握对象。对儿童来说,学习数学按照这一顺序是最优的方式。儿童获得数学知识,不是从客体本身直接得到的,而是通过摆弄材料和在内心组织自己的动作得到的,是通过与材料的相互作用发现和建构数学关系的。

人们还认识到,数学概念表示的是一种关系,关系不存在于实际的物体之中,它是抽象的。例如,表示 6 只苹果数量的"6",不是代表苹果的具体属性,而是表示这一堆苹果计数后的抽象符号。数学的抽象开始于对物体的动作,它要求身体活动和心理活动的协调。皮亚杰曾经说过:"数学首先是,也是最重要的,是作用于事物的动作……""数学的抽象乃是操作性质的,它的发生、发展要经过连续不断的一系列阶段,而其最初的来源又是一些十分具体的行动。"这说明数学的抽象依靠的是作用于物体的一系列动作的协调,同时在心理上建立相应的协调关系。例如,计数物体总数的活动就包含了三种性质的动作协调:一是加法性协调,即把动作合在一起,总数的获得就是把一一点数物体的单个动作相加在一起;二是次序性协调,就是使动作连续产生,数物体的动作是连续产生的,而且按一定的次序进行,否则就会出现漏数和重数;三是对应性协调,即使两个不同的动作一一对应,如口念数词的动作和手点物体的动作一一对应。

从上面的分析可以看出,一组物体的数目,是同时协调数种动作(不是单一动作)的结果。

在上述思想的指导下,操作的方法引起了广泛的重视,它应是儿童学习数学的基本方法。例如在南京,教师十分重视并强调,凡是要教给儿童的有关数学知识都应尽可能地转化为可以直接操作的活动,让幼儿通过与材料的相互作用,体验到某一概念的内涵或运算的规律。在儿童具有一定的感性经验的基础上,再要求儿童讲述自己的操作过程和结果。这种做法还重视对儿童获得的感性经验进行整理和概括,使儿童获得的知识系统化、符号化,以形成一定的体系。在整理和概括感性经验的过程中,儿童的智力将会有质的飞跃。

四、幼儿园数学教育的途径和组织形式

在改革的过程中,人们认识到,系统的、有目的的、专门的数学活动对儿童的发展具有重要的影响,是必不可少的。数学是一门系统性、逻辑性很强的学科,数学教育有着自己的特点和规律,它需要教师系统地、有目的地设计和安排一系列的数学活动,以引导儿童发展。在教师精心思考和组织的数学环境和数学活动中,在教师的启发和引导下,儿童才能够学习与其发展相适应的有关经验,儿童的思维能力才能得到有效的训练和发展,儿童的动作、技能、情感和社会性才可能

获得相应的发展。与此同时，人们还认识到，将数学教育渗透在各种教育活动中，渗透在儿童一日生活的各项活动中同样是十分必要的。因为任何事物都具有数量、形状、名称（语言）。例如，我们经常会问孩子：这是什么，它是什么样的，它有多大，等等。这些问题就涉及到形状、数量的知识。因此，教师应该充分利用周围环境中丰富多样的材料和情景，利用各种教育活动中蕴含的数学因素，帮助儿童积累数学的感性经验。

在以往的幼儿园数学教育中，教育的组织形式大多为全班性的集体教育。这种形式，教育目标整齐划一，全班儿童按照一个目标进行学习，没有考虑各个儿童的发展水平，因此不能满足不同发展水平儿童的认知需要，这往往造成一部分儿童"吃不饱"，一部分儿童"吃不了"，从而抑制和挫伤了儿童学习的积极性和主动性，妨碍和影响了儿童的发展。在班级儿童人数较多的情况下，集体教育的形式仍是不可缺少的。采用这种形式，教师容易组织与领导活动，可以较好地完成教育任务。另外，全班儿童共同活动，可以使儿童感受到集体活动的愉快。当前，正在探索在采用集体教育的形式时如何区别对待、充分调动每个儿童学习的积极性和主动性，以便使每个儿童都能在原有的水平上得到发展。

为了使不同发展水平的儿童能在原有的基础上获得较好的发展，人们开始较多地采用小组和个别活动的形式。这些形式可以为不同发展水平的儿童提供相应的活动内容和材料。由于学习内容与儿童的发展水平相一致，因而有利于充分调动儿童学习的积极性、主动性，较好地培养儿童的独立性和自主性，加强儿童之间的交往和相互学习，促进儿童社会性的发展。但小组、个别活动形式对教师要求较高，教师首先要很好地观察儿童的活动，并通过观察及时地对儿童的发展水平作出判断，以便有针对性地进行指导，其次要根据各个儿童的发展水平设计活动、提供材料，并能同时指导和照顾不同小组的活动。因此，在儿童人数较多或教师经验不足的情况下，往往不易奏效。

在幼儿园数学教育中，如何将集体、小组、个别这三种形式有机地结合起来,充分发挥各种形式的优点和长处,以获得最佳的教育效果,还需要在实践中进一步研究和探索。

五、需要进一步研究的问题

1. 幼儿园数学教育目标。幼儿园数学教育的目标包括认知、动作技能、情感社会性三个方面,这已是大家的共识。笔者认为,经过建国以来几十年的研究、实践,人们对数学知识方面的内容、要求已比较清楚,教师一般容易把握。而儿童思维能力、动作技能、情感和社会性这些方面的目标思考还比较笼统,至于阶段的、具体活动的目标该如何提,在多数情况下尚不够清楚,因而教师在实际工作中难以把握和操作。这是一个需要解决的问题。

2. 教师如何指导儿童学习数学。教师必须指导儿童的数学学习,这一点是肯定的。但是,在不同的年龄阶段,在同一内容的不同学习阶段,教师的指导应该具有什么样的特点;对幼儿园数学教育中一些重要的、关键性的内容,教师应该如何指导儿童学习;教师的直接指导与间接指导应该如何结合等等,这些问题也需要作进一步的探讨。

幼儿园数学教育中的分类活动[1]

分类,一直是幼儿园数学教育的内容之一。分类活动,也一直是幼儿园常见的一种数学活动形式。以往,由于人们对分类活动在数概念形成中的作用、对幼儿智力发展的意义等问题认识不足,以致对分类活动的内容、要求、方式等方面,都未能进行很好的研究。近年来,在思考、探讨幼儿园数学教育的过程中,我们对分类活动进行了进一步的探索,试图对此活动能有更清晰的认识。

一、数学分类活动的意义

分类就是把具有相同特征的事物归并在一起。以此为目标的分类活动可以帮助幼儿感知集合并逐步形成关于具体物体的集合概念。当幼儿把具有相同特征的物体归放在一起时,他们也就初步形成了关于这一类物体的集合概念。所以幼儿参与分类活动的过程也就是感知集合、初步形成集合概念的过程。

集合是现代数学的一个最基本的概念,也可以说是现代数学的共同的逻辑基础。集合运算虽属逻辑的运算,但是它可以在实物水平上进行初等的运算,所以它适合儿童思维的特点和认知规律。我们强调对幼儿进行感知集合的教育,强调在幼儿数学教育中渗透集合的思想,目的是为幼儿掌握初步的数学概念和逻辑概念打下感性认识的基础。例如,在将一类物体按某一标准分成两小类,再将两小类合并起来成为一类物体的操作过程中,幼儿对类与子类(即集与子集)的关

---

[1] 本文系与朱俐瑶合著,原载于《幼儿教育》1996年第6期。

系,或者说对整体与部分的关系便有所体验。这些经验的积累将有助于幼儿逐步建立起类包含的初步的逻辑概念。

分类是计数的前提,是形成数概念的基础。人们要确定某类物体的数量,必须先将这类物体与其他物体区分开来,然后才可能正确计数。所以分类经验的获得能帮助幼儿理解和掌握数的组成和加减运算。

分类能促进幼儿思维能力的发展。幼儿进行分类时,要经过辨认(区分)和归并(归类)这两个步骤。按照一定的分类要求,对物体逐一辨认的过程就是对物体的分析过程;在分析辨认的基础上,再将同一类的物体或具有同一种特征的物体归并在一起,这是综合过程。所以分类过程也是思维积极活动的过程。当幼儿积累了一定的分类经验之后,他们的思维会更清晰、灵敏。幼儿在分类活动中所获得的能力,将促使他们在以后的学习中自觉地对所获得的信息进行整理和组织;在需要时又能及时地检索和提取这种经过整理的信息。这种能力的获得有利于幼儿今后的学习和新问题的解决。

综上所述,我们认为分类活动是幼儿园数学教育的一项重要活动,是幼儿学习数学概念、进行早期逻辑训练的重要形式之一。

二、数学分类活动的内容

数学分类活动类型从简单到复杂,有以下几种。

1. 按物体的一个特征分类

物体的外部特征(如颜色、形状、大小等),幼儿都能直接感知,因此按物体外部的某一特征分类,幼儿比较容易掌握。例如,把一盒各种颜色的木珠按颜色差异分别放在不同的小盘里。在按物体外部的某一特征进行分类时,如果幼儿在给物体分类时存在各种干扰因素,那么分类难度也就提高了。例如,按颜色分类时,如果物体除颜色不同外,其大小或形状也不同,这时幼儿要设法排除物体的大小和形状特征的干扰,才能按不同颜色正确分类,其难度就明显提高了。此外,按照物体的用途分类比按物体外部的某一特征分类要困难,因为物体的用途是指它与人们的关系,这种关系往往是无法看到的,是一种经验的积累,因此这种分类适合幼儿在学习了按物体的颜色、大小、形状等外部特征进行分类之后进行。

2. 按物体的两个特征分类

这种分类形式要求幼儿能同时从两个角度(或称维度)来划分物体的类别。例如,当分类要求是将红色的正方形纸片放在一起时,幼儿只有找出红颜色的、而且是正方形的纸片才符合要求。在对物体进行这种形式的分类时,要求幼儿必须同时注意两个方面的要求,其难度显然是提高了。

3. 按照物体的一个特征的肯定与否定的标准分类

所谓肯定标准是指符合某一特征的所有物体;所谓否定标准是指不符合某一特征的所有物体。因而其概括性和抽象性都更高了一层,学习的难度也更大了。例如,要求按红色(肯定)与非红色(否定)的标准分类时,非红色不是单指非红颜色的某一种颜色,而是指除红颜色之外的所有颜色。从这里可以看出它比按照某一具体颜色进行分类要更为概括和抽象。

4. 多重分类

多重分类是指对一组物体可以确定多种标准进行分类,一个物体可以划分到不同的类别中。例如,一堆衣服可以按穿着的季节进行分类,也可以按成人装和童装、男装与女装、棉织品与非棉织品进行分类。具体地说,一件衣服可以是夏季服装,也可以是成人装或是男装。多重分类要求幼儿能从不同角度即转换分类依据,观察与思考同一个(或同一组)物体所归属的不同类别。这种分类对思维的敏捷性、灵活性的要求都比较高,难度也比较大。

5. 层级分类

它是按照物体的某种特征,多级次地将物体连续分类。例如,一盘纽扣可以先按大小分成两类,接着将分成的两类各按颜色特征继续分类,再按纽扣的形状或纽扣眼的多少分类,等等。层级分类需要一定的智慧才能进行下去,它是以一定的抽象与概括为前提的,不是凭直觉所能判断的。所以,幼儿进行层级分类时有一定的难度。他们往往不容易理解类包含的逻辑关系。例如,幼儿不能回答"是小纽扣多还是大纽扣多"的问题,因为他们能看到的是具体的大纽扣(或小纽扣),而没看到纽扣是包括了大、小纽扣的高一级的类概念。但这种实物层次上的层级分类,能使幼儿对类包含的逻辑关系获得初步的感知和体验,即类包含着子类,集大于子集的包含关系。层级分类活动渗透了集合中类包含的逻辑关系,这有助于幼儿的数概念建立。

6. 交集分类

当某些物体同时具有两个集合所具有的特性时,它们就成为两个集合的相交、重合部分。我们把同时属于两个集合的这部分物体所形成的集合称为这两个集合的交集。交集分类就是要求幼儿能将属于两个集合相交部分的物体归放在一起。当幼儿能正确感知交集的含义,顺利完成交集分类时,他们对集合思想的理解也进入了一个更高的层次。由于这一教学内容的难度最大,所以应放在学前末期进行。

三、数学分类活动的设计和组织

年幼儿童是通过操作活动,在与物体的相互作用的过程中获得经验的。在这一过程中,活动是将教育目标转化为促使幼儿发展的中介,因此活动的设计就具有十分重要的意义。

数学活动的设计是为了将有关数学概念的属性或运算技能的要素转化成幼儿可以独立操作学习的活动。每个活动一般包括目标、材料、规则、形式、指导和评价等6个方面。

目标。活动目标应具体、明确,也就是所提的目标能够从幼儿行为的表现中反映出来并能进行评估。如"分玩具"的活动,其目标为:学会把同样的玩具放在一起,并说出它们的名称。这一目标,可以使教师在观察幼儿操作时有意识地注意幼儿是否掌握了操作方法,是否注意到玩具的共同特征,并将它们归放在一起。

材料。教师为幼儿提供的材料既要体现分类活动的内容与要求,又必须与幼儿的认知发展水平相一致。所提供的材料应有三个层次,即实物、图片、符号这三种材料,这些不同层次的材料可供不同发展水平的幼儿选择和学习。提供的材料还应充分,以满足幼儿反复练习的需要。

规则。规则应该体现分类活动的要求。规则不同,对幼儿的要求也不同。同一活动内容的规则只要稍加改变便能使分类活动的要求有所改变。例如,在"按颜色特征将塑料片分成两类"的活动中,其规则可以有两种:一种是按照颜色标记,将塑料片分类;另一种是要求把同样颜色的塑料片放在一起,待材料分完后再插上相应的颜色标记。一般来说,按标记分类要容易一些。因为标记可以提示幼儿怎样分,还可以帮助幼儿对照、比较、检查自己分得是否正确。而另一种规则要求幼儿必须记住分类标准(按颜色分),并能坚持分完。最后插上标记只是用以说明他分的是什么样的两类。从这里我们可以看出,同样的活动内容由于提出的规则不同,对幼儿的要求也就不同。

形式。数学活动形式一般分为集体活动、小组活动和个别活动三种。分类活动采取什么形式,取决于分类活动的具体内容和幼儿的学习情况。

指导。在幼儿活动过程中,教师要观察他们是如何思考和解决问题的,然后针对不同幼儿的发展水平给予指导。

评价。评价主要是分析幼儿对活动目标的达成情况,分析幼儿如何掌握活动内容,即他们解决问题时所运用的是何种策略和方法。评价要注意区别对待,要从幼儿原有的基础上看待他们的发展。

在设计分类活动时,教师应作系统的思考和安排。因为数学教育内容的内在逻辑性强,只有系统地思考和安排,才能保证前后连贯,从而为幼儿在新情景中运用、迁移已有的知识经验创造良好的环境和条件,促进幼儿的发展。

在集体的教学活动中,我们还要考虑如何将分类活动内容与其他教育内容结合。如分类活动可以和计数、数的组成、几何图形的认识等内容结合,设计出各种形式的活动。这样可以使幼儿数学教育的各种内容互相渗透、有机联系、难易结合。成功的设计可以使幼儿乐于参加活动,较好地学习和获得各种数学经验。

幼儿园数学课程说明[1]

一、指导思想

数学是研究数与形的科学。在当代,任何科学的探索与发明,必须成功地运用数学方法;任何一门科学要达到完美的地步,也只有成功地运用数学原理。

幼儿数学教育是幼儿教育内容的一个不可缺少的组成部分,是促进幼儿全面发展的重要领域之一。

对幼儿进行数学教育,教师应重视以下几个问题:

(一) 必须将幼儿的发展放在首位

数学教育应该让幼儿掌握一些粗浅的数学知识,使幼儿获得一种了解世界和认识世界的工具。有了这一工具,幼儿才有可能清楚地感知和正确地认识周围的物体(如:它们有多少? 有多大? 有多高? 它们是什么样的? 等等),较好地与人们进行交往(如:请你给我1个大皮球,等等),解决在日常生活中遇到的一些数学问题(如:这里有4支铅笔,要分给2个小朋友,有几种分法? 等等)。对幼儿进行数学教育,可以使幼儿初步掌握数学这一认识世界的工具,这是很重要的。但是,更为重要的还是应让幼儿在学习数学知识的过程中思维得到发展。因此,要将知识的学习作为手段、作为媒介,使幼儿获得更好的发展。现代教育理论认为:知识不是目的,而是手段;知识是逻辑、直觉分析、树立假设的思维发展过程的手段,也是个人发展的媒介。

在幼儿数学教育中,要将幼儿的发展放在首位,这里包含了两层

---

[1] 本文系《幼儿园课程指导丛书·科学》(南京师范大学出版社1996年6月第1版)一书中幼儿数学教育部分。

意思：

　　首先，在幼儿数学教育中要重视幼儿的智力发展，尤其是思维能力的发展。数学具有抽象性、精确性和广泛应用性这三个特点，这说明数学是一门培养和锻炼人的思维能力的基础学科，被人们形象地称为人类思维的"体操"。幼儿数学教育向幼儿进行的是一种启蒙教育，可它对幼儿的思维发展仍具有重要的价值。幼儿在建构一些初级数学概念的过程中，需要对所操作的数学材料，对所出现的数学关系进行充分的观察，需要对这些数学材料、数学关系进行一番比较、分析、综合、抽象和概括，这样才有可能将有关数学概念的主要（或本质）属性从具体事物中抽象出来。这一过程对发展幼儿各种心理过程的有意性、自觉性十分重要，可以促进幼儿观察力、注意力、记忆力、想象力尤其是思维能力的发展。

　　其次，在数学教育中要重视幼儿整体的发展。当代社会、科技和经济发展日新月异，国际竞争剧烈，同时又迫切需要"全球合作"。这使人们认识到，教育不仅要注意人的智力的开发，还要十分注意人的道德和理性水平的发展。未来的社会，要求年轻一代应具有责任、意志、信心、素质和能力，要"学会关心"，这些要求也是幼儿教育必须考虑的。此外，我们还应看到，儿童是一个完整的有机体，其身体、心理的发展是互相影响、密切相关的。培养"完整儿童"是现代幼儿教育的新观念。所谓"完整儿童"，指的是一个全面和谐发展的儿童，全面发展是指儿童身体的、社会的、情感的、认知的和道德的全面发展。幼儿园各个领域的教育都应该调动儿童身体的、智力的、情感的多方面的积极参与，重视幼儿全面和整体的发展。因此，在数学教育中不仅要重视幼儿认知的发展，还必须注意幼儿整体的发展。教师应结合数学教育的特点，培养幼儿对数学活动的兴趣，使他们能够注意周围环境中物体的数量、形状，它们在空间的位置等；培养幼儿主动、积极地参加数学活动的态度，能够独立选择、参加数学活动或游戏，并能遵守活动的规则；培养幼儿能正确使用材料的技能和良好的学习习惯，等等。总之，在数学教育中应重视幼儿兴趣、态度、动作技能和良好行为习惯的培养与发展。

(二)必须研究、了解幼儿学习数学的特点

在进行数学教育时,教师必须注意幼儿是怎样学习数学的,他们学习数学具有什么样的特点,必须了解幼儿获得数学知识的方式。只有认识了这些特点,才可能使自己的教学方式与幼儿的学习方式相一致,才能使数学教育较好地促进幼儿发展。

幼儿学习数学需要有一定的心理准备。当代儿童心理学的研究指出,儿童学习数学,在其心理上必须具有以下几个逻辑观念:通过一一对应确定等量的逻辑观念,建立数目守恒的逻辑观念;具有在一个系列中排顺序所依靠的逻辑观念;建立类包含的逻辑观念。对幼儿进行数学教育,就是要帮助幼儿获得以上几个逻辑观念,帮助幼儿建立一定的心理结构,这些是幼儿学习数学的准备和基础。

数学知识的学习开始于对物体的动作。数学知识的性质和获得方式,既不同于社会知识,也不同于物理知识。数学知识反映的是一种关系,这种关系不存在于实际的物体之中,而是超出物质现实之外,在人脑中建立一种联系。数学知识不是从动作所指向的客体中产生的,而是从动作本身产生出来的,是来自儿童的动作以及这些动作之间的协调。例如,点数物体时,物体排列的次序可以变化,这种次序不是物体本身的属性,而是主体做出来的。同样,点数后得到物体的总数,也不存在于客体之中,它是将物体合在一起而得到的。由此可知,次序、总数都是从动作中推导出来的,是动作协调的结果。在幼儿数学教育中,让幼儿实际操作物体,让他们对物体施加动作,对他们学习数学具有极其重要的意义。幼儿通过外部动作可以感知到有关数学概念的属性,幼儿经过反复的摆弄和探索,可以寻找到解决问题的办法。在幼儿建构数学概念的过程中,幼儿的动作最初一定是外部的、展开的,以后动作内化为内部智力的操作,这时,问题的解决过程已可以在头脑中进行了。外部动作为内部动作所代替需要经过一个较长的时间。

幼儿是通过活动、通过与材料的相互作用发现和建构数学关系的,幼儿学习数学重要的是要依靠自己的经验,而不是教师的经验。在童年早期,儿童学习概念,尤其要依赖亲身经验。教师通过创设环境,提供蕴含有关数学概念属性的各种材料,让幼儿在操作中尝试、探索,获得体验,积累有关数学概念的感性经验,为建构数学概念打下基础。在幼儿与材料相互作用,获得种种感性经验的过程中,教师应该鼓励幼儿用语言表达自己的体验,幼儿讲述自己的操作过程和结果,可以巩固体验,加深对有关数学关系的认识。

幼儿数学概念的建构是阶梯式的,是一级一级逐步建立起来的。随着幼儿年龄的增长、知识经验的增加与丰富,幼儿所建构的数学概念也不断地得到充实和扩展。由此可见,幼儿数学概念的建构不是一次活动或一项作业所能达到的,而是一个长期发展的过程。

(三) 必须重视数学学科的特点

数学知识体系具有一定的逻辑结构,必须通过系统的教育,才可能使儿童对知识之间的逻辑联系有所感知和理解,才可以在此基础上建立起相应的认知结构。儿童认知结构一旦建立,将有利于知识的迁移和知识容量的扩大,也有利于儿童认识能力的提高。幼儿数学教育所涉及的数学知识是粗浅的,具有一定的启蒙性质,可它仍然具有数学知识的逻辑结构,需要系统地对幼儿进行教育。例如,幼儿认识 10 以内的数,首先应感知数量、理解数的实际意义,然后才可能学习数与数之间的大小关系、数的顺序、序数、数的分解与组成等。

应该系统地设计与组织数学活动。数学活动是将教育目标转化为幼儿发展的中介,要使数学活动真正起到中介作用,必须精心设计和系统安排教育活动。这既要注意按照数学知识的内在联系来考虑,同时又要注意按照幼儿身心发展的特点来考虑。在解决问题的过程中,应考虑对幼儿观察能力、思维能力的要求,以及幼儿完成活动时动作技能的要求。根据上述两个要求,将有关数学概念的属性或运算技能的要素转化成一个个前后衔接、相互联系的活动,这些活动是可以让幼儿独立进行学习的。

数学教育既应通过专门的数学作业形式进行,也需通过活动区角及日常生活对幼儿进行数学教育。

活动区角中数学活动的价值就在于它给幼儿提供了主动学习的机会。主动学习是幼儿发展过程的核心,因为一切学习经验必须由幼儿主动地建构才能获得。在活动区角中,幼儿在数学经验的选择上有较大的自主权,他们能根据自己的兴趣、需要独立自主地选择活动材料;他们能按自己的意愿,决定进入或离开活动区角的时间,这充分地发挥了幼儿学习的主动性和积极性。

教师应为数学区角活动创设良好的环境,提供充足的活动材料,让幼儿有充分的活动时间和空间与同伴进行交往,从而获得大量的数学感性经验。教师对幼儿的学习活动要给予支持和鼓励,使幼儿的活动能进行下去或得到更好的发展。

活动区角数学活动和数学教学活动,是两种既有区别又有紧密联系的数学活动,两者各具有自己独特的教育功能。在实际教育过程中,应使这两类活动相互结合、相互补充,使之保持一种动态的平衡,从而促进幼儿更好地发展。

教师还应注意日常生活中的数学教育。数学反映的是客观世界的数量关系和空间形式。在丰富多彩的客观世界中,任何物体、任何现象都与数学有着密切的联系。在儿童的生活中,与数学有关的问题也是时时都有、处处存在的。例如,这是一棵大树,那是一棵小树;老师请小朋友从筐中拿一只球、一块手帕、一条围巾;有的饼干像正方形;数一数今天班上来了多少小朋友,还有几人没有来,等等。教师应很好地利用日常生活活动的情景和一些偶发事件,如散步、体育活动和游戏活动中的一些情景、事情,引导幼儿注意和关心周围环境中物体的数量和形状,物体在空间的位置、时间的长短和更替等,引起和激发幼儿学习"数学"的兴趣。日常生活中的数学教育,对幼儿的影响是潜移默化的,也是日积月累的,因而它对幼儿发展的影响是全面的,也是深远的。同时,在日常生活中,幼儿是在一种自然、轻松、愉快的气氛中学习数学,感受数学,应用数学,因此幼儿学得主动,学得积极。

二、幼儿数学教育目标(略)

三、幼儿数学教育内容(略)

四、幼儿数学教育活动的组织特点

(一)幼儿数学教育内容组织安排的特点

幼儿数学教育活动内容的组织与安排,应该体现教育内容的系统性和内在逻辑性。教师在设计教育活动时,需要将一项内容或要求分解为若干相互衔接、由浅入深的具体内容,然后将这些具体内容分配到各个教育活动中。例如,小班的分类活动,开始时可让幼儿学习将相同的实物放在一起;接着可让幼儿学习按标记对实物(或图形)进行分类;以后可以让幼儿先进行分类,再选择相应的标记表示分类的结果。

幼儿数学教育内容包括多个方面,但在具体的教育活动中,这些内容往往是有机结合、相互渗透的。例如,数和形结合,分类和计数结合,几何图形认识和分类结合,图形认识和排序结合,等等。小组活动的内容安排,应尽可能安排多项内容和多种形式。例如,既可以有认识数的内容,也应有图形认识、分类、排序等内容。幼儿对数学知识的学习、技能的掌握,需要反复练习、多次操作才能获得,幼儿对数学活动的兴趣,良好学习习惯的养成,也需要在丰富多样的活动中进行教育和培养。

(二)幼儿数学教育活动的组织特点

1. 幼儿数学教学活动的组织领导

幼儿数学教学活动,一般可分为集体活动与小组活动两种形式。

(1)集体活动。

这是在教师直接指导下,全班幼儿共同进行的学习活动。在幼儿数学教育中,有一些教育内容需要教师直接指导幼儿学习,这些情况有:① 有些数学知识、技能,需要教师直接教给幼儿,例如认识和书写阿拉伯数字,认识一些数学符号等;② 新的数学活动,教师需要在集体活动中进行讲解、演示,让幼儿明确在活动时应做什么以及怎样去做;③ 有些数学关系幼儿难以独自发现和感知,这需要教师设计一定的情景,引导幼儿去观察,提出问题让幼儿思考,最后让幼儿学习解决问题,了解并体验到某一数学关系;④ 教师帮助幼儿整理、归纳已获得的感性经验,通过整理和归纳使幼儿获得的知识系统化、概括化,形成一定的结构。教师也可以引导、启发幼儿运用已有的知识经验,去解决新的问题、获得新的知识。

集体活动虽是教师直接指导幼儿进行学习,但教师应采用启发式的教学,采用游戏的形式或用游戏的口吻引导幼儿学习,绝不能将集体活动中教师的直接指导变成注入式的教学,变成教师讲、幼儿听的被动形式,让幼儿机械地记住一些数学名词与术语。

(2) 小组活动。

这是幼儿实际操作数学材料、独立进行的学习活动,这种活动能充分地调动幼儿学习的主动性与积极性,对培养幼儿学习数学的兴趣、养成良好的学习习惯有着十分重要的意义。

教师在设计、安排小组活动时应注意以下问题:① 小组活动的内容应多样化,这样可使幼儿获得多种数学感性经验,也更能激发幼儿的学习兴趣;② 活动内容的选择和安排应具有层次性,这样可满足不同发展水平幼儿的学习需要;③ 一项活动内容应安排多次练习,幼儿对任何一项内容的学习,都需要经过多次练习才能掌握;④ 同一知识内容,可通过多种知觉形式来表现,可选择多样的材料组织活动,从而使幼儿对某一数学概念的属性能获得较为丰富的感性经验。

2. 幼儿数学区角活动的组织领导

数学区角活动就是教师在幼儿活动的场所内专辟一个小区域(教室的某一角落、走廊的某一处),为幼儿设置可用以进行数学活动的各种材料、棋类、玩具等物品,供幼儿经常地、自由地选择和运用,满足不同幼儿的需要,让幼儿主动地探索和学习。

区角活动也是对小组或个别幼儿进行数学教育的良好场所,是集体教育活动的延续和补充,具体组织步骤如下:

(1) 活动空间的设置和准备。

教师应为幼儿提供一定的活动空间,摆放各种活动材料和供幼儿进行操作活动的桌椅。摆放材料的橱柜要便于幼儿拿取和摆放。活动的空间应相对固定,这有利于幼儿活动的开展。

(2) 注意区角活动与教学活动之间的联系和平衡。

数学区角活动与数学教学活动两者之间是密切相关、紧密联系的。教师可以根据幼儿在数学活动中的表现,提供有关材料让幼儿在区角活动中再次探索和学习。

教师还应考虑幼儿在学习经验、学习速率上的差异,为幼儿提供同一内容、不同层次、不同表现形式的材料,使幼儿的学习兴趣和学习需要得到充分的满足。

(3) 数学区角活动的组织。

教师要向幼儿提出在区角活动的要求和规则。如向幼儿交代各种材料摆放的位置,使用中要爱护玩具、材料,用后要放回原处等。

摆放新材料、增添新内容后,教师应向幼儿介绍新材料的使用方法、新活动的要求和规则,使幼儿知道怎样做和怎样玩。

在区角活动中要给幼儿充足的时间,让他们在摆弄、操作的过程中充分地感知、体验、探索,鼓励幼儿与同伴展开交流、相互讨论,学习同伴解决问题的策略,纠正错误,共同游戏。

教师在区角活动中提供的材料要新颖有趣,吸引幼儿,便于操作。由于区角活动是供幼儿自由选择运用的,加之幼儿存在着个体差异,因此,提供的材料本身应能够隐含活动的层次,给儿童以规则和玩法的启迪,激发幼儿多角度思维。

区角活动一般都是由幼儿自由选择,自己进行学习的。但由于每个幼儿存在着个体差异,存在着学习速率差异,教师对个别幼儿还需进行引导,使每个幼儿在一周中都有进行区角活动的机会;帮助幼儿学习进行某种活动或玩某种材料。

(三) 幼儿数学教育方法的特点

操作法应是幼儿学习数学的基本方法。操作法是指让幼儿动手摆弄、操作数学材料,反复进行探索,获得数学经验的一种学习方法。

幼儿只有在"做"的过程中,在与材料相互作用的过程中,才可能对某一数学概念的属性或数学运算的规律有所体验,才可能获得直接的经验,这种体验和经验是幼儿建构初级数学概念所必需的。因此,操作法是幼儿学习数学的基本方法。

  幼儿通过操作进行学习,教师对幼儿的操作应给予必要的指导,要让幼儿的"做"成为探索、发现的过程。例如,教师应让幼儿明确他要做什么、怎样去做。在幼儿"做"时,可以让他们边"做"边"说"。通过"说"可以使他们对自己的"做"(对自己的动作)有所了解,体验到有关概念的属性;通过幼儿的"说",教师可以发现幼儿懂得了哪些问题,还有哪些问题是不清楚的,需要给予帮助和指导。"说出是一种学习,即幼儿运用语言这一工具来表达自己对数学概念的认识。"教师应很好地观察、了解幼儿操作过程和操作表现,从中了解和分析不同幼儿的认知特点以及他们解决问题的策略,从而较好地把握幼儿的发展水平。教师只有较好地把握幼儿的发展水平,才可能有针对性地指导幼儿的学习,才可能促进每个幼儿在原有水平上获得进一步的发展。

  强调操作法是幼儿学习数学的基本方法,并不排斥其他教学方法在数学教育中的运用,例如,游戏的方法、讲解、演示、比较、归纳等方法。

  在幼儿进行操作前,教师往往要通过讲解、演示让幼儿明确操作的要求和进行操作活动的方法;教师也可以通过讲解、演示、比较等方法,将幼儿解决问题的种种策略展示出来,引导幼儿观察、分析,找出哪一种解题策略是最佳的;有些知识、技能要直接教给幼儿,往往也要运用讲解、演示的方法。在复习、巩固幼儿已有的知识、技能时,采用游戏的形式进行练习,能激发幼儿学习的兴趣和积极性。

  总之,在强调操作法作为幼儿数学学习的主要方法的同时,应考虑数学活动的具体内容和幼儿的学习情况,选择有关的教学方法,以取得最佳的教学效果。

  (四) 数学教学挂图和幼儿操作材料的作用

  数学教学挂图为教师使用的教学材料,这些挂图大多为单个的、具体的材料,可以作不同的组合,供教师在不同的教育活动中选择使用。例如，一套动物图片，可以作为进行数概念教育的教具（点数、目测数群、认识序数等均可使用），也可作为学习排序、对应等活动的教具。又如大班的鸭子、熊猫、树上的小鸟等情景图，既可用作多角度分类活动的教具，也可用作数的组成、加减活动的教具。

幼儿操作材料。每一幅画面上均写明该画面的内容，在什么活动中使用等。教师根据说明指导幼儿在小组活动中应用，同时在每一数学教育活动中也都具体写出需使用哪几幅画面。大多数画面并不局限于某一活动，这样可充分发挥幼儿操作材料的教学价值。如小、中班的几何图形片、实物、点子和数字卡片、数物拼板、几何图形拼图等材料；大班的序数卡片、实物情景图、看三幅图讲述加减应用题等。有一部分数学活动中的学具为各种实物，如各种种子、纽扣、木珠、塑料小玩具、瓶盖、贝壳等，这些材料需教师平时进行搜集和积累。由于幼儿操作材料受篇幅的限制，一些内容较为简单、教师易于制作的材料没有提供，而只在教育活动设计中作了图示，教师可根据图示，自己进行制作或选用其他材料进行，有一些内容虽提供了幼儿操作材料画面，可能数量还不能满足实际教育活动的需要，教师仍需添加一些。每一幅幼儿操作材料画面都需按图的内容剪成若干小的图片，图上的实线表示要剪开，虚线为折线，不要剪开。

教材中基本教育活动中的小组活动一般都安排了5～6组，对此，教师可根据本班幼儿发展情况作必要的删减和调整。如调整为3～4组，或更换为其他活动内容等。

教材中有关日常生活、活动区角中的数学活动，仅供教师选择使用和参考，在实际教育工作中，教师还应根据实际教育情况再作安排。活动所需的各种材料也需教师自己准备或选择其他材料替代。

幼儿园数学教育的目标和内容[1]

第一节 幼儿园数学教育目标制定的依据

一、幼儿园数学教育目标制定的意义

教育目标是指教育者在进行活动之前对活动结果的一种期望,也就是说教育目标是一种对教育结果的规定性。

麦克多纳尔德曾指出教育目标具有以下5项功能:

——教育目标可明示教育进展的方向;

——教育目标可用以选择理想的学习经验;

——教育目标可用以界定教育计划的范围;

——教育目标能指示教育计划的要点;

——教育目标可作为教育评价的重要基础。[2]

幼儿园数学教育目标是对幼儿数学教育的目的和要求的归纳,是向幼儿实施数学教育的方向和准则。它的意义表现在以下几个方面。

(一) 数学教育目标规范了教师的教育观念和教育行为

教师是教育活动的组织者,也是教育活动方向的把握者。教师具有正确的目标意识,就可以选择适宜的、有价值的数学教育内容,灵活运用各种方法和手段,创设有利于幼儿发展的数学教育环境。例如,教师让幼儿找一找环境中有哪些物品像圆形,这样的活动设计不仅让

---

[1] 本文系《幼儿园数学教育》(人民教育出版社2004年8月第1版)一书的第二章。
[2] 虞永平:《学前教育学》,江苏教育出版社1996年第1版,第67页。

幼儿感受到物品的形状特征,而且激发了幼儿观察、探究物品特征的兴趣和好奇心。这一内容的选择符合教育目标的要求。又如,《幼儿园教育指导纲要》有关数学教育目标的论述中提到:"让幼儿能从生活和游戏中感受事物的数量关系,体验到数学的重要和有趣。"如何才能让幼儿感受事物的数量关系,并体验到数学的重要和有趣呢?是教师引导幼儿从生活和游戏中感受事物的数量关系,还是教师将事物的数量关系讲给幼儿听呢?显然应采取前一种做法而不是后面的做法,因为在幼儿对事物的数量关系没有感受的情况下,教师的"讲解""告诉"都只能是向幼儿进行知识的灌输,不符合幼儿的学习特点。因此在幼儿数学教育中,教师应以教育目标为准则,选择那些能让幼儿感受事物数量关系的方法和手段,摒弃一切违背幼儿认知特点的方法和手段。

(二)数学教育目标可指导和控制数学教育的整个过程

数学教育过程是一个多因素参与的过程。在这一过程中,既要使各个因素之间协调平衡,又要排除与教育目标不一致的因素。例如,数学教育中涉及到教师、幼儿、活动材料三个因素之间的关系,在幼儿数学教育实践中,既要更好地发挥教师的主导作用,又要充分体现幼儿在活动中的主体地位,让幼儿能充分地与活动材料相互作用,这些都必须以教育目标来指导和控制。

(三)数学教育目标明示了数学教育评价的标准

数学教育目标是数学教育的起点,也是数学教育的归宿。数学教育目标规定了数学教育内容的范围、幼儿发展的要求,同时数学教育目标也是衡量幼儿发展有否达到预期目标的标准,是衡量教师所进行的教育是否有效的标准。依据数学教育目标,人们可以考察、评价在数学教育中教师的行为表现,幼儿的发展状况,也可依据数学教育目标,考察、评价数学教育的计划、手段、方法及环境创设,等等。因此,数学教育目标既是衡量幼儿发展的尺度,也是衡量教育成效的尺度。

二、幼儿数学教育目标制定的依据

(一)儿童发展

儿童是教育的对象,儿童身心发展水平、发展需要、发展的可能性和发展的规律性,是制定教育目标的依据之一。教育者对儿童的身心发展特点、对儿童的生长发展规律有深入的了解和思考,才能制定出符合儿童发展特点、促进其发展的教育目标。由于教育者对儿童发展水平、需要和发展规律的认识不同,他们对儿童提出的教育目标也就很不相同。例如,蒙台梭利认为3～6岁的儿童天生就具备学习文化的能力,应当利用这种能力,为他们准备适当的教材和教具。蒙氏从这一认识出发,主张"儿童6岁前就可开始读、写、算的练习,因这是儿童学习的敏感期,过了这个时期再学习就困难了"〔1〕。L. G. Katz 和 S. C. Chard 指出:"随着孩子年龄的增长,才会慢慢有足够的能力从正式的学术化教学中受益。"他们认为"幼儿经验的内涵比较像一个个的事件或主题,而不是个别的学科"。〔2〕

制定幼儿数学教育目标,在如何看待儿童发展的问题上,应坚持以下观点。

1. 儿童的发展是一个整体发展的过程

儿童的发展包括身体的、社会的、情感的、认知的、品德的等方面,每一个方面的发展都不是一个独立的过程,而是彼此相互影响、相互促进的整合性发展过程。在进行某一方面的教育时,必须考虑儿童的整体发展,所提出的教育目标应是全面的、综合性的,即应包括有认知经验、情感态度、个性品质等方面的教育要求。

2. 儿童的发展具有明显的年龄特点和个别差异

儿童的认知不仅与成人有着质的差别,而且不同年龄阶段的儿童认知结构也不完全一样,每一年龄阶段都有其独特的认知结构,表现出与前后各阶段不同的认知能力。而同一年龄阶段的儿童,由于遗传、社会生活条件、早期学习经验等方面的不同,他们在发展水平、发展速度、认知结构和学习风格等方面也都存在着很大的差异。因此,

---

〔1〕 卢乐山:《蒙台梭利的幼儿教育》,北京师范大学出版社1985年第1版,第88页。

〔2〕 L. G. Katz & S. C. Chard 著,陶英琪、陈英涵译:《探索孩子的心灵世界》(方案教学的理论与实务),心理出版社1998年第1版,第10页、第88页。

教育者要针对不同年龄阶段的幼儿提出不同的数学教育目标。同时,教育者还应针对各个幼儿的实际发展水平和需要提出适宜的数学教育目标,以促进其在原有水平获得更好的发展。

幼儿的身心发展水平和特点,决定了这一年龄阶段的数学教育目标与其他年龄阶段的数学教育目标有着一定的差别。数学教育目标能否实现,数学教育内容的确定是否恰当,从根本上看,取决于遵循和利用人的身心发展规律的程度。

(二) 社会要求

人总是生活在一定的社会中,每一个社会都有其对社会成员的要求,这一要求必然反映在对年轻一代的培养中,即塑造社会所要求的人。这就是说,教育目标和教育内容要反映社会的要求和愿望。

"教育要面向现代化,面向世界,面向未来",这指明教育目标不但要适应人类社会现今的发展水平,适应我国社会主义现代化建设的发展水平和要求,而且还应随着社会的发展作相应的变化,应预见社会发展提出的新要求。幼儿数学教育目标同样也直接或间接地反映着社会的需要和时代的印迹。例如,我国在 1932 年 10 月公布的《幼稚园课程标准》中,数学教育没有单独列出,只在游戏部分提出应有计数游戏(如搬运豆囊、抛掷皮球等,这类游戏可兼习计数),同时在社会、常识、工作等部分中也包含有计数内容。20 世纪 30 年代,幼稚教育在我国还处在起步阶段,幼稚园的课程还在建设中,当时数学教育虽未能在课程标准中单独列出,但在实际教育过程中仍要求教师注意对幼儿进行数学教育。1952 年 3 月,我国教育部颁发了《幼儿园暂行教学纲要(试行)》,在那次颁发的《纲要》中提出,计算教育是幼儿园教育活动项目之一,其内容有认识数目、心算、度量等。20 世纪 80 年代教育部颁发了《幼儿园教育纲要》,该《纲要》对计算教学提出以下三项任务:教幼儿掌握 10 以内数的概念和加减运算,学习一些几何形体、时间和空间的粗浅知识;发展幼儿的智力;培养幼儿对计算的兴趣。在这两份纲要中,数学教育已被列为幼儿园课程内容之一,这说明幼教工作者对数学教育在幼儿发展中的作用已有一定的认识。由于受当时的教育理论观念的影响,在这两份纲要中,数学教育还较多地偏重于幼儿对数学知识的学习,偏重于幼儿的智力开发。21世纪已经到来,社会的发展不仅对人才数量的需求越来越大,而且对人才的质量要求也越来越高,教育对人的身心素质的培养也更为重视。作为基础教育的幼儿教育,必须重视幼儿的整体发展,重视完整幼儿的培养。2001年7月教育部颁发了《幼儿园教育指导纲要(试行)》,《纲要》鲜明地体现着国家的意志,体现着国家对年幼一代的期望和培养要求,同时也是为着所有幼儿的健康成长。《纲要》明确规定了科学领域(包含数学教育)的目标、内容和要求以及指导要点,指出各个领域的内容要互相渗透,从不同角度促进幼儿情感、态度、能力、知识、技能等方面的发展。同时也使我们明确,在幼儿数学教育中应建立情感、社会性、智力等全面协调发展的教育目标体系。从以上对我国颁布的几份纲要的简要介绍和回顾中,我们可以清楚地看出,社会的发展和需要影响着教育目标的制定和内容的确定。

(三) 学科特点

数学学科的结构、学科的教育价值和学科学习规律对数学教育目标制定有重要的影响。在当代,数学已经渗透到科学技术、经济生活和现实世界中与人类生活生存息息相关的各个领域,数学是现代科学技术的基础和工具。数学作为人类文化的自然组成部分,对人类生活有着重要的影响,良好的数学修养将为人的一生的可持续发展奠定坚实的基础。数学教育的价值就在于促进儿童的发展,使儿童更好地适应生活,理解周围世界,学会表达和交流,发展儿童的主动性、责任感和自信心,培养儿童的科学态度和探索创新精神。

数学学科的结构和知识体系较为系统、严谨,其逻辑性十分突出,这对幼儿智慧的发展有着特殊的价值。幼儿正处在逻辑思维萌发和初步发展时期,数学的学习对其初步逻辑思维能力的发展、良好思维品质的形成有着重要的作用。总之,数学学科的结构和学科的教育价值对于幼儿数学教育目标的制定和内容的选择具有重要的影响。

儿童的发展、社会的要求和学科的特点是制定数学教育目标和选择教育内容必须遵循的依据,但同时还必须正确处理可能性目标和适宜性目标的关系问题,即应该考虑所提出的教育目标、所选择的教育内容对儿童的发展是否适宜。有些目标和内容的提出,儿童虽然可以学习和接受,但对儿童的发展并无积极的意义。因此,在教育实践中就不应提出和选择这样的目标和内容。

第二节 幼儿园数学教育目标的结构与层次

幼儿园数学教育目标体系是按一定的结构和层次组织起来的,从横向角度看,它具有一定的分类结构;从纵向角度看,则具有一定的层次结构。学习、了解数学教育目标的结构和层次,有助于教师认识数学教育在儿童发展中的作用和影响,有助于教师对幼儿期各年龄阶段发展特点和发展水平的把握,从而使幼儿数学教育的实践更具有目的性和计划性。

一、幼儿园数学教育目标的分类结构

幼儿园数学教育目标分类可以从多个角度考虑和划分,一般可以从以下几个角度进行分类。

从教育的基本内容来划分,即数学教育目标可从教育内容的诸多方面提出,如体育、智育、德育和美育等方面提出要求,这实质上也是从人的全面素质培养的角度提出要求。例如,数学教育目标从体育这一方面考虑,可提出发展幼儿动作的协调性、灵活性的教育要求(如学习手口一致地点数物体,能按要求摆放、整理操作材料等);从智育方面考虑,可提出发展幼儿对生活中物体数量关系、物体的形状空间位置等的兴趣,有探索、寻求解决"数学"问题的积极性等方面的教育要求;从德育方面考虑,可提出培养幼儿能与同伴友好合作地玩数学游戏、能遵守游戏规则等方面的教育要求;从美育方面考虑,可提出引导幼儿感受数学美的教育要求,例如,引导幼儿感受数与形的协调和美丽(如"2002"这4个数字能让人感受到对称、和谐的数学美)。

从幼儿身心发展角度来划分,即从幼儿认知、情感态度和动作技能等方面的发展提出教育目标。这是以儿童心理活动的不同领域作为出发点,把教育目标分为三大领域:

——认知领域,包括知识的掌握和认知能力的发展;

——情感领域,包括兴趣、态度、习惯、价值观念和社会适应能力的发展;

——动作技能领域,包括感知动作、运作协调、动作技能的发展。

幼儿数学教育可根据幼儿身心发展提出相应的教育目标。例如,能感受生活和游戏中事物的数量关系;用适当的方式表达、交流探索的过程和结果(认知领域),对周围事物的数量、形状、时间、空间感兴趣,有好奇心;遵守数学活动(或游戏)规则(情感领域);能正确拿取、摆放、整理操作材料(动作技能领域)。

从数学教育内容的几个方面提出教育目标,即从分类和排序、10以内数的认识和运算、几何形体和空间认识、量和时间认识等方面提出教育目标。每一项内容又分别从幼儿身心发展的几个方面提出具体的教育目标。

从上述几个角度考察、分析幼儿数学教育目标的分类,我们可以看出,从任何一个角度提出教育目标,其归宿都需落实在幼儿的发展上。因此,从这个意义上看,教育目标直接从幼儿身心发展的角度提出,比较靠近儿童发展的目标结构。

二、幼儿园数学教育目标的层次结构

幼儿园数学教育目标的层次结构,反映了教育目标的纵向结构,体现了目标体系在深度上的有序性。幼儿园数学教育目标的层次一般包括以下三个层次:幼儿园数学教育总目标、各年龄阶段教育目标、教育活动目标。一般地说,目标层次越高,其抽象概括性也越高,可操作性越低,而目标层次越低,其概括性也越低,可操作性则越高。上述三个层级教育目标的转化既是逐级具体化的过程,也是逐级抽象概括的过程。

(一)幼儿园数学教育总目标及其分析

2001年7月教育部颁布的《幼儿园教育指导纲要(试行)》中规定

科学领域的目标是：

（1）对周围的事物、现象感兴趣、有好奇心和求知欲；

（2）能运用各种感官，动手动脑，探究问题；

（3）能用适当的方式表达、交流探索的过程和结果；

（4）能从生活和游戏中感受事物的数量关系并体验到数学的重要和有趣；

（5）爱护动植物，关心周围环境，亲近大自然，珍惜自然资源，有初步的环保意识。

《纲要》中目标部分主要阐述的是本领域重点追求的目标及其主要的价值取向。

根据《纲要》科学领域的目标精神，幼儿园数学教育总目标应包含以下具体内容：

（1）对周围环境中事物的数量、形状、时间和空间等感兴趣，有好奇心和求知欲，喜欢参加数学活动和游戏；

（2）能从生活和游戏中感受事物的数量关系，获得有关数、形、量、时间和空间等感性经验，体验到数学的重要和有趣；

（3）学习用简单的数学方法解决生活和游戏中某些简单的问题，能用适当的方式表达、交流操作和探索问题的过程及结果；

（4）会正确使用数学活动材料，能按规则进行活动，有良好的学习习惯。

上述4条目标，表达了以下思想。

目标1，这是有关培养幼儿对数学的情感、态度的目标。

首先，幼儿园数学教育目标的核心应是培养幼儿的情感、态度。该目标提出培养幼儿对环境中事物的数、形特征，时间，空间等感兴趣，有好奇心和求知欲。兴趣是人们对客观事物的选择性态度，是对对象的一种积极态度，是带有情感色彩的认识倾向。好奇心是指对周围环境中新异刺激物的积极反应。幼儿的好奇心常常表现为对新异刺激物的注意、趋向、提出问题、操作、摆弄等行为倾向。兴趣、好奇心、求知欲等是幼儿学习数学的内部动力。

面向"21世纪的基础教育把每个学生潜能的开发、健康个性的发展、为适应未来社会发展变化所必需的自我教育、终身学习的愿望和能力的初步形成作为最重要的任务"[1],同时也更重视"赋予学生的学习兴趣和乐趣、学会学习的能力以及对知识的好奇心",并把"获取、更新和使用知识"作为"必须在教育过程中阐明的三种功能"[2]。在2001年颁布的《幼儿园教育指导纲要(试行)》中,在阐述幼儿发展的几个方面时,是按"情感、态度、能力、知识、技能"的顺序来排列的,可以看出,《纲要》十分重视培养幼儿的情感、态度,认为这是幼儿一生可持续发展的基础。

其次,幼儿对事物的数量、形状等产生了兴趣,这将为他们所进行的智力活动提供最佳的情绪背景,同时在积极探索活动中也将逐渐培养起幼儿对数学学习本身及一切学习活动的积极情感,使他们爱学习、会学习。"学会学习"是当今基础教育的重要内容。幼儿只有愿意参加数学活动,才可能观察、感知到环境中事物的数量、形状等。幼儿只有喜欢数学活动,对数学活动有兴趣,才可能积极主动地投入到活动中,才可能去探索、发现其中的数学现象,从而获得有关数、形、量、时间和空间的感性经验。

目标2,这是有关幼儿学习数学知识方面的目标。

这一目标指出了幼儿应学习哪些数学知识、幼儿获得的数学知识具有什么性质,以及幼儿怎样获得数学知识。

首先,该目标指出幼儿学习的数学知识包括数、形、量、时间和空间的感性经验,并逐步形成一些初级的数学概念。这条目标让人们明确,幼儿数学教育与其他年龄段的数学教育有根本的不同。幼儿获得的数学知识是经验性的、具体的知识,建构的是初级的数学概念,这种概念是幼儿从具体的实际经验中归纳出来的,是建立在表象水平上的

---

[1] 张维仪:《教师教育——改革与发展热点透视》,南京师范大学出版社2001年版,第10页。

[2] 联合国教科文组织:《教育——财富蕴藏在其中》,教育科学出版社1996年版,第8页。

概念。例如,幼儿对"2"的概念的获得,是他们多次拿取和看到两个球、两个娃娃、两个苹果等物体,经过分析、概括,幼儿发现这些物体虽然存在外形、大小等种种不同特点,但"两个"这一特点始终存在,这样幼儿就逐步建构起"2"的概念。这条目标还指出,应引导幼儿能从生活和游戏中感受事物的数量关系。"数量关系是幼儿数学教育内容中起着发展思维作用的核心因素","数量关系反映了数学知识间的内在联系及其规律性。幼儿掌握现有大纲内容中的数量关系,一方面加深了对有关数量概念的理解,另一方面它要求相应的思维水平,从而促进了思维抽象能力和推理能力的发展"。[1] 由此可以看出,引导幼儿感受事物中数量关系的过程,实质上也是促进幼儿思维发展的过程。

其次,该目标指出幼儿是在生活和游戏中感受到事物的数量关系,是在与环境的交互作用中获得有关数、量、形、时间、空间等的感性经验。数学知识不可能由成人传授给幼儿,必须让幼儿在与环境的交互作用中学习和掌握。新知识观认为,知识是一种关系体系,是"主体通过与其环境相互作用而获得的信息及其组织"。[2] 知识具有动态性、过程性,幼儿知识的获得,是在与环境相互作用的过程中逐步建构并不断发展的。这种相互作用的过程不仅让幼儿获得经验(建构知识),而且在与其相互作用的过程中也获得了"做"的能力(即"会做"和"知道怎样做"),这种能力也是知识。例如,幼儿在多次点数蚕豆时会发现,蚕豆摆放成何种形式与蚕豆的数目没有关系,自己从哪儿起点数蚕豆也和蚕豆的数目无关,重要的是每粒蚕豆只能点数一次,点数时不能重复,不能遗漏,这样蚕豆的数目就是不变的。从这里可以看出,幼儿对数目的掌握是在多次点数实物,多次摆放、拿取实物的过程中获得的。

此外,幼儿在感受数量关系、获得数学感性经验的过程中,也让他

---

〔1〕 林嘉绥、李丹玲编著:《学前儿童数学教育》,北京师范大学出版社 1994 年第 2 版,第 31~35 页。

〔2〕 邵瑞珍主编:《教育心理学》,上海教育出版社 1997 年版,第 58 页。

们体验到数学的重要和有趣。这说明幼儿在建构数学知识的过程中，也同时产生对数学的兴趣，形成对数学的情感和态度。

目标3，这是有关培养幼儿认识能力，特别是发展思维能力的目标。

这一目标指出，在幼儿数学教育中应重视幼儿认识能力的发展，应引导幼儿学习用简单的数学方法解决生活中、游戏中某些简单的问题，学习用适当方式表达、交流其操作、探索问题的过程和结果。

首先，该目标指出，在幼儿数学教育中要重视认知能力的发展，尤其是思维能力的发展。在当代，重视人的认知能力的发展远比获得知识重要得多。数学是一门培养和锻炼思维能力的基础学科，数学对幼儿的认知能力特别是思维能力的发展有着特殊的价值。幼儿在构建一些初级的数学概念的过程中，需要对所操作的材料、所出现的数学关系进行充分观察，进行一番比较、分析、综合、抽象和概括，才可能将有关的数学概念的本质（或关键）属性从具体事物中抽象出来，这一过程对发展幼儿各种心理过程的有意性、自觉性十分重要，对促进幼儿观察力、注意力、记忆力、想象力尤其是思维能力的发展具有积极的作用。例如，幼儿对数目"2"的认识，幼儿在形成"2"的概念的过程中，需要对各种不同的"两个"物体进行分析、比较，从中抽象概括出其共同的、本质的特征，即它们都是"两个"，而排除掉这些物体中的非本质特征，如它们不同的形状、颜色等。

其次，这一目标还提出让幼儿学习用简单的数学方法解答生活和游戏中的某些问题，能用适当方式表达、交流其操作、探索问题的过程和结果。学习解决问题，这不是简单地运用已知的信息，而是对信息进行加工，"超越给定的信息界限"之外，因为要解决的问题是一个新问题，是初次遇到的问题；在解决问题时，需要对已掌握的方法、知识再次思考和重新组合，找出能解决问题的方法；当问题一旦解决了，幼儿的能力也随之发生变化，得到提高。

幼儿能用适当方式表达、交流其操作、探索问题的过程和结果，这实质上是幼儿将其在数学操作和探索活动中的感受、体验外化和具体化。这样的过程不仅巩固、加深了幼儿对数学现象、数量关系的感受和体验,而且也使其认识能力再次得到提高,同时幼儿在交流中能更好地互相学习。

幼儿学习解决问题,学习用适当方法表达和交流,这一过程不仅促进幼儿认识能力的发展,它还将促进幼儿自主性、创造力、想象力的发展,因为在这过程中,每个幼儿都可采用自己认为适当的方式去表达和交流。

目标4,这是有关培养幼儿正确使用数学材料的技能和良好学习习惯的目标。

首先,该目标提出了要培养幼儿正确使用数学操作材料的技能。为什么培养技能要作为目标提出呢?这是因为数学首先最重要的是作用于事物的动作,而运算本身则是进一步的动作。这就是说,幼儿是通过与各种有关的数学材料发生相互作用而对其中蕴含的数学关系有所感受和认识的。例如,幼儿学习匹配:"喂动物吃食"。活动要求幼儿喂给各种小动物吃它喜欢的食物。在这一活动中,幼儿应学习、掌握这样的技能:将画有各种动物的卡片一张接着一张排列整齐(如有的教师要求幼儿将动物卡片整齐地摆放在标记板的红线上部);还要学习将每种食物与相应的动物一一对应摆放(如萝卜放在兔子卡片下面,鱼放在猫卡片下面)。总之,幼儿只有掌握了有关的操作技能后,才可能正确地使用数学操作材料,才可能获得对有关数学关系的感知和认识。

其次,该目标提出了培养幼儿良好的学习习惯的要求。良好的学习习惯不仅对幼儿时期的学习有重要意义,而且对其日后的学习影响也是巨大的。幼儿的数学学习主要是通过幼儿的操作活动进行的,这里涉及到幼儿很多的行为习惯,因此在数学教育中培养幼儿的良好学习习惯更具有重要意义。良好的学习习惯主要是指:"静心学习,细心学习,认真学习,发挥独立性和主动性,努力克服困难,善于思考等习惯。"[1]对于幼儿数学学习来说,除以上提到的学习习惯外,针对

---

[1] 卢乐山主编:《学前教育原理》,北京师范大学出版社1991年第1版,第266页。

数学学习要求,还应养成幼儿以下习惯:要按规则进行活动,克服困难,探索解决问题的办法,能与别人合作进行游戏等。

(二)幼儿园数学教育各年龄阶段目标及其分析

小班

1. 愿意参加数学活动,喜欢摆弄、操作数学活动材料,能在教师的帮助下按要求取放操作材料和进行活动。

2. 对生活中常见的各种物品的大小、形状、数量有兴趣,能感知5以内的数量。

3. 能按物体的外部特征进行分类。

中班

1. 能专心地进行数学操作活动,对自己的活动成果感兴趣;愿意并学习用适当的方法表达、交流自己操作、探索的过程和结果。

2. 能自己选择数学活动内容和按规则进行活动。

3. 能按物体的某一特征和数量进行分类。

4. 能注意和发现周围环境中物体的数量、形状、物体量的差异,以及它们在空间的位置等。

5. 能比较、判断10以内物体的数量多少;感受10以内相邻两数的大小关系。

6. 认识一些常见的几何图形。

大班

1. 能积极、主动地进行数学活动,遵守活动规则,会有条理地摆放、整理数学活动材料。

2. 能用适当方式表达、交流数学操作活动的过程和结果。

3. 能倾听教师和同伴的讲话,能在教师帮助下,归纳、概括有关数学经验,感受生活和游戏中事物的数量关系。

4. 能运用对应、比较、类推、分类统计等简单数学方法解决生活和游戏中的某些问题。

5. 能按物体的两种特征和从事物的多个角度进行分类。

6. 认识一些常见的立体图形;对平面图形间的关系能有所感受。

在这一年龄阶段目标中,对于每个年龄段幼儿应获得哪些数学经验,幼儿认知能力、情感态度和行为习惯的发展等,都作了较为具体和详尽的表述,从中可以看出对三个年龄阶段的幼儿有不同的目标要求。例如,小班的第2条、中班的第5条、大班的第3条,反映了对数的认识在小、中、大三班的不同要求。又如,幼儿对数学活动的兴趣、态度在不同的年龄阶段也有着不同的目标要求。例如,小班的第1条提出"愿意参加数学活动,喜欢摆弄、操作数学活动材料";中班的第1条提出"能专心地进行数学操作活动,对自己的活动成果感兴趣",第4条提出"能注意和发现周围环境中物体的数量、形状、物体量的差异,以及它们在空间的位置等";大班的第1条提出"能积极、主动地进行数学活动,遵守活动规则,会有条理地摆放、整理数学活动材料"。从上述的表述中可以看出,不同年龄阶段在兴趣、情感、态度等方面提出的目标是不同的。

在这一年龄阶段目标中,有些目标内容还需讨论和研究,如有关认知能力、情感态度、行为习惯方面目标的表述,有些还不够清楚、明晰,这主要是由于幼儿在上述几个方面的发展是一个连续、渐变的过程,同时思维、情感等又都为内隐行为,常常一时不易觉察到,故不易用较清晰的语言进行表述,当然这只是问题的一个方面。如果对幼儿的发展状况有比较清楚的了解和把握,那么在目标的表述方面会更明确、更清晰。

(三) 幼儿园数学教育活动目标及其分析

数学教育活动(包括教学活动)目标是指某一具体教育活动的目标,其目标表述具体,操作性较强,所期望的教育成果基本上是可以观察或测量的。同时,数学教育活动目标大多是从幼儿获取哪些数学经验这一角度提出的,有的活动对幼儿认知能力的发展也提出了相应目标,而对幼儿兴趣、情感和态度方面的发展往往没有提出相应的目标,这主要是因为幼儿在这方面的发展是一个逐渐形成的过程,在一两个教育活动中很难观察到幼儿这方面的发展变化情况,因此一般数学教育活动中提出这方面的目标较少。教师应该看到,幼儿在探索和学习某一数学经验的过程中,他们的认知能力、情感和态度、动作和技能获得了相应发展。因此,教师在教育活动中应很好地观察、了解幼儿认知能力、情感、态度、动作和技能的发展变化情况。例如,以下一些教育活动的目标:

学习对同一种图形根据不同的标准分类,每次分类自始至终坚持了一个标准;

学习比较物体长短的正确方法,练习按物体长度差异排序,理解物体长短的相对性,培养观察、分析、推理判断能力;[1]

从不同方向辨认7以内的序数;练习数数,比较多少;

巩固对圆形的认识,体会部分和整体的关系;[2]

教幼儿学习不受物体排列形式的影响,正确感知7以内数量,学习按数量多少进行排序;启发幼儿讲述操作过程和操作结果;

引导幼儿正确感知8、9的数量;培养幼儿注意倾听教师的要求,并按教师的要求进行活动。[3]

从以上所介绍的数学教育活动目标,我们可以看出教育活动目标的内容大多从幼儿应获取哪些数学经验这方面提出的,目标的表述都比较具体,因而可操作性较强,教师能从幼儿的活动中观察到他们对目标的掌握情况,使教师能较好地诊断、评价幼儿的发展情况,而这些情况对教师考虑、安排后阶段的教育目标和内容提供了必要的依据。

第三节　幼儿园数学教育内容及其分析

一、幼儿园数学教育内容及其分析

(一) 分类、排序与对应

分类是指把具有相同特点的物体进行分组。幼儿学习按物体的

---

[1] 林嘉绥编著:《入学前数学教育》,中国少年儿童出版社1995年第1版,第6页,第52页,第270页。

[2] 北京市宣武区实验幼儿园编著:《幼儿日常生活中的数学教育》,科学出版社1995年版,第33页,第110页。

[3] 王志明、张慧和主编:《幼儿园课程指导丛书·科学(中班)》,南京师范大学出版社1997年第2版,第63页,第167页。

某一个(或两个)外部特征进行分类；按物体的特征进行多角度分类及按物体内在的包含关系进行层级分类。

排序是根据物体的差异按一定的次序或规则进行排列。幼儿学习按物体量的差异排序及按物体的某一特征或规律排序。

对应是指在两个集合中，一个集合里的任何一个元素按照确定的对应关系在另一个集合里都有一个或几个元素与它相对应。对应中如果一个集合的每一个元素分别与另一个集合中的每一个不同的元素对应，那么这种对应关系就叫一一对应。幼儿学习将相关的物体一一匹配，借助一一对应的逻辑方法比较两组物体的数量是否相等。

分类、排序和对应这三项活动可为幼儿建构类、序及对应的心理运算结构奠定基础，为幼儿学习数学概念做好准备。皮亚杰指出："三个数学结构（即代数结构、序的结构和拓扑结构）和儿童运算思维的三个结构之间有着非常直接的联系。"[1]类、序和对应这三方面是数学思维的主要成分。

(二) 数、计数与数的运算

幼儿认识10以内的自然数和0，理解数的实际意义和数与数之间的数差关系，知道"没有"可以用0来表示；认识序数，能用自然数表示物体排列的次序，说出某一物体排在"第几"。

学习10以内数的组成和分解，感知并体验一个数和它分出的两个部分数之间的关系，以及部分数之间的互换、互补关系。

计数就是数数，学会手口一致地点数实物并能说出总数，即幼儿能口说数词，手点实物，使每个数词与一个集合内的每个元素建立一一对应的关系，数的结果会用数词来表示。

认读和书写10以内的阿拉伯数字。

数的运算，认识加号、减号、等号，理解加减的意义，学习10以内口头加减运算，能应用加减法解决日常生活中的简单问题。

---

[1] R.W.柯普兰著，李其维、康清镳译：《儿童怎样学习数学》，上海教育出版社1985年第1版，第6页。

数、计数与数的运算和人们的生活有着密切的关系。例如,数可以表示物体的个数和多少:篮子里有 5 个苹果,桌上放着两本书;数也可以表示整体的多少:3 盒糖,1 箱苹果等;数还可以表示事物的顺序:第一名、第二名,一组队列中,从左往右数,小红排在第六位等。可以这样说,在我们的周围,到处都存在着数,数与人们的生活密切相关,数的用处很多。

数的运算学习,可帮助幼儿较好地了解、认识周围事物中存在的数量关系,并学习用加减法解决生活中一些简单的问题。

(三) 几何图形

能够正确辨认常见的平面图形(如圆形、三角形等)和立体图形(如球体、圆柱体等),能说出它们的名称和主要特征;能区分平面图形和立体图形。

几何图形是人们用来确定物体形状的标准形式,物体的形状在几何图形中得到概括的反映。几何图形有平面和立体两种。在人们生活的世界中,各种各样的物体都具有一定的形状。例如,楼房的结构呈直线形,花朵呈曲线形等,这些各种各样的形,大都能用数学中的直线和曲线构成。因而,从某一角度看,形比起数来更加具体、直观。幼儿学习、认识几何图形,可帮助他们逐步形成空间观念,并有助于对数的理解和数概念的建立,促进其观察力、想象力和创造力的发展。

(四) 量与计量

幼儿能区别和说出物体量的差异,如大小、长短、高矮、粗细、宽窄、厚薄、轻重等;在比较物体量的差异时,可帮助幼儿初步理解量的相对性。学习量的守恒,学习自然测量。

量是表示事物所具有的能区别程度异同的性质,就是事物的多少、大小、长短、高低、轻重、快慢等的客观对象都叫做量。量有连续量和不连续量。例如,小班有多少小朋友、铅笔盒中有几支铅笔等是不连续量;长度、面积、温度、速度等是连续量。物体的大小、长短、轻重等连续量都是幼儿生活中经常接触的,因而幼儿需要学习。在比较各种量的差异时,可让幼儿感知到量的相对性,并帮助幼儿建立序的概念,使幼儿对其中的传递关系有所体验。

计量就是把一个暂时未知的量同另一个作为标准的约定的已知量做比较,这个比较的过程叫做计量。幼儿学习计量常利用各种自然物,例如小棍、筷子、纸条、小瓶等作计量单位测量物体的长度、高低、体积等,这种测量方法叫做自然测量。幼儿学习计量的意义在于,他们运用已有的数经验进行测量,可体验到把整体分解成部分,以及部分与部分置换的运算关系,并逐步建立测量单位体系的观念,为以后学习计量做好心理准备。

(五) 空间和时间

幼儿能区分和说出上下、前后、左右空间方位;能按指定方向进行运动。能区分早晨、晚上、白天、黑夜、昨天、今天、明天,知道一星期7天的名称及其顺序;认识时钟,知道其用途,会看整点与半点。

空间的概念是极为广泛的,包括着对大小、形状、方向的认识,也包括着对空间的区分。时间是物质运动过程中的持续性和顺序性,时间还意味着两个时刻间的距离,或指某一时刻。时间是一个人们看不见的量。

空间和时间与幼儿的日常生活有着密切联系。例如,幼儿做早操时就涉及动作的运动方向,平时他所处的位置需要其对前后上下有些什么物体能够感知;幼儿一天的生活、游戏活动,使其对时间的顺序有所感知。幼儿对空间和时间的感知、认识,有助于幼儿空间知觉和时间知觉的发展,也有利于他们生活能力的增强。

二、幼儿园各年龄班数学教育内容

小班

1. 学习按物体的一个特征进行分类。

2. 学习按物体量(大小、长短)的差异进行 4 以内物体的排序,学习按物体的某一特征进行排序。

3. 认识"1"和"许多"及其关系。

4. 学习用一一对应的方法比较两组物体的数量,感知"多"、"少"和"一样多"。

5. 学习手口一致地从左到右点数 5 以内的实物,能说出总数,能按实物范例和指定的数目取出相应数量的物体,学习一些常用的量词。

6. 认识圆形、正方形、三角形。

7. 初步理解早上、晚上、白天、黑夜的含义,学习正确运用这些时间词汇。

8. 学习区分和说出以自身为中心的上下方位;学习判断两个物体之间明显的上下关系,说出什么在什么上面,什么在什么下面。

9. 在教师引导下,能注意周围环境中物体的形状和数量。

中班

1. 认识 1~10 以内的数字,理解数字的含义,会用数字表示物体的数量。

2. 学习目测数群,学习不受物体空间排列形式和物体大小等外部因素的干扰,正确判断 10 以内的数量;学习 10 以内序数;感知和体验 10 以内自然数列中相邻两数的等差关系。

3. 认知长方形、梯形、椭圆形。

4. 学习用各种几何体(积木或积塑)进行拼搭和建造活动。

5. 学习概括物体(或图形)的两个特征;学习按物体的某一特征和数量进行分类。

6. 学习按量(粗细、高矮等)的差异进行 7 以内的正逆排序;学习按一定的规律排列顺序。

7. 观察、比较、判断 10 以内的数量关系,逐步建立等量观念;运用已有的知识经验,解决新问题,学习新的知识,促进初步的推理和迁移能力的发展。

8. 初步理解昨天、今天、明天的含义,知道它们之间的关系,学习正确运用这些时间词汇。

9. 学习区分和说出以自身为中心的前后方位;学习区分和说出物体之间的上下、前后位置关系;学习按指定方向运动。

10. 能注意和发现周围环境中物体量的差异、物体的形状,以及它们在空间的位置等等。

大班

1. 学习10以内单、双数和相邻数,学习顺着数和倒着数。

2. 学习10以内数的分解和组成,体验总数与部分数之间的包含关系,部分数与部分数之间的互补关系和互换关系。

3. 学习10以内数的加减,认识加号、减号,初步理解加法、减法的含义。学习用加减法解答生活中一些简单的问题。

4. 能理解符号"+"、"-"、"="所表示的意思。

5. 学习按物体两个或两个以上特征进行分类;学习按某一特征的肯定与否定进行分类;学习层级分类和多角度分类。

6. 学习按物体量的差异和数量的不同进行10以内正、逆排序,初步体验序列之间的传递性、双重性和可逆关系。

7. 认识几种常见的几何体(正方体、长方体、球体、圆柱体);能根据图形特征进行分类。

8. 学习等分实物或图形;学习自然测量。

9. 学习以自身为中心和以客体为中心区分左右;会向左、向右方向运动。在日常生活中,能注意自己(或物体)在空间的位置和运动方向。

10. 认识时钟,学会看整点、半点,学习看日历,知道一星期中每天的名称和顺序。学习一些表示时间的词汇,在日常生活中,感受和注意时间的长短和更替,知道要珍惜时间。

11. 认识角、元、2元、5元、10元以内的人民币,能说出它们的单位名称,知道它们的值是不相同的。

三、数学教育活动内容选择的要求

《幼儿园教育指导纲要》对教育活动内容的选择提出了以下原则。

1. 既适合幼儿的现有水平,又有一定的挑战性。

2. 既符合幼儿的现实需要,又有利于其长远发展。

3. 既贴近幼儿的生活来选择幼儿感兴趣的事物和问题,又有助于拓展幼儿的经验和视野。

数学教育活动内容的选择,除应遵循以上原则外,还应考虑以下要求。

(一)幼儿数学教育活动内容应具有启蒙性

向幼儿进行数学教育,其目的很明确,主要是让幼儿掌握一个了解和认识世界的工具。让幼儿通过数学学习得到更好的发展,学习数学的有关知识,则不是这一年龄阶段的主要目的。因此在选择数学教育活动内容时,必须注意内容的启蒙性。我们所说的幼儿数学教育应具有启蒙性,也就是指幼儿应对有关数学教育内容有所感知、有所体验,对这些教育内容获得较丰富的感性经验,而不是让幼儿在此阶段对数学的某一内容形成科学的概念。

现有的幼儿园数学教育内容有:集合感知认识10以内的数和10以内数的加减,认识几何形体、量、时间和空间等,这些内容涉及数学学科的多个方面,说明此时的教育是向幼儿进行数学启蒙教育,同时也说明它是数学教育,而不是其他方面的教育。此外,还需要考察和分析具体的教育内容和教育要求,分析其是否注意了启蒙性。

向幼儿进行数学教育,其要求是让幼儿在操作的层面上对某一内容获得感性经验。例如,幼儿认识几何图形,他们通过建造、拼搭、玩沙、塑造等活动,能够辨认各种常见的平面图形和立体图形,能说出它们的名称。在日常生活中他们能发现一些物体与图形之间的相似点,例如说自行车的车轮是圆的,手帕像方形等等。幼儿的这些表现,说明他们对几何图形已有了初步的认识。

在本书中,我们介绍和阐述了一些数学概念,其目的是为了帮助教师的阅读和理解,这些概念不能直接传授给幼儿。幼儿需要的是在生活和游戏中感受事物的数量关系,对周围环境中的数、量、形等产生兴趣,体验到数学的有趣和重要,在丰富多彩的活动中,获得和积累有关的数学经验,逐步建构初步的数概念。

(二)幼儿数学教育活动内容应具有生活性

数学教育内容应具有生活性,这是指数学教育活动内容应与幼儿的生活实际紧密联系,这些内容应该是幼儿所熟悉的,也是他们所能理解的,让他们感受到数学可以解决人们生活中遇到的问题。数学反映的是客观世界的数量关系和空间形式。在丰富多彩的现实世界中,任何物体、任何现象都与数学有着密切的联系。在儿童的日常生活中,和数学有关的问题也是时时、处处都存在着的。例如,这是一棵大树,那是一棵小树;今天班上有3个小朋友没有来;手帕是正方形的,毛巾是长方形的……幼儿在与环境的接触中获得了许多数学感性经验。

在幼儿园数学教育中,有很多内容可以很好地联系儿童的生活实际。例如,幼儿对数字的认识,教师可引导幼儿观察、发现周围环境中哪些地方、哪些物体上有数字,这些数字表示什么,像房屋上的门牌号码、书上的页码、汽车和汽车站上的数字、日历上的日期等等,它们分别表示着不同的意义。又如,学习倒着数,在实际生活中,有很多情景和场合都需要倒着数,如从电梯上下来、马路上的红绿灯、微波炉等都是倒着计数的。通过幼儿自己去观察生活中众多的倒着计数的现象,使他们感受到倒着计数可以让人们了解到,某一件事或某一现象离开发生或完成还有多长时间。在此过程中,幼儿还会发现,数字可以顺着排列,也可以倒着排列,数目倒着排列时,其中任意一个数都比前面一个数小1,比后面一个数大1。幼儿数学教育活动内容如能注意与幼儿的生活实际相联系,不仅会让他们感到学习的内容是熟悉的,激发起他们学习的兴趣,同时也会使幼儿感到数学就在他们身边,数学是很有用的,使他们更加注意发现周围环境中许多与数学有关的事物和现象。我们的教育应该增进幼儿对他们所处世界的了解,并要引起他们继续学习的兴趣和愿望。

(三)学前儿童数学教育内容应具有可探索性

当代学校数学教育十分重视儿童数学修养的培养。所谓数学修养,包括着探索、猜想和逻辑推理能力,也包括有效地利用多种数学方法去解决问题的能力。儿童具有良好的数学修养,这将为其一生的可持续发展打下坚实的基础。

幼儿数学教育活动内容应具有可探索性、可猜想的因素,应提出需要幼儿解决的问题。例如,教师让幼儿用同一数目、不同大小的种子排队,排好后他们发现,两队的长短竟然不一样:它们的数目一样多,为什么排成队后会有长有短呢?经过仔细观察和比较,他们发现了,颗粒大的种子占的地方大,排的队就长,而颗粒小的种子占的地方小,排的队就短。在这一活动中,通过幼儿的探索和发现,他们获得了这样的经验:用某一物品排队,队列的长短不仅与物品数目多少有关,还与物品本身的体积大小有关。又如图形接龙游戏,该游戏的规则是相接的图形必须具有两个相同点。假如第一个幼儿拿出的是大的红色的圆形,第二个幼儿拿出的图形则要与大的红色的圆形有两处相同,按这样的要求,所有的大的红色的图形(如正方形、三角形、长方形、梯形等)都可以相接;大的各种颜色的圆形也可以相接;同时小的红色的圆形也可以相接。幼儿玩这一游戏,可以选择的答案很多,这样的游戏给幼儿提供了更多的探索和猜想机会。因而这样的活动内容对儿童的发展具有积极的影响。

(四)幼儿数学教育活动内容应具有系统性

幼儿的数学教育活动虽具有启蒙性质,但也应注意数学知识的系统性和逻辑性。在教育活动内容的选择和安排上,应遵循数学知识的逻辑和幼儿学习的逻辑顺序,体现先易后难、循序渐进、前后联系的特点。例如,幼儿学习数的知识,他们必须具备一些基本的逻辑观念。幼儿通过对应、排序、分类等活动获得了一些前数学经验,为数的学习做好心理准备。在此基础上,幼儿学习数的内容,开始学习重点在感知物体的数量,理解数的实际意义,进而幼儿可以认识数的顺序、数与数之间的大小关系。在大班,幼儿学习数的组成和加减,对整体与部分的关系有了进一步感知和体验。经过这样的学习过程,幼儿形成初步的数概念。

在幼儿数学教育中,教育内容的选择和安排要注意数学知识的系统性,但绝不应将这一教育成人化、书本化、正规化。在学前阶段,幼儿学习的数学知识应是感性的、经验性的知识。

幼儿园数学教育活动设计与组织[1]

《幼儿园教育指导纲要》指出：幼儿园的教育活动，是教师以多种形式有目的、有计划地引导幼儿生动、活泼、主动活动的教育过程。幼儿数学教育活动有：数学教学活动、活动区中的数学活动、数学游戏活动、日常生活中的数学活动。

第一节 幼儿园数学教学活动的设计与组织

一、幼儿园数学教学活动的价值

（一）什么是教学

所谓教学，乃是教师教、学生学的统一活动。在这个活动中，学生掌握一定的知识和技能，同时身心获得一定的发展，形成一定的思想品质。教学永远包括教和学，没有了学，教就不能存在，而没有了教，学也同样不能存在。[2]

教学（教）就是教师引起、维持和促进学生学习的所有行为。教学实践是由教与学两种活动所构成，教与学是统一的活动。但为了深入地研究教与学，有必要将教与学分开进行研究。因此上述定义关注的是教师行为，即教学探讨、研究教师引起、维持和促进学生学习的所有

---

[1] 本文系《幼儿园数学教育》（人民教育出版社2004年8月第1版）一书的第三章。

[2] 王策三著：《教学论稿》，人民教育出版社1985年第1版，第88页。

行为。教师的这些行为都是为了促进学生进步。[1]

从教学的规定性要求看,"教学"活动应具备三方面特征:

第一,"教学"既有"教",又有"学"。它包括了教师和学生的共同活动。

第二,它是由教师发起的,符合一定道德规范的行为。

第三,它旨在促进学生学习的所有行为。

"教"不仅意味着向学习者"传递"知识和技能,"教"还包括着改变学习者的态度和生活方式。

根据以上所述,教学应是由教师发起的,旨在维持和促进学生学习的所有行为的师生共同活动。

(二) 幼儿园数学教学活动的特点

幼儿园教学是教师和幼儿的共同活动,是旨在促进幼儿身心健康发展的师幼共同活动。

幼儿园教学是一种自发反应型教学。苏联心理学家维果茨基认为:3岁前儿童的教学特点是,这一年龄儿童是按照他们自己的大纲进行学习的,这种教学类型通常称为自发型。学龄儿童能做教师要他做的事情,按照教师的大纲学习这一类型教学定为反应型。学前儿童的态度是这样确定的:他做他要做的事,但他要做的事,恰恰也是他的领导希望他做的。因此维果茨基提出:幼儿园教学大纲应该也是儿童自己的大纲,就是说,大纲实施的次序应符合儿童感情丰富的兴趣,符合他的与一般概念相联系的思维特点。学前儿童的教学则处于第一种和第二种之间的过渡位置,可称为自发—反应型。[2]

具体来说,幼儿园的数学教学活动具有以下特点:

1. 幼儿数学教学活动是有目的、有计划、有组织的活动

在进行数学教学活动之前,教师首先需要依据教育目标、幼儿的

---

[1] 施良方、崔允漷主编:《教学理论:课堂教学的原理、策略与研究》,华东师范大学出版社1999年第1版,第13页。

[2] 余震球选译:《维果茨基教育论著选》,人民教育出版社1994年第1版,第379~386页。

发展状况及幼儿的兴趣、需要,制定本次教学活动的具体目标,选择相应的教学内容、教学方法和活动的组织形式。也就是说,在进行教学活动之前,教师首先要考虑并制定好完整的教学计划。这种教学计划带有预成性的特点。

在教学计划实施过程中,教师有可能会根据教学的实际情况,调整或更改教学计划中的某一环节,但就整个计划来说,一般不会作大的变动。

2. 幼儿数学教学活动具有情境性、操作性和游戏性的特点

幼儿的学习是一个主动的建构过程,他们的兴趣和需要是其学习的内在动力。幼儿在学习过程中能做的只是与他兴趣相符的事情。数学教学活动的计划是教师依据教育目标事先预设和规定的,在计划的制定过程中,往往会对幼儿的兴趣、需要有所忽略或注意不够。如何解决这一问题?这就需要教师要能将预定的教育目标和内容转化为幼儿自己的需求,以激发幼儿学习的兴趣和求知欲,使他们主动参与活动,积极进行学习,在自主建构数学知识的过程中,身心获得更好的发展。幼儿数学教学活动具有的情境性、操作性和游戏性的特点,能较好地将教育目标和内容转化为幼儿自己的需求,它是解决这一问题的重要策略。

数学教学活动的情境性、操作性和游戏性是指教师通过创设一定的教育情境,引发幼儿的学习兴趣和愿望,使由教师提出的学习任务变成幼儿自己的学习要求,将教师要求幼儿做的事变成幼儿自己要做的事,也就是将教师的大纲变成幼儿自己的大纲,其变化的程度越大,则幼儿学习的兴趣和积极性越高。教学活动的情境性、操作性和游戏性,能充分调动学习者的情感力量,萌发和强化他们的兴趣。例如,小班幼儿学习将动物与其相应食物匹配这一内容时,教师创设了"梅花鹿请客"这一游戏情境,在游戏中,"主人"梅花鹿请小朋友帮助它,给每位"客人"(请来的小动物)送去它爱吃的食物。当幼儿看到教师出示的梅花鹿请来的客人——各种动物(玩具)及其食物,立即引起了他们的注意和兴趣,幼儿愉快地、积极地参与到活动中。在游戏过程中,

幼儿不仅知道了每种动物爱吃哪种食物,学习着用一一对应的摆放方法表达两者之间的关系,而且在活动过程培养了幼儿学习兴趣,激发了幼儿求知欲望,引导幼儿学习思考和解决问题。

幼儿数学教学活动还具有操作性特点。幼儿的数学学习是在操作中进行的,他们通过操作、摆弄材料进行探索和学习。儿童认知的发展,表现为动作水平的思维向抽象水平的思维的转化过程。幼儿数学概念的建构开始于动作。正如皮亚杰所说:"数学上的抽象乃是属于操作性质的,而它们的发生、发展要经过连续不断的一系列的阶段,而其最初的来源又是十分具体的行动……具体的操作来源于动作,而不是来源于知觉上的或回想的完形。"[1]幼儿在与材料的相互作用中,感受和体验到数学概念的属性或运算技能的要素,获得相关的数学经验。操作方法是幼儿学习、建构数学知识的基本方法。

3. 幼儿数学教学活动一般为教师组织、并在教师直接指导下进行的活动

幼儿数学教学活动是一种有目的、有计划的活动,常采用集体活动的形式进行。集体活动形式有利于教师对幼儿数学学习的直接指导,教师在教学中指导、启发幼儿感受生活中的数学现象和各种数量关系,帮助幼儿归纳、整理其获得的一些零散的、片断的数学经验,使其能建构一些初级的数学概念,并促进其思维能力的发展。同时数学的集体活动形式也有利于幼儿之间的互相学习和影响。幼儿发展水平的差异及所获得的数学经验的不同,在幼儿共同学习中会彼此反复影响并互相促进。

集体活动的形式可以是全班的,也可以分组进行。

(三)数学教学活动对幼儿发展的影响

维果茨基曾指出:"发展来自合作……发展来自教学——这是基

---

〔1〕皮亚杰著,傅统先译:《教育科学与儿童心理学》,文化教育出版社1981年版,第48~49页。

本事实……""组织得当的儿童教学,会导致儿童智力的发展,会引发一系列在教学之外根本做不到的发展过程。可见,教学乃是儿童非先天特点而是人们的历史特点发展过程中内部不可缺少的普遍性因素。"〔1〕

幼儿数学教学活动是有目的地对幼儿的发展施加影响的。这种影响表现在以下几个方面。

1. 在数学教学活动中,向幼儿提供的学习经验是经过教师有意识选择的,故这些经验的学习有助于幼儿对事物数量的感受和体验,帮助幼儿感知和把握数概念的本质属性;促进幼儿思维能力的发展,使幼儿敏捷、灵活地思考问题、解决问题;促进幼儿多方面的发展,对幼儿整体发展产生积极影响。在数学教学活动中,幼儿不仅获得有关的数学经验,同时其学习兴趣、态度和自主性也得到相应的发展。

幼儿在日常活动中虽能获得很多的数学经验,例如对物体数量、形状特征的认识,但幼儿获得的这些经验往往是零星的、片断的,有时甚至是表面的,不能使幼儿感受到数概念的本质属性。在数学教学活动中,教师通过创设的情境,提供具有典型意义的材料,将物体的数量、形状特征、事物之间的数量关系鲜明地凸现出来,使幼儿能注意到物体的这些特征,感受到蕴含于物体中的数量关系,或者让幼儿在实际操作中感受到物体的数、形特征和数量关系,从而有助于幼儿数概念的建构。

例如,在按数量将物体分类时,幼儿排除了物体外部特征的干扰,只注意其数量特征,他们能将数量是 3 个的木珠和果核放在一起,数量是 4 个的瓶盖和纽扣放在一起……

又如,幼儿学习按帽子的某一特征进行分类,首先他们仔细观察搜集来的各种帽子(共 7 顶),比较、区分这些帽子的不同特点。在此

---

〔1〕 B.B. 达维多夫著,王义高、赵伟、毕淑芝译:《发展性教学问题》,江西教育出版社 1996 年版,第 39～40 页。

基础上,他们发现如果按颜色分,红色的有3顶,黄色的有2顶,白色的有2顶;而按帽子的式样分,鸭舌帽有2顶,带帽檐的有2顶,带绒球的有2顶,装饰帽有1顶;同时他们还发现这些帽子还可以按制作材料、功能来分。这样的学习经验,使幼儿学会了从不同角度观察事物,并能按其不同特点进行分类计数。

2. 在数学教学活动中,教师与幼儿之间、幼儿相互之间以及幼儿与材料之间,不断地进行着交流、对话,这引导幼儿感受和体验事物的数量关系,帮助他们整理、归纳所获得的学习经验。

在数学教学活动中,幼儿与教师提供的材料产生交互作用,进行对话。在反复操作、探索中,幼儿感受和发现材料数量、形状特征,感受和体验蕴含其中的数量关系,同时幼儿还会根据新的发现不断调整自己的认识,寻求解决问题的办法。例如,莉莉(小班幼儿)在一次按作业单上的圆点数量给苹果涂色的活动中,作业单的圆点是3点,苹果有5个,按作业要求她只能给3个苹果涂色,可她很喜欢给物体涂颜色这样的活动,于是将所有的苹果都涂上颜色。完成作业后,她发现多涂了2个苹果,怎么办?她想到了一个办法:她在3个圆点后面又涂上2个圆点,5个圆点和5个苹果一样多。这样问题解决了,她显得很高兴。

其次,在数学教学活动中,师幼之间、幼儿与幼儿之间进行交流、对话,是教学活动的一个重要特点,也是教学活动对幼儿发展产生影响的重要方面。教师通过提出问题与幼儿进行讨论、交流。教学就是解决问题,教师从幼儿每日生活经验和情境中选择对他们发展有益并具有挑战性的问题,引发他们的思考,并引导他们学习运用操作、猜测、展示问题情境、讨论等各种方式寻求答案。在幼儿解决问题的过程中,不仅使其建构起数学概念,也让幼儿学习、掌握解决问题的策略和技能。例如,教师提供1元、2元、5元钱纸币若干,要求幼儿从中拿取5元钱,怎样拿取?有多少种拿取方法?教师可以先引导幼儿讨论、猜测拿取5元钱的方法,然后让幼儿实际操作,并建议幼儿将每一种拿取的方法记录下来,最后可与同伴进行交流。通过猜测、实际操作和相互交流,幼儿学习和掌握了拿取5元钱所有不同的方法:可以取1张5元钱,也可以取5张1元钱,还可以取3张1元钱、1张2元钱或2张2元钱、1张1元钱。在数学教学活动中,教师还应针对幼儿在活动中的表现提出问题,引导幼儿讨论、交流,帮助幼儿整理、归纳所获得的学习经验。这种引导有多种方式,例如,有时只是引导幼儿感受一种现象、一种关系,以引起幼儿对这种现象、关系的注意;有时让幼儿说出自己的想法、做法,是为了让幼儿感受到解决问题的方法有多种,或者是一个问题可以有多种答案;而有时幼儿说出自己的想法、做法后,还需引导幼儿对各种想法、做法进行分析、比较,找到它们的相同点和不同点,感受到哪种方式、哪种做法比较好。例如,幼儿在学习2的组成时,他们每人都将两个物体分成了1个和1个,也会将1个和1个合起来成为两个。在幼儿操作后,教师和幼儿一起讨论怎样用符号、数字将大家进行的数的分合过程记录下来,这时黑板上有几个分合式分别记着几个幼儿数的分合过程。接着教师指着其中的1个分合式问大家:"我们用这个分合式 $\overset{2}{\underset{1\ \ 1}{\diagup\diagdown}}$ 能不能表示××分蚕豆的事,能不能表示××分果核的事,还能不能表示××……?"此时,幼儿一边肯定着,用这个分合式可以表示××、××、××……分合物品的事,他们又露出十分惊讶的神情:怎么用1个分合式就可以表示大家分合物品的事呢?虽然他们一时还无法感受到数字、符号这种数学语言所具有的抽象性和概括性,但是这一切引起了幼儿的认知冲突,打破了其已有的认识上的平衡状态,激起了幼儿对问题的探究兴趣和积极性。在以后的数学教学活动中,幼儿通过自主探索,通过与同伴的交流及教师的引导,逐渐建构起抽象符号与具体事物之间的联系,对数字、符号所表达的实际意义逐渐有所理解。同时,幼儿思维的抽象性、概括性也在这一过程中获得了同步发展。又如,前面提到的幼儿学习拿取5元钱,就会使幼儿感受到拿取5元钱是有多种方法的。

3. 幼儿数学教学活动为全体幼儿的共同发展提供了条件,它保证了每个幼儿都有机会参与活动,获得发展。在数学教学活动中,通过教师的直接指导,向全体幼儿施加影响。这种有目的、有计划的教学活动,不仅向幼儿进行了初步的数学启蒙教育,而且幼儿通过与物、与人的相互作用,其身心都得到了和谐的发展。当前,我国相当一部分幼儿园的班级人数较多,各方面条件还不理想,在这种情况下,通过有目的、有计划的数学教学活动,对幼儿进行数学启蒙教育,帮助他们获得一些粗浅的、必要的数学知识,建构起一些初步的数学概念,仍非常必要,这也是促进幼儿发展的一项有力的措施。

二、幼儿园数学教育活动的设计与组织

幼儿园数学教育活动的实施,首先要考虑和进行的是数学教育活动的设计。教育活动的设计是富有成效的数学教育的关键。数学教育活动设计包括两方面的内容:一是数学操作活动设计;二是数学教学活动设计。

(一)幼儿园数学操作活动的设计

在数学教育活动中,不论是一般的数学教育活动,还是数学教学活动,不论是集体活动形式,还是小组活动形式,幼儿的操作活动都是教育活动的基本部分。因为幼儿动手操作材料,与实物材料发生相互作用,是他们学习数学的主要方式。

数学操作活动的设计,就是要将数学概念的属性或运算技能的要素转化成幼儿可以独立操作学习的活动。有了这种可让幼儿独立操作的活动,就可让幼儿在反复摆弄、操作材料的过程中,感知和体验到数学概念的属性或运算技能的要素,使一些初级的数学概念得以逐步建构。

例如,引导幼儿感知、理解数的实际意义(数的实际意义是指数可以表示物体的个数,如3可表示3个物体),教师就可以设计以下的活动:看点子卡片拿取相应数量的蚕豆(或纽扣、瓶盖、木珠等);看点子卡片盖相应数量的实物章;看点子卡片做相应数量的动作,等等;进而可让幼儿看数字进行上述活动。通过这些操作活动可帮助幼儿感知、

理解数的实际意义。

每一个数学操作活动都由以下6个要素所组成,即目标、材料、规则、形式、指导和评价。

1. 目标

指这一操作活动所能达到的教育效果。例如,对幼儿认知能力的发展,数学关系的感知、体验,运算技能要素的掌握等的作用和影响。活动目标的制定与表达要具体,以便于教师的把握,使其能观察、评定幼儿活动的情况。

例如,瓶子与数游戏。

目标:能将瓶子与瓶盖配对,能将5个瓶子按大小顺序排队。

2. 材料

指幼儿操作活动中所需使用的物品。材料的提供应注意以下几点:

提供的材料应充分,以满足幼儿反复摆弄练习的需要。幼儿在学习一项新的内容或技能时,常需要反复地尝试和练习,因此充足的材料能使幼儿的学习需要得到满足。

提供的同一类活动的材料应有实物、图片、符号三个层次。这既可以满足和适应不同发展水平幼儿的学习需要,又可引导幼儿的思维从直观行动思维向具体形象思维再向抽象逻辑思维发展。

在学习同一概念或同一关系时,所提供的材料应多样化,这样可让幼儿从运用多样材料的操作活动中,积累丰富的感性经验,使幼儿对数学概念的本质属性有更多的体验,这有利于幼儿初级数学概念的建构。

例如,学习5的分合。

首先,让幼儿运用实物练习分合。例如,将5个皮球分给两个小朋友;把5个苹果分给爷爷、奶奶;把5个方格剪成两份;把5个回形针在纸板的两个洞眼上穿挂为两行,等等。

其次,让幼儿看点图进行分合;看点图填补数等(见图①)。

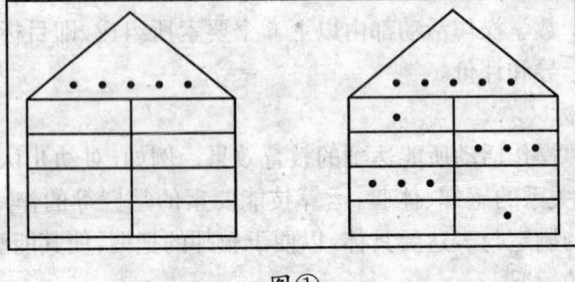

图①

最后,幼儿学习用数字和分合号表示5的分合(见图②)。

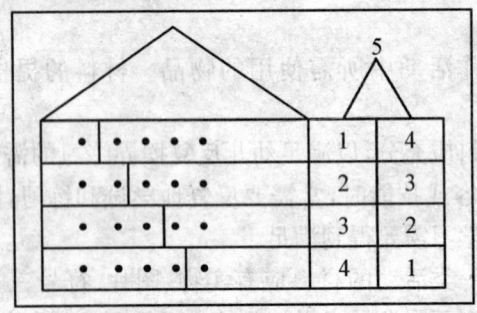

图②

在这一活动中,教师提供了三个层次的材料,引导幼儿学习数的组成概念。同时,也可以看到幼儿在学习同一概念时,可操作教师提供的多样化材料。

3. 规则

指幼儿操作活动的要求和完成活动所必需的步骤,使幼儿知道活动的目的和怎样使用材料。教师制定的活动规则,要体现数学概念的属性及关系,运算的性质及规律。

例如,图形分类活动。活动规则:将同样的图形放在一起。这条规则体现了对平面几何图形本质属性的感知和认识。在操作活动中,幼儿要排除图形的一些非本质属性的影响,如图形的大小、颜色、空间位置等的干扰,而对图形的本质属性有所感知和认识,即这些图形都是同一形状的。

同样的活动材料,可通过活动规则的变更,使一种材料可用于多种活动,达到一物多用。另外由于活动规则的改变,也会使活动的难度降低或提高。

例如,图形卡片分类。

活动一:规则是"把同样颜色(或形状)的图形放在一起"(即按图形的一个特征分类)。

活动二:规则是"把形状、颜色相同的图形放在一起"(即按图形的两个特征分类)。

这里说明的就是用一组材料可进行两种活动,而第二个活动比第一个活动要难,因为幼儿要根据两个特征将图形分类。在分类时,幼儿既要注意所选图形颜色是否一样,同时还要注意它们的形状是否相同。

4. 形式

指幼儿操作材料的活动方式。一般有三种方式,即个别操作、两人或多人操作、集体(全班)操作。操作方法取决于活动的内容及班级人数、教师力量的配备。

5. 指导

指教师如何向幼儿讲解、说明活动材料和活动规则,以及在幼儿活动过程中教师指导的要求,包括对个别幼儿的指导。

6. 评价

指评定活动的教育效果,即幼儿是否达到活动目标,幼儿在活动中是否有所进步。评价的目的既是为了了解幼儿的发展情况,也是为了了解教师的教学工作,改进教师的教学,使数学教学活动取得更好的效果。

在数学操作活动中,材料的提供和活动规则的确定是活动设计中的重点。[1]

---

[1] 肖湘宁著:《幼儿数学活动教学法》,南京大学出版社 1990 年第 1 版,第 52~53 页。

(二) 幼儿园数学教学活动的设计

数学教学活动设计一般包括活动名称、活动目标、活动准备、活动过程这几部分,有时还包括活动建议和活动延伸等部分。

1. 活动名称

指数学活动的名称。例如"给数找朋友"(理解和掌握相邻数的关系)、"送片片回家"(学习将相同颜色的图形片放在一起)。在现有的活动设计中,活动名称一般有两种取法:一种是按数学活动的要求,用数学术语定名称,如"学习7的加减"、"认识序数"等。另一种是按活动内容或选用的材料,用生活的语言定名称,例如"给数字口袋送礼物"(其目标是让幼儿学习按数字匹配实物,能不受物体排列形式的影响,正确感知7以内的数量)、"盖印章"(其目标是让幼儿体验5以内相邻两数的关系,知道数字1~5表示的实际意义)。

用第一种形式定名称,使人们从名称上即可以了解活动的内容或要求,但这种名称不够儿童化,缺乏生活气息。中、大班有的活动内容常无法采用生活的语言来表达,只能选用这种形式来定活动名称。

用第二种形式定名称,这类名称贴近幼儿的生活,富有生活气息,也更具有情趣性。因而它更符合幼儿教育特点。

2. 活动目标

指数学活动所要达到的具体教育效果。活动目标应包括学习内容的要求及幼儿行为的养成要求。

(1) 活动目标中关于学习内容包括以下几个方面:

知识概念的学习;认知能力的学习;操作技能的学习;兴趣、态度和行为习惯的学习。

行为的养成应与学习和运用某种内容相联系。

例如,"复习5的组成"。

活动目标:复习5的组成,使幼儿知道5分成两份只有4种不同结果。

启发幼儿初步感知数的分合的有序性(如将5分成1、4、2、3、3、2、4、1)。引导幼儿积极地参与评议活动,大胆发表自己的意见。

"复习10以内加减"。

活动目标：复习10以内加减题，能准确地进行运算。

巩固良好的操作活动常规：物品归还原处及保持活动时正确的坐姿。[1]

从上述所举的两个数学活动的目标来看，目标中都列出数学知识的学习和认知能力的培养。有关兴趣、态度和习惯的学习在两个例子中均已指出，如积极参与评议活动，大胆发言，有良好的操作习惯等等。但多数情况下，活动目标中常不列出这类内容的学习目标，主要是幼儿这方面的学习效果不是一两次活动就能观察得到的，它需要一个较长时间的学习和养成过程。

此外，在一次教学活动中，活动内容可能对幼儿的发展有多方面的影响，但所提出的目标往往只是选择其主要的方面，不可能、也不必要将所有的方面都一一列出，而教师在实际教学过程中则应重视幼儿整体的发展，应充分发挥数学活动对幼儿发展的影响。

（2）教学活动目标的表述。

在数学教学活动中，常见的目标表述方式有两种：教师作为行为主体，用教师所做的事来表述；幼儿作为行为主体，用幼儿的行为变化来表述。

在前面所举的两个活动中运用以下词语进行表述："使幼儿……""启发幼儿……""引导幼儿……"这些都是教师作为行为主体，用教师所做的事来表述目标。如使用的是"会……""体验……"等词语，可看出其行为主体是幼儿，是用幼儿的行为变化来表述目标。

在多数情况下，活动目标的表述中都未列出主体的名称，但人们可以从目标所使用的行为动词中看出，该行为是谁（教师还是幼儿）发出的，故行为主体的名称常被省略。

在实际教育工作中，有时教师在活动目标的表述上采用的行为主

---

[1] 王志明、张慧和主编：《幼儿园课程指导丛书·科学（大班）》，南京师范大学出版社1997年第2版，第83页，第325页。

体常不统一,即有的条目用教师所做的事来表述,而有的条目又用幼儿的行为变化来表述。在同一活动中,表述的方式应该是统一的。一般地说,活动目标的表述,以幼儿作为行为主体,表述其行为变化较为合适。这种表述可使教师从幼儿行为变化中观察到他们的发展状况,但这只对易显露的知识概念的学习能有较清晰的观察。

3. 活动准备

数学教学活动的准备一般包括以下三个方面:

(1) 学习经验的选择,也就是为了达到提出的活动目标,教师应为幼儿选择哪些学习经验。教师在选择学习经验时应考虑:

——所选的经验是否是数学学科的知识内容;

——所选的经验是否是幼儿能理解,并能得到满足的;

——所选的经验是否能对幼儿发生多种作用,即能给予幼儿整体发展以影响的一种经验;

——所选的经验是否是达到同一目标的各种不同的经验,即可以在不同发展层次上获得的经验。

不同的幼儿参加同一个数学学习活动,他们获得的经验往往是不相同的,这主要是因为幼儿在发展上存在着很大的个体差异。因此,教师在为幼儿选择学习经验时,应考虑到幼儿发展的个体差异。在平时教师要深入观察、了解幼儿的学习过程,这样才能为每个幼儿的学习和发展提供必要的条件和环境。

(2) 幼儿的经验准备,即幼儿对将要进行的学习活动必须先期掌握哪些知识技能,具备哪些能力。教师可采用任务分析的方法,来了解、分析幼儿经验准备情况。

所谓任务分析,即要分析这样两方面的情况:

首先要分析进行这一学习活动,幼儿思考、解决问题的步骤和环节有多少。思考、解决问题的步骤、环节越多,则难度越大,对幼儿学习的要求也越高。

其次要分析幼儿在进行这一学习活动时,已具有哪些知识技能,具有哪些能力,他们还缺少什么。教师应为幼儿创设什么条件,帮助幼儿解决问题,完成任务,获得学习经验。

例如,"数物拼板"操作活动。这项活动要求幼儿将1～10的数字与1～10的实物卡片配对,再按数序将10张卡片排列好。数字与实物为一张卡片,卡片的上部画有实物,下半部写着数字,再从中间剪开,将卡片分成两部分(见图③)。

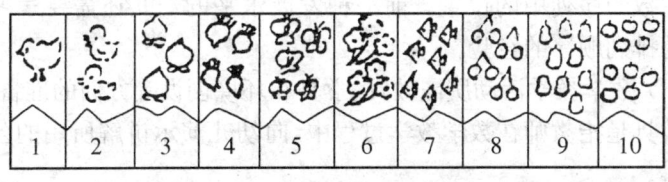

图③

幼儿要完成这一活动,需要以下的经验:能正确感知10以内实物的数量,能说出总数;认识1～10的数字,知道每一数字可以表示相应数量的物体;会按从少到多的顺序排列1～10的实物卡片,会从小到大排列1～10的数字。

在幼儿进行这一活动时,可观察到以下的情况:幼儿能将数字与相应数量的实物卡片配对。

在按序排列实物卡与数卡时,则表现出两种不同的情况:有的幼儿在找到相配对的实物卡与数字后,就将其放在前面,而不考虑这张卡片是几,它应排在第几的位置上。当他拿到比这张卡片数量少的卡片时,他就要移动已排好的卡片。在整个排列顺序的过程中,他几乎每张都要调整位置,尝试着解决问题。此时,有个别幼儿因感到难度大,失去了继续学习的兴趣,而去进行其他适合其发展水平的活动。

另一部分幼儿当他们将数字与实物卡配对后,会将这张卡片放在它应放的位置,如拿了一张5的卡片,会将它放在中间,由于能采取空位的策略,这样当拿到比5小的数的卡片时,就会放在5的前面,而如果是比5大的数的卡片,就会将它放在5的后面,这样很快就可将卡片按序排列好。

这两种情况反映了幼儿的不同发展水平。前一种发展水平的幼儿，尚不能协调好两种动作，即在将数字与实物卡配对时，能同时考虑到这个数在数的序列中所占的位置，由于数的序列在其脑中还没有十分清晰的表象，因此按数序排列卡片就有困难。后一种发展水平的幼儿则能同时考虑两个问题，既将数字与实物卡配对，同时又很清楚这个数在数的序列中的位置。前一种发展水平的幼儿还需要学习和获得数的排列顺序的经验。

（3）数学教学活动所需教具、学具和环境创设等方面的准备。

教具是指教师在数学教学过程中，向幼儿演示讲解所用的各种直观材料。

学具是幼儿在数学活动中摆弄、操作和练习用的各种直观材料。

在学前儿童数学教育中，选择、运用教具和学具有着重要的作用。这是由于幼儿的思维具有具体形象的特点，而数学概念比较抽象，这是一对十分突出的矛盾。虽然幼儿学习的是一些初步的数学知识，所进行的数学教育也是启蒙性质的，但教育中所涉及的数学概念仍要比一般的实物概念抽象得多，幼儿在学习中较难理解和掌握。直观的教具、学具在幼儿数学学习中起着桥梁和中介的作用，它使抽象的数学知识能具体、形象地呈现在幼儿面前，使他们能具体、直观地感知和体验其中的数学关系和空间形式。学具还可以让幼儿实际动手操作，使幼儿能够反复地尝试、探索，对操作材料中蕴含的数学关系有所感知和体验，从而获得一定的数学感性经验。

学前儿童数学教学中运用的教具、学具有以下几种。

实物教具、学具：玩具和一些日常生活用品（如皮球、娃娃、玩具汽车、小碟子、小碗、纽扣、木珠、塑料拼插玩具等）；搜集到的各种自然物（如小木棍、贝壳、果核、大粒种子、竹片等）；废旧物品（如小瓶、瓶盖、各种纸盒、婴儿用过的鞋袜等）；专门用于数学活动的教学具（如各种计数器、几何图形镶嵌板、分类盒、供幼儿用于认识和比较各种量的成套模型等。见图④)。

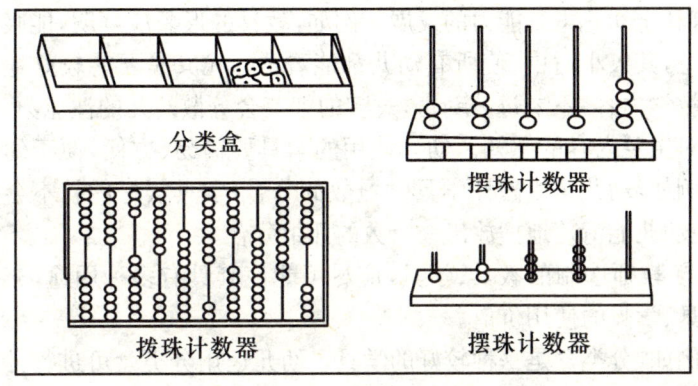

图④

形象直观的教具、学具：如画有各种物体的图片、实物卡片、几何图形卡片等（见图⑤）。

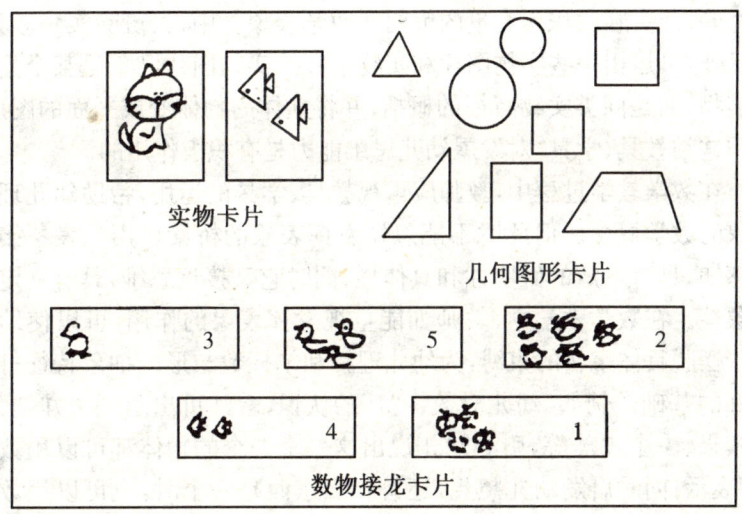

图⑤

教师选制、运用教具、学具时，应注意以下几个问题：

① 教具、学具的选制、运用要有助于幼儿对数学概念的学习和掌握,有利于幼儿思维能力的发展。例如,教具的形象应鲜明,能吸引幼儿注意,其大小适中,使所有幼儿都能看清。尤其是要能较好地体现数学教学内容,不要过分新奇,过多的细节会分散幼儿的注意力,影响他们对主要内容的感知。幼儿使用的学具要简易、方便,便于幼儿操作。例如,幼儿运用磁性学具学习数的分合,学具摆好后就不会再移动,使幼儿能清楚地摆放出一个数的几组分合。

② 教师选制的教具、学具,应尽可能使其具有多种用途,充分发挥教具、学具的使用价值。

例如,分类盒是一种较好的学具。幼儿运用分类盒可进行计数活动、分类活动、对应活动等。

③ 教师在选制、运用教具、学具时,要注意不同年龄班幼儿的认知特点。例如,小班应多使用实物、玩具等直观形象的材料,这不仅能激发幼儿的学习兴趣,并会使幼儿在观察、操作中积累丰富的数学感性经验,即头脑中积累大量的鲜明的数学表象。中、大班除实物教具、学具外,可运用一些实物图片和实物卡片。实物图片已不是某个具体的实物,而是同类实物特征的概括,并将立体的物体变成平面的图形,运用这类教具、学具,对发展幼儿思维能力是有积极作用的。

在数学教学过程中,教师应重视教具、学具的运用,帮助幼儿理解抽象的数学概念。但此时不能忽视发挥表象的桥梁作用。表象接近于感知,具有一定的鲜明性和具体性,同时它又接近思维,具有一定的抽象性。在数学教学中,教师如能重视发挥表象的作用,可以使幼儿逐步摆脱具体事物的束缚,为幼儿理解和掌握数与形的抽象特征打下良好的基础。例如,幼儿对数字"1"的认识,教师可出示一个娃娃、一个苹果、一个皮球等,引导幼儿说出这一个一个的物体都可以用数字"1"表示;同时启发幼儿想想,还有什么东西是一个时,也可以用数字"1"表示。教师启发幼儿想一想,实际上是让幼儿摆脱眼前具体实物的束缚,引起头脑中记忆表象的积极活动,使幼儿知道数字"1"可以表示任何一个物体。在数学教学中,充分发挥表象的作用,能促进幼儿思维由具体形象思维向抽象逻辑思维发展。

4. 活动过程

活动过程一般分以下三个部分。

（1）活动开始：介绍活动内容和要求。教师可通过引导幼儿观察材料，配合提问、介绍活动内容和要求。

（2）活动进行：幼儿可分组进行不同的操作活动，也可集体进行统一的操作活动。

（3）活动结束：教师可请部分幼儿讲述自己的活动过程和结果，并引导幼儿进行讨论，对他们的进步给予表扬和鼓励，也可由教师提出问题引导幼儿讨论。

教师在组织教学活动过程中应注意以下几个问题：

① 教师应通过创设问题情境，运用各种方式、方法引起幼儿学习的兴趣，使幼儿主动、积极地进行学习。例如，教师将需要幼儿学习的内容，通过游戏的形式引导幼儿学习，如小班"送图形回家"目的是引导幼儿认识圆形、正方形、三角形；"喂小动物吃东西"则是让幼儿学习按数量送物。有时教师通过直接提出问题，激发幼儿的好奇心和探索愿望。例如，教师在贴绒板上出示7顶大小、颜色、式样、适用于不同季节的帽子，并提出问题："这些帽子都是一样的吗？""它们什么地方不一样？"此时，教师的问题激发了幼儿的好奇心，使他们积极地去观察、探寻这些帽子究竟有哪些不同点。

② 在幼儿操作的过程中，教师要给他们足够的时间和空间，让其充分地尝试和探索，寻求解决问题的办法，并感受和发现其中的数学关系。在幼儿活动的过程中，教师要很好地观察，了解幼儿活动的过程和活动特点，必要时应给予幼儿鼓励和指导。例如，幼儿学习把用小棍拼搭的正方形变成三角形，会出现这样两种情况：一些幼儿是从拼成的正方形中拿去1根，将两边的小棍相接就成了一个三角形；另一些幼儿则是将正方形拆散，重新拼搭成三角形。这两种情况反映出幼儿思维发展的不同水平，同时也反映了幼儿对两种图形特征的认识和把握。采用后一种方法解决问题的幼儿，尚不能抓住两种图形之间

的异同，不清楚只要对正方形作一点变动，就可将其变成三角形，而是将正方形拆散，再重新拼搭。这是因为新拼搭一个图形，要比将一图形变换成另一图形容易得多，因重新拼搭的过程思考的因素要单纯一些。这种情况在小的幼儿中是比较多见的，因此，教师要让他们充分地进行尝试和探索，让他们自己找到一种更快、更好的解决方法。

③ 对于幼儿在活动中获得的经验，教师应帮助他们归纳、整理，并可通过提问，组织幼儿讨论，使幼儿获得的零散、点滴的经验得到及时整理，使其系统化。在这过程中，幼儿可以感受和体验到其中蕴含的一些数学关系，使幼儿形成一些初步的数学概念。从另一角度看，在经验的整理过程中，幼儿此时获得的信息内化或顺应到他已有的认知结构中，形成结构的知识经验，不仅易于储存，也便于今后使用时的检索和提取。例如，幼儿学习"5"的组成，幼儿将5粒纽扣分成两份，每分一次，记录一次，直至得到所有结果。在幼儿操作后，教师请获得不同结果的幼儿把怎样分的想法讲给大家听，把他们的方法记录在黑板上。在此基础上，引导幼儿观察、讨论：这几种结果有什么相同的地方？有什么不同？哪种分法好？为什么？

这一分析、比较和讨论的过程，不仅使幼儿明确了将"5"分成两份只有4种分法(即4种结果)，知道了将"5"分成两份，一种分法是无顺序的，而另一种是有顺序的(即按互补的关系或互换关系分)，其中按顺序方法分是一种好方法，因为它让人看得清楚，又不会漏掉哪一组；同时，经过讨论，使幼儿对数之间的互补、互换关系也有所感知和体验。可以看出，幼儿分析、比较和体验数的组成中数量关系的过程，实质上就是促进幼儿思维发展的过程。

5. 活动建议和活动延伸

活动建议一般是针对数学教学活动过程中需注意的问题，提出几点建议。例如，小班幼儿对物体的量词不易掌握，在开始教幼儿学习讲述量词时，教师选择的教具、学具尽可能是常用的量词，如"个、只"，如果有几种实物，其量词最好能统一，以后再逐渐增加新的量词，如"条、头、辆"等。又如，让幼儿比较两根木棍，两根木棍应放在(站在)

同一水平线上,这样才好比较。

活动延伸是指这一活动与下一个教学活动之间的联系。在数学教育中,活动之间的联系是十分紧密的,教师注意到这一问题,才能使幼儿已获得的数学经验在后面的活动中得到巩固,得到强化,同时前一活动所获得的经验,也将成为进行后一个活动的基础和准备。此外,数学教育与其他教育活动的关系也很密切。例如,一些数学内容的学习,将成为幼儿科学学习的方法和工具,如分类、测量、统计等。又如,幼儿学习了10以内的计数后,教师就可以在日常生活中引导幼儿去数一数今天班上有几个小朋友没有来;找一找四条腿的动物有哪些;比一比谁拍球的次数多;结合几何图形的学习,可引导幼儿找一找,什么东西像圆形,什么东西像正方形,等等。这样可使幼儿获得的数学经验能在其他教育活动中得到运用,从而使幼儿在同一段时间内,从不同的活动中获得的经验融合一体,构成一个整合的经验。

三、幼儿园数学教学活动的组织形式

目前,在幼儿园数学教学实践中教学的组织形式一般有以下三种:集体活动形式、小组活动形式以及集体与小组结合的活动形式。三种活动形式各有自己的特点和功能,教师应根据幼儿园的实际情况、本班幼儿的年龄特点及教学内容,合理选择教学活动的组织形式。同时要注意三种组织形式的有机配合,充分发挥每种形式的特有功能。

(一) 集体活动形式

指教师直接组织和指导全班幼儿进行学习的活动形式。这种形式在目前的幼儿园中仍是一种不可缺少的组织形式,因为它可以比较集中地实现教学目标,教师也较容易组织全班幼儿的学习活动。集体活动也培养了幼儿能较好遵守规则和一定的自制力,并让幼儿体验到集体活动和游戏的快乐。

在学前儿童数学教育中,有一些教学内容需要教师在集体活动中进行演示、讲解或观察、讨论,引导幼儿学习。

1. 有些数学知识、技能需要教师示范、讲解、指导幼儿学习。例

如,认识和书写阿拉伯数字,认识一些数学符号(如加号、减号、等号等)。

2. 新的数学活动或游戏,教师需要在集体中讲解、演示,让幼儿明确在活动时需要做什么,怎样去做。

3. 幼儿对一些数学关系是难以独自发现和感知的,需要教师结合幼儿生活中的经验或设计一定的情景,引导幼儿观察、讨论,使他们对这些数学关系有所感知和体验。

4. 教师需要帮助幼儿整理、归纳已获得的数学感性经验。通过整理和归纳可使幼儿获得的经验系统化、概括化,并形成一定的结构,使幼儿能够运用已有的知识经验,去学习、吸收新的知识。

集体活动一般都是教师直接指导幼儿进行学习,但对于这种直接指导,教师应该采用启发式教学,充分调动幼儿学习的主动性和积极性,使他们愉快地、富有成效地学习。

集体活动形式的主要问题是教学目标上的整齐划一,忽视幼儿在发展上的个体差异。在集体教学过程中,教师很难给个别幼儿以帮助和指导,难以使每个幼儿都能积极、主动地进行学习,难以促进每个幼儿能在自己的水平上获得进步和发展。

(二)小组活动形式

指在教师指导下,幼儿独立选择活动内容,一种有目的、有计划的学习活动形式。教师根据幼儿不同的发展水平,为他们创设良好的数学学习环境,提供充分的、多层次的学习材料,让幼儿独立地选择活动内容,主动地操作、摆弄各种材料。幼儿在与材料相互作用的过程中,获得了数、量、形等感性经验。在数学教学中的小组活动,每一小组的学习内容是相同的,即幼儿使用相同的材料从事相同的活动,从而获得同一种经验。(由于幼儿发展水平的差异,已有的经验不尽相同,在获得同一经验时,其经验水平和层次有所不同。)另外,数学小组活动可以是多个的,例如,由多样内容组成的若干小组活动,或同一知识内容通过多种知觉形式或不同层次材料组成若干小组活动。教师的这种安排,使幼儿有充分机会选择与自己发展水平相适应的材料进行学习。在这个过程中,幼儿之间也有了更多的交往和学习机会。

小组活动形式可以较好地培养幼儿的独立性和自主性,使幼儿的主体性得到充分发展。

教师对小组活动的指导要求有以下几方面。

1. 幼儿在小组活动中,虽然进行的是同一内容的活动,但教师不能用一个标准去要求、评价幼儿,应肯定每个幼儿在自己发展基础上所取得的进步。

2. 观察是教师了解幼儿发展状况的主要手段。教师不仅要观察幼儿手的操作活动,而且要通过观察幼儿手的操作活动,分析幼儿思维内部的操作活动,即幼儿智慧发展水平,要使幼儿两种操作活动都处于积极状态。

3. 在小组活动中,教师的主要任务是观察、了解个别幼儿的活动,并给予他们必要的指导。例如,向幼儿提出建议或提出启发性问题;提醒幼儿遵守规则或明确任务;帮助幼儿回忆已有的知识经验和技能;给幼儿再次示范和讲解,等等。

小组活动形式对教师有较高的要求,既要求教师仔细观察、了解幼儿的活动情况,又要求老师能对幼儿的发展情况做出较为准确的诊断,这样才能进行有针对性的指导和帮助。当然,教师要观察、了解处于不同小组的幼儿的活动情况,在班级人数较多的情况下是有一定困难的。

(三) 集体与小组相结合的活动形式

指在同一活动时间内既有集体活动也有小组活动形式,这样做可充分发挥两种活动形式的长处,较好地解决一般的教学要求与个体发展上存在差异的矛盾,满足每个幼儿的发展需要,促进他们的发展和进步。

集体活动和小组活动的结合有以下两种形式。

一种形式是先进行全班集体活动,然后再分小组活动。集体活动的内容大多为新活动或新游戏的介绍,包括在前一节集体活动形式中提到的几种情况。这些内容通过集体活动形式进行教学,可以较快、较集中地让幼儿知道需要做的事是什么和怎样做这件事。在集体活动中,有时还需根据幼儿在小组活动中的表现,有针对性地强调某一活动的规则或应注意的问题。小组活动教师一般要安排几项内容,例如,3~4项不同的内容,有时甚至6个小组的内容都不相同。幼儿自己独立地选择小组活动,并轮流去各组活动。教师应鼓励幼儿尽量多玩几组活动,以获取更多的经验。

另一种形式是幼儿先进行小组活动,然后再进行大组活动。在数学教育中,有些教学内容可以让幼儿先进行尝试、探索获得经验,在此基础上,教师可启发幼儿相互间讲讲自己的活动过程和结果,应鼓励幼儿运用不同的策略解决问题。教师根据幼儿小组活动的情况,可组织幼儿讨论、梳理已获得的经验,或教师提出一个新的问题,让幼儿思考、学习运用已有的知识和经验来解决教师提出的问题。

第二节　主题活动中数学教育活动的设计

课程的整合化已成为当前幼儿园课程改革的重要趋势。从幼儿园课程改革实践看,采取主题形式整合教育内容是整合性教学的形式之一,主题活动基本上是教师预成的活动。

一、什么是主题活动

主题活动是指在一段时间围绕一个中心内容(即主题)来组织教育教学活动。主题一般来源于儿童的生活,如围绕儿童自身的生活事件、社会生活事件、文学作品或提炼一些现象、过程原理等形成主题,设计教育教学活动。由于主题来源于儿童的生活,因而反映的是一个整体的、具体的世界,一个鲜活的现实世界。在每一个主题中不仅包含着多个领域的内容,而且能让幼儿对事物获得一个较为整体、较为全面、较为生活化的认识。[1]

数学是研究现实世界的空间形式和数量关系的科学。因此主题活

---

[1] 冯晓霞主编:《幼儿园课程》,北京师范大学出版社2000年第1版。

动所表现的整体、具体的世界中,必然会包含着数学方面的内容。幼儿在获得对事物的较为整体、全面、生活化的认识过程中,也同时会感受到事物的数量、形状、空间位置等特征,体验到事物之间的数量关系。

二、主题活动中数学教育活动的设计

（一）分析、检核主题活动涵盖的数学教育内容及提供幼儿何种学习经验

应该说任何一个主题都包含着数学教育内容,但这些教育内容如何与主题活动整合,还需要教师做很多工作。其中一个重要的问题是教师应对主题中涵盖的数学教育内容进行分析和检核,以确定如何设计、组织有关数学教育、教学活动。

例如,"蔬菜"这一主题活动内容就有以下几个方面(见图⑥)。[1]

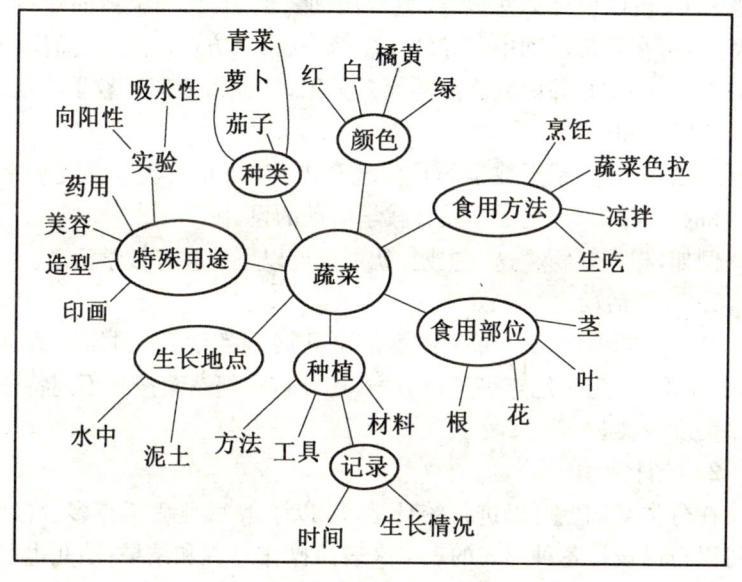

图⑥

---

[1] 臧勤主编:《田野课程——观念与实施》,中国和平出版社 2001 年第 1 版,第 132 页。

在"蔬菜"主题中,可整合的数学教育的内容有:
(1) 学习分类;
(2) 感知物体数量、形状及物体量的差异(如长短、粗细);
(3) 感知时间、空间;
(4) 学习加减运算。

教师对主题中涵盖的数学教育内容的分析、检核,可使他了解主题具有的数学教育价值,明确哪些数学学习经验可整合在主题中。

(二) 在主题活动中数学教育教学活动的设计

教师在分析、检核主题中涵盖着哪些数学教育内容后,还应了解幼儿的发展水平、已有数学经验以及他们的兴趣和需要,在此基础上,考虑、确定可以设计哪些教育、教育活动。例如,感知物体的数量、形状特征,可在日常活动中引导幼儿感受、获得这方面的经验;而比较数量的多少,感知相邻两数之间的等差关系,往往需要通过教学活动,引导幼儿感受和体验。

总之,教师要根据数学的具体教育内容,幼儿的实际发展水平和学习特点来考虑、确定数学教育教学活动的设计。

例如,根据"蔬菜"这一主题,就可设计以下的教育教学活动。

1. 分类活动

这一主题中的每一部分内容都可开展分类活动,例如按蔬菜种类、食用部位、生长地点等进行分类;还可将一组蔬菜按其不同特征进行多角度分类。

2. 统计活动

在分类基础上可以进行统计活动,以了解每类蔬菜有多少;幼儿还可以自己设计各种形式的表格来表达操作过程和结果;幼儿也可以统计记录今天幼儿园(或家中)买了几种蔬菜,吃叶子的(或吃茎的)蔬菜有几种。

3. 比较数量的多少和物体量的差异

在蔬菜分类统计后,可引导幼儿比一比它们的数量多少;还可以比一比它们的长短、粗细,如丝瓜长、黄瓜短;豇豆长、四季豆短;冬瓜又粗又短、丝瓜又细又长等。

4. 观察、记录种植的蔬菜的生长情况

例如,记录播种的日期,第几天种子发芽了,第几天长出1片(或2片)叶子……

5. 蔬菜超市游戏

学习分类摆放蔬菜;在超市买菜,学习加减运算;学习制作蔬菜,感知物体形状,等等。

以上仅列举了"蔬菜"这一主题可以设计的数学教育教学活动,教师在实际进行教育时,还可以根据具体情况开展更多类型、更为丰富的数学教育教学活动。

在主题中,较多的数学教育内容是整合、渗透在日常生活、游戏活动中,整合、渗透在各个教学活动中。例如,在"秋天"主题中,其中的一个活动是幼儿品尝、展示秋天的各种水果,结合这一活动,教师引导幼儿讨论大家最爱吃的水果有哪些,并鼓励幼儿用自己的方式将讨论的结果记录下来。

又如,幼儿园组织幼儿外出野营,事先讨论的问题之一是:大家需要带哪些物品,每样带多少?讨论以后,幼儿与家长一起准备,并采用表格的形式进行记录。这样做既可检查所需要的物品是否都带了,又可以在野营回来后,检查所带的物品是否都带回来了,有没有遗失。

一些需要在教师直接指导下学习的内容,可设计为数学教学活动。

(三)以数学教育内容作为主题的活动设计

主题的来源之一是领域,即主题是以一定的领域为基础来设计的,例如"美丽的春天"、"夏天的水果"、"我们做朋友"、"新年到"等,这些主题明显与某一特定领域有关,是以某一领域的内容为主,但在主题的设计与实施过程中,又不只限于某一领域,往往会将多个领域的内容整合其中。[1]

以数学教育内容作为主题进行活动设计时需要考虑的问题有：

(1) 这一主题涵盖了哪些数学教育内容；

(2) 这一主题涵盖了哪些领域的教育内容；

(3) 在这一主题中，幼儿所要学习的经验，需要通过哪些教育教学活动获得。

例如，"超市购物"这一主题是以数学领域的教育内容为主，并整合了多个领域的教育内容。

"超市购物"主题涵盖的数学教育内容和活动有：

(1) 物品分类（参观超市、游戏活动"小小超市"）；

(2) 认识人民币（到银行取钱，取5元钱）；

(3) 10以内加减运算学习。-（买两样东西用了多少钱？你还剩多少钱？）

"超市购物"主题涵盖的其他领域的教育内容和活动有：

(1) 参观超市（社会领域）；

(2) 超市里的货物真多（社会、语言领域）；

(3) 我和老师（或爸爸、妈妈）买东西（社会、数学领域）；

(4) 收集各种物品的包装盒（科学、社会、数学领域）；

(5) 制作商品标价牌（数学、美术领域）；

(6) 制作、装饰钱包（美术领域）。

三、主题活动中数学教育教学活动的组织

（一）在主题活动中，数学教育内容的整合是通过多种教育教学形式实现的

有的数学教育内容需要通过数学活动形式引导幼儿感受、体验，引导幼儿归纳、整理；有的则是在区、角活动和日常活动中获得感性经验；而有的知识渗透在相关的教学活动中。

---

[1] 教育部基础教育司组织编写：《〈幼儿园教育指导纲要（试行）〉解读》，江苏教育出版社2002年第1版，第61页。

（二）在主题活动中，数学教育内容的整合应是自然地渗透其中

主题活动中的每一教育教学活动都有其主要的价值取向，幼儿在活动中会自然地获得某方面的数学经验。例如拍球活动，幼儿在活动中能获得计数、比较数量等方面的经验，但这只能渗透、融合在活动中，因为拍球活动主要是让幼儿学习控球，发展动作的协调性。计数、比较数量的多少不是此项活动主要目的。

（三）在主题活动中，幼儿有时还会生成一些与数学有关的活动，对此教师应给予关注和支持

例如，给幼儿提供必要的活动材料，使活动得以发展；教师和幼儿共同搜集相关资料，寻求问题的答案；教师参与幼儿之间的讨论、交流，更好地了解倾听幼儿的想法和需要，等等。

第三节　日常生活和活动区、角中的数学活动

一、日常生活和活动区、角中的数学活动的价值

（一）日常生活和活动区、角中的数学活动的特点

1. 生活中的数学，让幼儿能自然而然地、不知不觉地学习"数学"，获得有关数学经验。日常生活中出现的一些数学现象和数学问题，大多是在自然状态下发生的。而且这些数学现象和数学问题一般都会反复地、不断地出现，这就使幼儿能经常地感受这些现象、问题，从而对这些现象和问题有所认识和体验。同时，也由于这些数学现象和数学问题大多发生在自然状态下，它使幼儿常常在不知不觉的情况下就感受到"数学"，学习了"数学"，并使他们能按自己的意愿和兴趣注意和探索这些数学现象和问题，充分发挥了幼儿的独立性、自主性和创造性。

2. 幼儿在学习经验的选择上有较大的自主性。幼儿根据自己的兴趣、需要，感受生活中的数学现象，并决定进入活动区、角的时间，以及独立选择活动的材料和开展活动，这充分发挥了幼儿的主动性和积极性。

3. 活动区、角数学活动中教师的作用为：创设良好的数学活动环

境,提供充足的活动材料,让幼儿有充分的活动时间和空间,与材料进行交互作用,从而获得大量的数学感性经验。

教师是幼儿学习活动的支持者和鼓励者,教师的任务是促进幼儿主动积极地学习。为此,教师应很好地观察、了解幼儿的活动情况,再针对情况给予必要的指导。例如,通过微笑、点头或语言,肯定幼儿活动中的努力和进步;通过提问和建议使活动能继续进行下去或得到更好的发展。

(二)日常生活和活动区、角中的数学活动对幼儿发展的影响

1. 日常生活和活动区、角中的数学活动,给幼儿提供了主动学习的机会,为幼儿自主性、创造性的发展创设了条件。幼儿的学习必须是主动的,主动的学习包含着心理活动的积极开展。主动学习是幼儿发展过程的核心,一切学习经验必须由幼儿主动地建构才能获得。在数学教育中,让幼儿学会主动地学习,这不仅是今天的教育目标所要求的,同时也是未来社会所需要的人才的必备素质。

2. 日常生活和活动区、角中的数学活动,使幼儿有机会去建构数学知识。从一定意义上说,数学知识是一种难以教会的知识,它需要通过幼儿的活动,通过幼儿在活动中与材料的相互作用而逐步建构起来。日常生活和活动区、角中的数学活动,给了幼儿主动探索、自主学习的活动场所和时间。

日常生活和活动区、角中的数学活动和数学教学活动,是两种既有区别、同时又紧密联系的数学教育活动,两者各具有自己独特的教育功能。因此,在实际教育过程中,应使这两类活动相互结合、相互补充,使两种活动之间保持一种动态的平衡,以使幼儿获得更好的发展。

二、日常生活中的数学教育

幼儿日常生活是指幼儿一天中进行的各种活动,这里主要介绍幼儿生活活动和游戏活动中的数学教育。

(一)生活活动

生活活动在幼儿一日生活中不仅占有一定的时间,而且对幼儿的

发展也具有重要的影响。在幼儿的生活中蕴含着许许多多对幼儿产生数学影响的情景和事例,而且这些情景和事例是经常地、反复地发生,因而对幼儿的数学学习产生了潜移默化、日积月累的作用和影响。例如,幼儿稳定的、前后一贯的一天生活活动的顺序,就可使他们体验各种活动时间的长短、时间的间隔,如起床时间、上幼儿园时间、早操时间、学习时间和游戏时间等。每天早晨教师和幼儿一起数一数今天班上来了多少小朋友,还有几人没有来,今天是星期几,哪几个小朋友做值日生等。有的中、大班幼儿还学习记气象日记,日记中记录着每天的日期、星期几和气温等情况。

教师带幼儿外出散步时,幼儿可观察到各种物体的形状,例如有的房顶像三角形,房子的门和窗像长方形,树干粗、树枝细,马路宽、小巷窄等。秋天,幼儿可用拾来的落叶进行分类、排序活动,还可用落叶拼搭物体和图形等。

在整理、收放玩具、图书、衣物时,幼儿将学习和掌握对各种物品进行归类的方法和技能。

在日常生活中,还经常会出现一些偶发事件,教师也都可以加以引导,让幼儿观察、认识和讨论,帮助他们积累数学经验。例如,某小朋友过生日,他带来一盒蛋糕,这时教师就可启发幼儿讨论:怎样分使每人都分得一块,而且每人分得一样大?星期一早上,小朋友从家中带来了各种玩具,在幼儿交换玩具之后,可以启发幼儿谈谈:这些玩具怎么会动?再说说、数数电动玩具有哪些、有几个?惯性玩具有哪些、有几个?……

总之,幼儿生活活动中的数学是十分丰富多样的,对幼儿各方面的发展影响是积极的、深远的,教师要善于利用这些数学教育资源,引导幼儿发现、感受和学习。

(二)游戏活动

游戏是幼儿的基本活动。在各种游戏活动中,蕴含着各种数学信息。幼儿参加游戏,不仅愉快地进行着各种活动,学习着各种游戏技能,同时也感受着其中的数学信息,积累了丰富的数学感性经验。例如,积木游戏可使幼儿对平面和立体的图形有所认识;娃娃家游戏让幼儿学习按顺序、有条理地做各种事情;玩水、玩沙游戏使幼儿对量和量的守恒有所感知和体验;而超市游戏(或商店游戏)使幼儿学习了将各种物品分类摆放,学习记数、认识钱币和数的运算等。而各种体育、音乐、语言和民间游戏中,也都蕴含着向幼儿进行数学教育的因素。例如,民间游戏《上下前后拍手歌》:

拼板,拼板,拼拼板板。
上上,下下,左左,右右,前前,后后。
轱辘轱辘一,轱辘轱辘二,
轱辘轱辘三,轱辘轱辘四,
轱辘轱辘五,轱辘轱辘六,
轱辘轱辘七,轱辘轱辘八,
轱辘轱辘九,轱辘轱辘十。[1]

通过玩这一游戏,使幼儿对空间方位和数的顺序有所了解和认识。

重视日常生活中的数学教育,这是学前儿童数学教育中一个重要的环节,因为在教师的引导下,它可以让幼儿在轻松、愉快、自然的气氛中学习数学,感觉数学,积累丰富多样的数学经验。日常生活中的数学教育,对幼儿各方面的发展具有极为重要的价值。

三、活动区、角数学活动的组织领导

1. 活动空间的设置和准备

教师应为幼儿活动区、角提供一定的空间,在这里既可摆放各种活动材料,同时又可以安排幼儿进行操作活动的桌椅。摆放材料的橱柜要便于幼儿拿取和摆放。室内如果是地板,有些数学活动可以在地面上进行。活动空间应相对固定,这有利幼儿活动的开展。例如,在活动室的一角摆放数学活动材料,作为数学活动的区、角。一些条件较好的幼儿园安排数学活动专用室,让幼儿在专用室中进行区、角数学活动。

---

[1] 周竞编:《中国民间儿童游戏》,江苏少年儿童出版社1991年第1版,第125页。

2. 活动区、角数学活动材料的摆放和提供

活动区、角数学活动与数学教学活动两者是密切相关、紧密联系的。教师可以根据幼儿在数学活动中的活动表现，提供有关材料让幼儿再次学习；也可以根据教育内容，将有些活动材料直接安排在活动区、角中，让幼儿主动探索，自行学习。区、角活动材料还应根据幼儿活动情况及时地进行调整与补充。

3. 活动区、角数学活动的组织

教师要向幼儿提出在区、角活动的要求和规则。例如，向幼儿交代各种材料摆放的位置，使用中要爱护玩具、材料，用后要放回原处等。

摆放新材料、增添新内容后，教师应向幼儿介绍新材料的使用方法，新活动的要求和规则，使幼儿知道怎样做、怎样玩。

活动区、角数学活动，一般都是由幼儿自由选择、自己进行学习的。但由于每个幼儿存在着个体差异，存在着学习速率的不同，教师对个别幼儿还需进行引导，如使每个幼儿在一周中都有进活动区、角活动的机会；帮助幼儿学习玩某种活动或材料。

学前儿童集合概念的发展和教育[1]

在当代数学教育的改革中,集合概念的教学已成为一个重要的方向。集合概念对数学和逻辑概念的形成起着基础概念的作用。本章将主要讨论学前儿童感知集合的意义,及其概念的发展和教育。

第一节 学前儿童感知集合的意义

集合是现代数学的一个最基本的概念。在当代数学教育的改革中,重视集合概念的教学已成为一个重要的方向。

在数学中,把具有某种相同属性的事物的全体称为集合。幼儿在生活中会接触到各种各样的集合,一个班级的所有小朋友组成一个集合,盘子里的5个苹果也组成了一个集合。

集合概念对数学和逻辑概念的形成起着基础概念的作用。具体集合的观念及其运算是儿童学习数学概念的感性基础。早期逻辑入门的最合适、最自然的原始材料是具体东西的集合和对它们的初等运算。

幼儿感知集合的教育,主要是在数学教育中渗透集合的一些观念、内容,这有利于幼儿数学概念的学习,也有利于幼儿思维能力的发展,并为幼儿以后的数学学习打下良好的基础。

一、儿童数概念的发生始于对集合的笼统感知

对儿童数概念的发生和获得,人们往往认为通过反复教儿童数

---

[1] 本文系《学前儿童数学教育》(西南师范大学出版社2001年2月第1版)一书的第五章。

数,他们就会对数有所认识。国内外的一些研究表明,儿童数概念的发生开始于对集合的笼统感知,而不是开始于数数。

《国内九个地区3岁～7岁儿童数概念和运算能力发展的初步研究》的综合报告中曾指出:"儿童在没有掌握口头数数以前,其实已经有了关于数量的模糊观念。"例如,2岁左右的儿童还说不出数词,但已经对不同数量的糖果产生不同的选择反应。说明儿童数概念的发生是从"能笼统感知数量的多少或大小,区分其间较明显的差别"开始的。[1]

吕静等(1984年)研究了婴幼儿数概念的发生问题。他们对2岁～5岁儿童进行"辨数"(分辨两堆不同数量的物体哪堆多,哪堆少,包括1粒与2粒、2粒与3粒、3粒与4粒、4粒与5粒等物体相比)、"认数"(凭直觉,不凭点数,在瞬间认出物体数目,包括2、3、4、5粒木珠)和"点数"(按物点数,说出是几个)的测查。测试结果如下:

1. 2岁～5岁儿童辨数、认数及点数能力逐年提高,通过人数的百分率逐年增加(见表1)。

表1 2岁～5岁儿童辨数、认数和点数能力通过人数的百分率

年龄(岁)	辨　　数	认　　数	点　　数
2	15	0	0
2.5	49	6	3
3	81	31	10
3.5	99	48	53
4	99	70	81
5	100	93	100

2. 婴幼儿数概念的发生是从辨数开始,然后发展到认数,再由认数发展到点数。其发展过程是有一定的规律的。[2]

---

[1] 幼儿数概念研究协作小组:《国内九个地区3岁～7岁儿童数概念和运算能力发展的初步研究》,《心理学报》1979年第1期。
[2] 吕静、王伟红:《婴幼儿数概念的发生的研究》,《心理科学通讯》1984年第3期。

儿童数概念的发生,开始于模糊的知觉。他们开始只能辨别多和少(即辨数),不会精确地说出有几个。儿童在模糊认识的基础上,逐渐地产生了对物体整个数目的知觉(即认数),最后才能进行逐一点数。这一研究再次说明儿童数概念的发生是从对集合笼统感知开始的。

苏联幼儿数学教育专家列乌申娜也认为儿童在最初形成的是关于元素的含糊的数量观念,而后是关于作为统一整体的集合的概念,进而幼儿产生了对比较集合和准确地确定集合中元素数量的兴趣,以后儿童才能掌握计数的技巧和数的概念。列乌申娜在这里所说的,儿童数概念形成过程中,最初形成的是关于元素的含糊的数量观念。这一思想实质上就是说,儿童数概念的发生,是开始于对集合的笼统感知。

二、集合概念的发展是儿童数概念形成的必要的感性基础

幼儿在对集合的笼统感知阶段,他们对数量明显不同的物体集合,能够作出哪个多、哪个少的直觉反应。但他们对物体集合的数量究竟是多少并不确切知道。此时,幼儿还不能感知到集合中的每一个元素,也不会用一一对应的方法逐一计数物体的数量。只有当幼儿能准确感知集合中的每一个元素,以及会用对应的方法比较集合中的元素,才可能为计数和获得最初数概念创造条件。

列乌申娜曾指出:"对于形成作为结构完整统一体的集合的概念要给以特别的注意,同时要教儿童看到集合的每一组成元素。这时没有必要急着去教儿童用数词去计数。更重要的是教会儿童按元素比较两个集合和确定它们的元素之间的对应关系的方法。"〔1〕

在幼儿园的实际工作以及有关儿童数概念发展的测查中,都会看到幼儿从口头数数到按物点数要经历一个从口手不一致到一致的过程。三四岁的幼儿经常出现口手不一致的错误现象,具体表现为:口手不协调,口数得快,手点得慢,有时则相反;手跳着乱点数;漏掉或重

---

〔1〕 (苏)A. M. 列乌申娜著,曹筱宁、成有信、朴永馨译:《学前儿童初步数概念的形成》,人民教育出版社 1982 年第 1 版,第 76 页。

复数,等等。这种口手不一致的现象,说明了儿童还没有建立说出数词与手的点数物体动作之间一一对应的关系。幼儿对于集合中元素的确切感知,以及会用对应的方法比较集合中的元素,正是幼儿从对集合的笼统感知到学会计数、掌握最初数概念的一个中间环节,也是幼儿形成最初数概念必要的感性基础。

三、儿童对集合的包含关系的感知和理解,为幼儿数概念的形成和建立作了准备

包含关系在逻辑和数学上都是重要的。集合概念中蕴涵有包含的关系。集合与集合中的元素就是包含与被包含的关系。儿童数概念的形成和建立,有赖于对包含关系的理解。例如,儿童数5个实物时,在还不能说出总数之前,只是一个一个地数,他还不能把这5个实物作为一个整体来看待。当他能说出总数时,则已能以数到的最后的一个数来标志这一群对象的全体了。幼儿从不能说一组实物的总数,到能够说出总数,这说明了幼儿对数概念中的包含关系已初步形成,他知道"1"包含在"2"中,"2"包含在"3"中,等等。这一包含关系可从右图中观察到。

此时儿童在思想上已能对5个实物之间所存在的包含关系有所理解,这样"5"表示包含5个实物的全体,而不是指第5个物体。

数的组成及加减运算,实际上也是集与子集关系的体现。例如,采用韦恩图,可以直观地表示数的组成和加减运算的含义(见图①)。

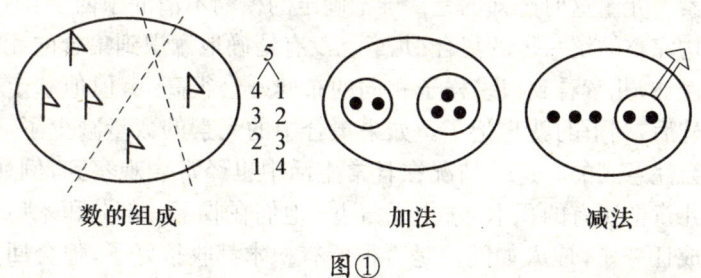

数的组成　　　加法　　　减法

图①

四、集合与集合中元素的对应关系，有助于儿童感知和体验两集合间的数量关系

当出示两个物体集合时，这两个物体集合中的元素就可形成某种对应关系。如果两个集合中的元素能一一对应，儿童可以不必计数就能比较两集合中物体数量是相等还是不相等。这种一一对应的逻辑观念正是形成数的等量关系和进行数的多少比较的基础（见图②）。

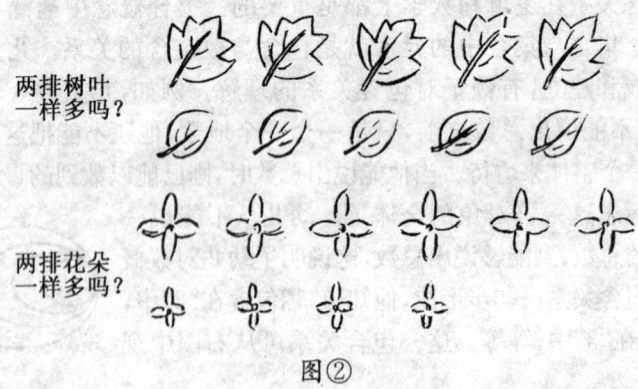

图②

第二节 学前儿童感知集合概念的发展

一、2岁～3岁左右的儿童已产生了对集合的笼统知觉

儿童的集合概念在发展的最初阶段是很泛化的，是一种笼统的知觉：他们不能看到集合的明显界限，也不能一个接一个地感知集合中的元素。儿童这时感知的是一堆不确定的模糊不清的东西，而不是作为结构完整的统一体的集合；儿童也没有精确地意识到集合的元素数量。例如，儿童看到很多样子相同的布娃娃会很高兴，但他拿走了几个娃娃后，剩下的就忘记了。如果集合中的元素的数量减少了，他们是不会注意到的。这一情况在日常生活中也经常会观察到，例如，教师让儿童把所有的积木都放进盒子里，他们在收了一部分积木后就认为完成任务了，成人如问他是否把所有积木都收拾好了，他会回答是

把所有的积木都放好了。这说明儿童还看不到集合的范围和界限。

我国的实验研究证明：对有5个物体的集合，当拿走两个后，2岁～3岁儿童能注意到的仅占23.9%，而3岁～3.5岁儿童则达到了63%。[1]这说明3岁以前的儿童对集合还不能作为一个结构完整的统一体来感知。

二、3岁～4岁儿童已能感知集合的界限，对集合中元素的感知也逐渐精确

3岁儿童已经能够经常在集合的界限以内来感知集合。实验证明，儿童能完成一个杯子配一个杯盖的人数分别为：3岁半时有50%，4岁时就高达84%。从这一实验中可以看出，3岁半至4岁是儿童对应能力迅速发展的阶段。[2]此时儿童可运用对应比较的方法，来确定两个集合间元素数量的相等和不相等。

3岁～4岁儿童已开始具有简单的分类能力。类是逻辑学上的一个概念，数是集合类的标志，是类的概念。每一个数是一个单独的集合类的标志。例如，数"5"表示5个苹果、5个人、手上的5指、计算时间的5个量度等等。这个年龄的幼儿开始能根据一致的标准来进行归类，所归类的物体几乎在各个方面都完全一样。

例如，幼儿将纽扣归类时，他把所有的红纽扣放在一起，所有的白纽扣和黄纽扣也分别堆放一起。逐渐地，他们在按一个特征归类时能排除其他因素的干扰。例如，按颜色将纽扣分成两堆，可以不受纽扣大小、形状的干扰。

然而，这阶段的幼儿还没有形成类包含的概念，他不能理解红色纽扣和不是红色的纽扣都属于更大的类别——纽扣。如果问他们是红纽扣多，还是纽扣多，他们的答案往往是不正确的。

---

[1] 寇崇玲等：《学前儿童集合发展阶段的初步研究》，《学前教育》(北京)1988年第5期、第6期。

[2] 林嘉绥、李丹玲著：《学前儿童数学教育》，北京师范大学出版社1994年第2版，第98页。

三、4岁～5岁儿童已经能够准确地感知集合及其元素，能通过计数比较两个集合元素的多少

这一阶段的幼儿在感知两个物体集合的数量时，能通过计数准确比较哪个数量多，哪个数量少；并逐渐地能不受物体大小和排列形式的影响，正确判断集合中元素的数量的多少。

在直观条件下，幼儿能对集（类）和子集（子类）做比较，能初步理解它们的包含关系。方富熹、方格的实验研究指出：能正确回答集与子集的包含关系的，4岁幼儿只占总人数的5%，而5岁幼儿可达45%（实验中并排放3只小猪，都背着救生圈，其中两只小猪穿红裤衩，问："背救生圈的小猪多，还是穿红裤衩的小猪多？"要求幼儿回答并说明理由。结果4岁的幼儿能正确回答的只占总人数的5%，而5岁幼儿可达45%）。[1] 从这一实验中可以看出，4岁～5岁幼儿对包含关系的理解能力发展较快，但能完成任务的儿童比例不高，这阶段幼儿对包含关系的理解还是初步的。

四、5岁～6岁儿童对集合的理解进一步提高和扩展

幼儿能进行多角度（多重）分类，即能将一组物体用多种标准分类，而一个物体可以被划分到不同的类别中，他们能按两种特征将集分成子集。

例如，幼儿玩食品厂游戏，制作"蛋糕"。在制作前，他们将材料分成两堆，一类是从"超市"中买来的东西（面粉、模子），另一类是从娃娃家借来的东西（微波炉、勺、白糖）。这时，教师拿出从家里带来的"鸡蛋"，幼儿发现难以把"鸡蛋"归到两类中任何一类，因为它既不是从"超市"中买来的，也不是从娃娃家借来的。怎么办呢？教师建议他们重新分类，仍然分两类，而鸡蛋要放进去。结果，幼儿把所有东西分成"可以吃的"（面粉、白糖、鸡蛋）和"不可以吃的"（模子、微波炉、勺）。从这一活动中，可以看出幼儿已认识到物体有多重属性，因而它们并

---

[1] 方富熹、方格：《学前儿童分类能力的初步实验研究》，《心理学报》1986年第2期。

不仅仅属于一个种类。

　　向幼儿进行感知集合的教育，目的是在学前儿童数学教育中注意渗透集合的思想，为幼儿学习计数和形成数概念等做好准备，同时也为数学概念和逻辑概念的初步形成提供和积累感性经验。因而在进行集合教育中一定不能要求幼儿去学习、掌握关于集合的名词和术语。

第三节　学前儿童感知集合概念的教育

一、物体分类的教育

（一）分类活动的教育意义

　　分类就是把具有相同特征的事物归并在一起。分类活动是感知集合教育的重要内容。

　　1. 分类活动可帮助幼儿感知集合并逐步形成关于具体物体的集合概念。当幼儿把具有共同特征的物体归放在一起时，他们也就对这一具体的物体集合有所感知。

　　例如，幼儿将相同的水果放在一起，他就获得了关于苹果、梨、橘子、香蕉等物体集合的经验。

　　幼儿按某一标准将一组物体分成许多小类，再将这些小类合并在一起形成一大类，这样的活动，会使幼儿对类与子类（即集与子集）的关系，也就是对整体与部分的关系有所感知和体验。这些经验的获得与积累将有助于幼儿类包含的逻辑概念的建立。

　　例如，幼儿将一篮水果分成了苹果、梨、橘子和香蕉等，也就是将水果划分为若干小类（苹果类、橘子类……）。而将苹果、梨、橘子和香蕉等合并一起时，又形成为水果这一大类。

　　2. 分类是计数的前提，是形成数概念的基础。人们要了解某类物体的数量，必须先将这类物体与其他的物体区分开来，然后才可能正确计数。

　　例如，在一堆玩具中，要知道娃娃、皮球、小桶各有几个，就必须先将它们分门别类放好，然后才能计数，说出每样东西有几个。

　　分类经验的获得还有助于幼儿理解和掌握类的组成和加减运算。

幼儿在分类活动中获得的对整体与部分关系的认识,为幼儿数的组成和加减运算学习打下了必要的基础,因为数的组成和加减运算反映的就是群与子群之间的关系,也就是总数与部分数以及部分数之间的关系(见图③)。

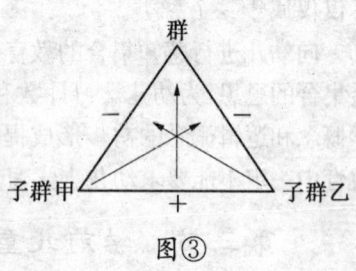
图③

3. 分类能促进幼儿思维能力的发展。幼儿要将一组物体进行分类,需要经过辨认(区分)和归并(归类)这两个步骤。按照某一标准对物体进行逐一辨认和比较,找出它们的相同点和不同点,这就是对问题进行分析、比较的过程。在此基础上,再将具有同一特征(即具有相同特征)的物体归并在一起,这是综合的过程。所以说将物体进行分类,这是思维进行积极活动的过程,是幼儿思维能力得到锻炼和发展的过程。

(二) 小、中、大班分类教育要求

小班

1. 探索物体的特征,学习讲述物体的异同。
2. 学习按物体的某一外部特征(如颜色、形状、大小)进行分类。
3. 学习与分类有关的词语:如"相同"、"不同"、"把同样的东西放在一起"、"找出一个和某某一样的东西"等等。

中班

1. 学习按物体的数量进行分类。
2. 学习概括物体(或图形)的两个特征。
3. 学习并掌握有关的词语:如"分成"、"分开"、"合起来"等。

大班

1. 学习按某一特征的肯定与否定进行分类,讲述出某种事物所不具有的特征。
2. 学习按两个特征进行分类和在表格中摆放图形。
3. 学习把集合分成若干组成部分(子集),比较集与子集的数量,初步体验集与子集的关系。

(三) 分类教育的指导要点

1. 明确各种分类活动的特点,引导幼儿进行分类活动

(1) 按物体的一个特征分类。

按物体的外部特征分类,物体的外部特征(如颜色、形状、大小等)幼儿能直接感知,因而这类分类活动较易掌握。如果在提供的材料中增加了干扰因素,那也就相对地提高了活动的难度。

例如,幼儿学习按颜色将塑料插片分类,所提供的塑料插片除颜色不同外,还存在着形状、大小的不同。这样幼儿在按颜色进行分类时,必须排除形状和大小不同的干扰。

学习按物体的用途、材料的性质进行分类。物品具有某种用途,这是由它与人们的关系来确定的。这种关系是无法看见的,人们要在使用某一物品后,才会了解它的用途。物体材料的性质,也需要感知后才会认识。因而,这类分类活动要比按物体的外部特征分类相对地要困难一点。

学习按物体间的联系分类,如将牙膏和牙刷、脸盆和毛巾、手和手套、帽子和娃娃等归并在一起。这一分类活动也可看成是对应活动,即将具有一定联系的物体进行匹配。物体之间可以有多种联系,如手和手套可以归并在一起,同时,手和皮球、手和牙刷、手和铅笔等等也都可以归并在一起。在进行这类活动时,应启发幼儿探索、寻找一物体与多种物体之间的联系。

按照物体的一个特征肯定与否定的标准分类。所谓肯定标准是指符合某一特征的所有物体;所谓否定标准是指不符合某一特征的所有物体。因而在将物体进行分类时,其概括性和抽象性都更高一层,学习的难度也更大一些。

例如,按照红色(肯定)与非红色(否定)的标准分类时,非红色不是单指非红颜色的某一种颜色,而是指除红颜色之外的所有颜色(见图④)。

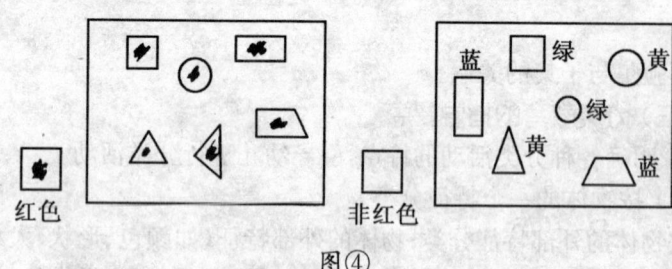

图④

按物体数量分类是指将具有相同数量的物体归并在一起。例如，将所有具有 3 个物体的卡片放在一起，所有 4 个、5 个物体的卡片也分别放在一起。

（2）按物体的两个特征分类。

这种分类形式要求幼儿能同时从两个角度（或称维度）来划分物体的类别。幼儿要同时在头脑中考虑两件事或同时记住两个要求，幼儿在开始进行这类分类活动时是有困难的。

例如，要求幼儿将黑色的、系带子的鞋放在一起。这时他可能找到了黑色的鞋子，而忘了还应是系带子的；也可能找到了系带子的鞋，而忘了它应是黑色的。幼儿能否按两个特征进行分类，与幼儿心理活动的有意性的发展水平有着密切关系。这就是说，幼儿要注意听教师交代的活动规则，并能记住这些规则，这样才能在活动中按规则进行活动。

（3）多角度（或称多重）分类。

多角度分类是指对一组物体可以确定多种标准进行分类，一个物体可以划分到不同的类别中。

例如，一堆衣服可以按穿着的季节进行分类，也可以按成人和儿童服装，或男装、女装，还可以按棉织品与非棉织品进行分类。一件衣服可以是冬季服装，也可以是童装或女装（见图⑤）。

图⑤

多角度分类要求幼儿能从不同角度观察、思考同一个(或同一组)物体的特征,同时能转换分类标准,将同一个(或同一组)物体归并到不同的类别中。这种分类对思维的敏捷性、灵活性要求较高,因而它使幼儿思维敏捷性、灵活性得到很好的培养。

(4) 层级分类。

层级分类是指按物体的某种特征,多级次地将物体连续分类。层级分类需要一定的智慧才能进行下去。它是以一定的抽象与概括为前提的,而不是凭直觉进行判断的。在实物层次上进行的层级分类,幼儿可以通过尝试学习解决问题。

例如,一盘纽扣,幼儿先按大小将其分成两类,接着按颜色的不同将已分成的两类继续分类,最后再按纽扣的形状和纽扣洞眼的多少继续进行分类(见图⑥)。

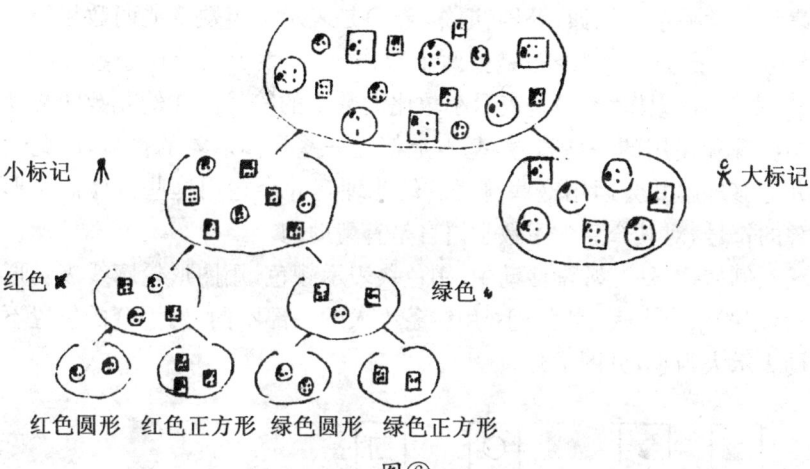

图⑥

层级分类可以使幼儿对类包含的逻辑关系获得初步的感知和体验,即让幼儿感知和体验到类与子类、集与子集的包含关系,这有助于幼儿集合概念和数概念的建立。

2. 引导幼儿认识分类标记,让幼儿按标记进行分类

(1) 认识分类标记的意义。

标记是一种符号,是表示特征的记号。

幼儿认识和学习运用标记分类,有助于幼儿思维能力的发展。标记是事物某一特征的抽象和概括。如红色标记,它是表示所有红色物体的记号。幼儿在按标记进行分类时,也就是按标记提出的特征,将具有这一特征的物体从一堆物体中划分出来。在这过程中,幼儿要分析、辨认、比较、对照物体的特征是否和标记一致。这样的过程,实际上也是幼儿学习解决问题的过程,也是其思维能力获得发展的过程。例如,小班一幼儿,他每拿一个物体都要和标记对一对,比一比,看看是不是一样的;如果对照后符合要求,他就将这一物体放在指定的地方,如果不符合要求,他就进行调换,再寻找与标记要求一致的物体。

分类标记的认识和运用,也有助于幼儿对数学语言的感知。数学也是一种语言,它是一种特殊的语言,数学语言常运用符号和公式来表示数学关系。例如,等号(记作"=")是表示两组数量或两数相等的符号;大于号(记作">")是把两个数作比较,表示大数比小数大的符号;小于号(记作"<")是表示小数比大数小的符号。在幼儿数学活动中出现和使用的一些符号,基本上都是一些具体形象的符号,因此幼儿能够理解并会运用这些符号。幼儿理解并会运用这些具体而又形象的符号,对其今后学习数学语言是有帮助的。

例如,在幼儿数学活动中,用色块表示颜色,用图形轮廓线表示形状,用线条小人表示大与小(用线条小人的头部不同、两手臂的位置不同表示大与小,见图⑦)。

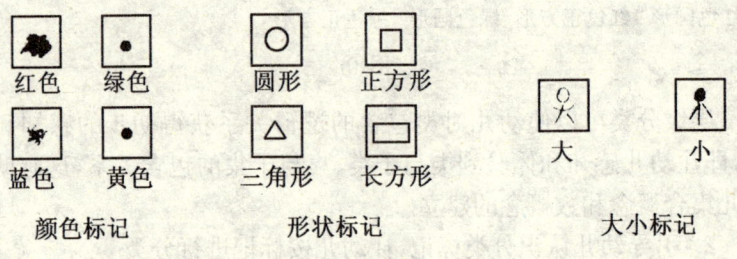

图⑦

(2)引导幼儿认识和学习运用分类标记。

各种分类标记及按标记进行分类活动的有关规则,都是由教师制定和提出的,需要教师引导幼儿认识各种分类标记,使幼儿明白标记所表示的意义。同时让幼儿学习按提出的规则进行分类活动。

例:认识颜色标记,学习按标记将积木分类。

教师出示桌上的积木,问:"小朋友看看,这些是什么?它们都一样吗?什么地方不一样?"教师拿起一块红色积木,问:"这块积木是什么颜色的?我们叫它什么积木?"教师再拿出一块绿色积木,"这块呢?现在请小朋友每人拿一块积木,告诉它:×积木,我和你做朋友。"

教师出示篮子:"这是积木的家,小朋友看看,家中有什么(指插在篮子上的标记)?""卡片上涂的是什么颜色?""涂红颜色的卡片,它的名字叫红标记,想一想这个家住什么颜色的积木?"教师再指绿标记问:"这张卡片叫什么名字?它的家里住什么颜色积木?""请小朋友送积木回家,想一想你手上拿的积木要送到什么标记的家中?""送积木回家时,要对积木说:×积木,送你回×标记的家。"

幼儿送完积木后,教师再引导幼儿观察、检查每块积木是否都回到了自己的家。教师指着红标记问:"这是什么标记?这里住的是什么积木?我们来看看,它们是不是都是红积木?"[1]幼儿学习按标记进行分类活动,此时他们可以依据标记的提示进行操作。例如有的幼儿会拿着分出的材料去和标记对照,如果拿的材料是对的,就把它放进分类盒。这说明在分类活动中标记可时时向幼儿提示分类的标准。另一分类活动,是让幼儿先自己确定分类标准,然后依据这一标准将材料分别摆放,最后为分好的每一类材料选出合适的标记,说明这些都是某某颜色(或形状)的玩具(或图形片)。这一分类活动,学习的难度要稍大一点,因为幼儿在完成这一活动时,他不仅要自己思考分类的依据(或称标准),而且在进行过程中,要始终集中注意于自己确定

---

[1] 王志明、张慧和主编:《幼儿园课程指导丛书(小班)》,南京师范大学出版社1997年第2版,第40页~第41页。

的标准上,这样才能坚持按一致的标准将材料分完。有时幼儿在活动中不能始终坚持按一致的标准进行分类。例如,有的幼儿开始按颜色分类,后面他又按形状分类,也就是说,他在活动进行到一段时间后,已忘了他开始确定的分类标准。

3. 在分类活动中,教师应重视运用多种表现形式,帮助幼儿积累经验

这是指同一的知识内容,教师可选择不同材料、不同的表现形式,组织幼儿进行活动。这样做可让幼儿从不同材料中,从不同表现形式中,对事物的同一性质得到多次的感知和体验,从而对事物的本质属性获得较丰富的感性经验。

例如,幼儿学习按物体的两个特征进行分类。教师可提供分类盒,让幼儿按两个特征进行分类,再将分好的材料放入盒中;可以提供二维表格,让幼儿看表格横、竖两行的特征进行分类;同时也可以提供二次分类板让幼儿在分类板上进行操作、分类;以及让幼儿玩接龙游戏(如按两图形片相接时应有两处不同或相同的规则进行活动)等多种表现形式,学习分类(见图⑧)。

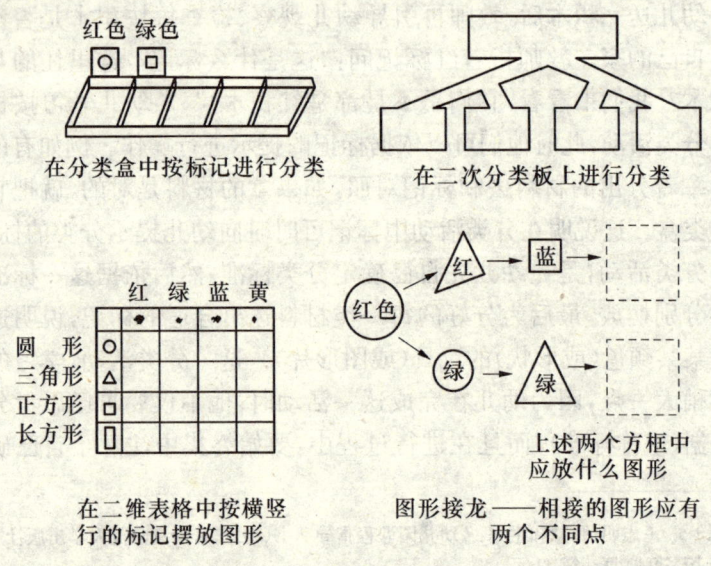

在分类盒中按标记进行分类

在二次分类板上进行分类

在二维表格中按横竖行的标记摆放图形

图形接龙——相接的图形应有两个不同点

上述两个方框中应放什么图形

图⑧

4．在日常生活和游戏中，教师应结合各种情景，引导幼儿学习分类

鼓励幼儿给同一类的物体起一个共同的名称。如幼儿用图形拼搭了各种各样的汽车，有小汽车、面包车、卡车、客车等。教师这时可启发幼儿："你们能不能给小汽车、面包车……起一个共同的名字（即汽车）？"这种情况在幼儿园中是会经常出现的，如拾了各种落叶，看到各种各样的水果、蔬菜，幼儿从家中带来了各种各样的玩具，教师都可以启发幼儿给它们取一个共同的名字。这样做，渗透着整体与部分之间关系的教育（即集与子集关系的教育）。

在日常生活中，引导幼儿注意物体的两个特征。如幼儿用木珠穿彩环，教师可用赞扬、欣赏的口吻说："小朋友看看，莉莉穿的彩环真漂亮，一个黄色的方珠子，接着一个红色的圆珠子，再一个黄色的方珠子，又是一个红色的圆珠子，再是……真好看！"教师在这里强调了物体的两个特征，即"黄色的、方珠子"、"红色的、圆珠子"。

"小强，你拾到的叶子很好看，它们都是黄色的、大大的，你还能找到也是黄色的、大大的东西吗？"

教师为幼儿选用不同的物体作为幼儿小组的标记，如提供不同颜色、形状及各种水果的小图片作为各小组的标记。幼儿可按自己的意愿，自由选择小组类别（只有当某组人数过多时，教师要引导幼儿做适当调整），这样的活动可让幼儿明白，人们可依据不同标准划分类别。

二、区分"1"和"许多"的教育

（一）区分"1"和"许多"教育的意义

儿童很小的时候，对数量的多少就有所感知了，如他们拿东西时常会去拿多的一份；某样食物吃完了，会说："我还要。"3岁的幼儿大多知道什么是1个，什么是许多，如他们会说："我有一辆漂亮的小汽车。""我有一个大大的皮球。"还会说："妈妈买来了许多苹果。"等等。但他们一般不了解"1"和"许多"之间的关系，他们不知道许多是由1个、1个……合起来的，许多可以分成1个、1个……

"1"是自然数的基本单位，也是表示集合中元素数量的基本单位。

"许多"是一个笼统的不确定的数量,它代表两个以上元素的集合,"许多"总是由单个元素组成的。让幼儿学习区分"1"和"许多",目的就是要引导幼儿感知集合及其元素,能区分和确切感知组成集合的单个元素。而这一经验是幼儿学习手口一致点数及认识10以内数的基础。

(二)区分"1"和"许多"的教育要求

1. 能区别1个物体和许多物体。

2. 感知和体验"1"和"许多"之间的关系。即知道1个、1个……合起来是许多,许多可以分成1个、1个……

3. 在日常生活中会运用"1"和"许多"词汇(如会说:"1个老师,许多小朋友"、"1张桌子,许多椅子"等)。

(三)区分"1"和"许多"教育的指导要点

1. 教师采用游戏的形式,引导幼儿学习"1"和"许多",感知和体验"1"和"许多"之间的关系

例如,游戏"我拿1个玩具"。

教师出示1只大篮子,里面放着许多玩具(玩具数量与幼儿人数相等)。教师请幼儿说说,篮子里面有什么?有多少玩具?

请每个幼儿从篮子里拿1个玩具,要求他们一边拿一边说:"我拿了1个××。"全部玩具拿完后,请幼儿看一看"篮子里还有玩具吗?""篮子里一个玩具也没有了。"

每个幼儿玩一玩自己拿的玩具,然后请他们把玩具放回篮子里。幼儿在放玩具时可以说:"我放进1个××。"全部玩具放回篮子后,教师请幼儿再看看篮子里有什么,"篮子里有许多玩具。""我的篮子里怎么会有许多玩具呢?""我们放进去的。""对了,小朋友把1个、1个玩具放进了篮子,篮子里就有了许多玩具。"

在这一游戏中,幼儿不仅会说出什么物体是1个,什么物体有许多,而且通过"玩"(拿取、摆放)的过程,感受到"1"和"许多"之间的关系。

教师在带领幼儿玩音乐、体育游戏时,都可以渗透认识"1"和"许多"的教育。例如,小班歌曲《苹果》,幼儿唱这首歌时,可以感受到什么是"1个",什么是"许多"。体育游戏"小兔拔萝卜",每只小兔跑到地

里拔1根萝卜,小兔拔回了许多萝卜。

2. 教师引导幼儿运用各种感官感知"1"和"许多"

教师引导幼儿通过看(视觉)、听(听觉)、摸(触觉)、动(运动觉)感知"1"和"许多"。各种感觉互相配合,有助于各分析器之间建立联系,使幼儿能更好感知、认识"1"和"许多"及其关系。例如,请幼儿听一听老师敲了1下小铃,还是许多下小铃?也可以让幼儿学习听铃声拍手,即老师敲1下小铃,他拍1下手,老师敲许多下小铃,他拍许多下手。又如,教师在绒板上贴出1只小兔,请幼儿跳1下,教师在绒板上贴出许多只小兔,幼儿应跳多少下(告诉幼儿,1只兔子跳1下,想一想许多兔子要跳多少下)?还可以让幼儿在"奇妙的口袋"中,摸出1粒纽扣、许多粒纽扣。

在幼儿运用各种感官感知许多物体时,教师可启发幼儿边看(或边听、边动、边摸)边说1个、1个……(或1下、1下……),使幼儿感知到许多是由1个、1个组成的。

3. 引导幼儿在周围环境中寻找"1"和"许多"

教师可以创设环境,引导幼儿寻找什么东西是1个,什么东西是许多。例如,教师在墙上布置一幅画:许多兔子在搬一棵大青菜,而兔子则为1只大兔,许多小兔。在桌子上放着1个布娃娃,许多块积木,教室里挂着1只大气球,许多面红旗等等。

另外教师应引导幼儿在周围环境中(如幼儿园内、家里、街道上等)寻找1个和许多个物体。例如房间里有1扇门,许多扇窗户;天上有1个月亮,许多星星等。

让幼儿在周围环境中寻找"1"和"许多",相对来说要比在教师布置好的环境中寻找"1"和"许多"要困难一些。因为在周围环境中,所要找的物体是分散的,幼儿要克服因空间知觉的影响造成的困难,才能将分散在空间的同类物体概括起来,在头脑中形成一个整体。

三、比较两组物体数量关系的教育

(一)比较两组物体数量关系教育的意义

1. 通过比较两组物体的数量是相等还是不相等,让幼儿更好地感知、区分集合中的每一个元素；使幼儿从小就养成会按组成集合的元素的数量，而不是按集合所占空间面积的大小，来确定两集合（两组物体）的数量是相等还是不相等。

2. 通过比较两组物体的数量是相等还是不相等，可让幼儿在学数阶段即学习将两集合中的元素一一对应，对集合元素的数目进行比较。这种一一对应逻辑观念的建立，是幼儿数概念学习和形成的必要心理准备。例如，幼儿会用重叠和并放的方法比较两集合的数目是相等还是哪个多（或少）。

（二）比较物体数量关系教育的要求

1. 学习用对应的方法比较两组物体的数量，知道哪组多，哪组少，或是一样多。

2. 会用"一样多"、"不一样多"、"多"、"少"等词语表示两组物体数量比较的结果。

3. 学习不受物体大小、排列形式的影响，比较两组物体数量是相等或不相等。

（三）比较物体数量关系教育的指导要点

1. 引导幼儿学习用重叠和并放的方法比较两组物体的数量是相等或不相等。

例如，给娃娃戴帽子，是让幼儿学习用重叠的方法比较物体的数量是相等或不相等。当幼儿给一个娃娃戴上一顶帽子，又给一个娃娃戴上一顶帽子……最后每个娃娃都戴上了帽子，娃娃和帽子都没有多，说明娃娃和帽子数量相等；如果有娃娃没有戴上帽子，说明帽子数量少，娃娃数量多；如果每个娃娃都戴上了帽子，帽子还有多，说明娃娃数量少，帽子数量多。又如，喂小鸡吃虫，让幼儿学习用并放的方法比较物体的数量是相等或不相等。用并放的方法比较数量，要求两排物体一一对应地排列整齐，这样才能清楚地比较其数量的多少。因此，幼儿对两组物体（集合）内的每一个物体（元素）要有更明确的区分，才能使两排物体一一对应，排列整齐。对幼儿来说，并放法的操作较重叠法学习难度大，宜先教幼儿学习重叠法，再学并放法。

在摆放物体时,教师应要求幼儿使用右手从左至右一个接着一个摆放好。物体应排成横排,这样容易使幼儿看清楚每一个物体,并有利于进行对应比较。

在比较两组数量时,应先引导幼儿比较两组相等数量的物体,再比较数量不相等的两组物体。每组物体的数量应在5～6个。因数量太少,幼儿往往一眼就可看出(数出)数目是几。当物体数目稍多时,幼儿就会采用对应方法来比较数量的多少。

2. 在比较两组物体数量时,应要求幼儿用手指着实物,同时用语言讲述正在做的事情,如幼儿一边用手指着,一边说:"一个娃娃,一顶帽子,一个娃娃,一顶帽子……"这样就可将眼看、手指物体的动作和语言表达三者结合起来,帮助幼儿体验到物体间的对应关系,感知到两组物体的数量是否相等。

教师应鼓励幼儿用不同的表达方式回答问题,如幼儿在比较娃娃和帽子数量的多少时,当娃娃比帽子多时,幼儿可以先说娃娃多,再说帽子少,也可以先说帽子少,再说娃娃多,也可能有的幼儿会说:再添上一顶帽子,娃娃和帽子就一样多了。

3. 教师利用日常生活的情景,引导幼儿比较两组物体数量的多少。

例如,吃点心时,让幼儿比一比,今天的点心是否和小朋友人数一样多;外出游戏时,小朋友练习拍球,可引导看看、比比,小朋友和球是一样多,还是哪个多,哪个少。所有这些情景,教师都可引导幼儿感知和比较物体数量的多少。

学前儿童 10 以内数概念的发展和教育[1]

掌握 10 以内的数,是对儿童进行数学教育的主要内容之一。学前儿童 10 以内数概念的发展,及 10 以内基数、序数的教育,10 以内数的组成的教育是本章学习的重点。

第一节 学前儿童 10 以内数概念的发展

认识 10 以内的数,是幼儿园数学教育的主要内容之一。同时,儿童数概念和运算能力的形成和发展是儿童思维发展的一个重要组成部分。

幼儿掌握数概念是一个长期而复杂的过程,也是一个连续的发展过程。整个过程可分成若干阶段,各阶段之间既有区别又有联系。

一、学前儿童数概念掌握的指标

数概念和实物概念比较起来,是一种更为抽象的概念,儿童掌握数概念比掌握实物概念要晚些,也比较难些。

根据心理学的研究,掌握数概念的指标有以下三方面:

1. 理解数的实际意义,如知道"1"是指一个物体,"3"是指 3 个物体。

2. 掌握数的顺序,即认识数的顺序,如知道"3"在"4"之前,"4"在"3"之后,"3"比"4"小,"4"比"3"大等。

---

[1] 本文系《学前儿童数学教育》(西南师范大学出版社 2001 年 2 月第 1 版)一书的第六章。

3. 掌握数的组成,即知道在自然数列里,除"1"以外,任何一个数都可以分成两个较小的数,所分成的两个较小的数合起来又是原来的数。如"3"可分成"1"和"2","2"和"1";"1"和"2","2"和"1"合起来是"3"。[1]

应该指出,达到数概念的这些指标,是有不同的分析、综合、抽象、概括的水平的。如能用词以定义的形式来说出某一数目的涵义,那将是数概念形成的更高水平。儿童不可能以上述定义形式来表达所掌握的数目概念,但在实际行动中,他们对上述数目的涵义已有一定程度的理解。例如,能够按数目取出相应数量的物体等。这可以说,儿童是在较低的水平上形成了数概念。儿童数概念的形成要经过一个漫长的阶段,在学前期,儿童只可能形成初步数概念。

二、幼儿数概念形成、发展的过程与特点

幼儿数概念的形成、发展包括计数能力的发展,对数序的认识、数的守恒及对数的组成的掌握等几个方面。

(一) 幼儿计数能力的发展

计数(数数)是一种有目的、有手段、有结果的活动。人们要知道一个集合中元素的个数就要进行计数。计数的过程就是把要数的那个集合的元素与自然数列建立起一一对应的关系。在计数过程中,无论按什么顺序去数,只要没有遗漏,没有重复,所得的结果总是一样的。也就是说计数的结果与计数的顺序无关。

幼儿计数能力的发展顺序是:口头数数,按物计数,说出总数,按数取物。

1. 口头数数 3岁~4岁的幼儿一般能从1数到10,但一般都像背儿歌似的背诵这些数字,带有顺口溜的性质,并没有形成每一个数词与实物间的一对一的联系,幼儿尚不理解数的实际意义。这阶段幼儿的口头计数表现出以下特点:

---

[1] 朱智贤、林崇德:《思维发展心理学》,北京师范大学出版社1986年第1版,第452页。

(1) 幼儿一般只会从"1"开始,顺序地往下数,如果遇到干扰就不会数了。

(2) 幼儿一般不能从中间的任意一个数开始数,更不会倒着数。

(3) 在口头数数中,常会出现脱漏数字或循环重复数字的现象。

5 岁以后,有不少幼儿能够从中间任意一个数接着往下数,这说明他们在数词之间逐渐地建立了较牢固的联系。但幼儿一般还不会正确进位,每逢从 9 数到 10 时常会发生错误,往往又会从头数起。

因此,口头计数只是一种机械的记忆,儿童的这种数数实际是一种"唱数"。

2. 按物点数 要求儿童在口头数数的基础上,将数字与客观事物的数量联系起来,建立数与物之间的一对一的联系,做到口手一致地点数。按物点数较口头计数复杂,它需要多种分析器参与活动。当幼儿边点数实物边正确说出数词时,他的手、眼、口、脑需要协同一致活动。幼儿在 5 岁以前,由于大脑皮层抑制机能发展较差,手眼协调动作不灵活,再加上口头数数还不熟练,因此会产生种种手口不一致的现象。如:(1) 口能从 1~10 顺着数,但手却不能按实物一个个地点,而是乱点;(2) 虽能按实物的顺序一个个地点,但口却乱数,如边点边数着 1、2、3、8、9、10 等,其中往往只有开始的几个数和最后的几个数是顺序说出的;(3) 口与手虽能有节奏地配合,但不是一对一的配合,即不是数一个数点一个实物,而是数两个数点一个实物,或数一个数点两个实物。[1]

3. 说出总数 即儿童在按物点数后,能够说出所数物体的总数。说出总数的发展要更慢一点,它要求儿童需把数过的物体作为一个总体来认识,即能理解数到最后一个物体,它所对应的数词就表示这一组物体的总数,也就是在数词与物体的数量之间建立起联系。能够说

---

[1] 沈家鲜:《三四岁儿童数概念形成过程中的几个问题》,《心理学报》1962 年第 3 期。

出总数,这是计数能力发展的关键,它表明幼儿能运用数目和理解数目的实际意义。3岁~4岁幼儿有的虽然能正确点数实物,但常不能说出被数物体的总数,而是随意地说一个数。

4. 按数取物 即按一定的数目拿出同样多的物体。这是对数概念的实际运用。按数取物首先要求儿童能记住所要求取物的数目,然后按数目取出相应的物体。3岁~4岁的幼儿一般只能按数取出三四个实物。一般地说出总数和按数取物都没有点数实物的数目多。

幼儿早期的计数能力尚不稳定,有很多因素会影响幼儿的计数活动。研究表明,影响幼儿计数活动的因素有以下几方面:

在物体空间分布相同的情况下,点数物体的大小对幼儿计数活动会产生影响。例如,幼儿点数体积约为10立方厘米的玩具动物(动物玩具排成一行),他正确点数的范围要稍大于让他点数同样排成一行的围棋子。因此提供幼儿点数的物体大小要合适。

计数物体的空间分布对计数活动也有影响。例如,将围棋子排列成行,彼此之间有约半厘米的距离,另一种是彼此紧密地排列在一起,这样幼儿在前一种情况下点数成绩较好,在后一种情况下成绩较差。如果围棋子排列很不规则,则点数成绩还要差些。

幼儿计数活动的方式也会影响其计数活动的成绩。例如,在桌面上排列一行围棋子,让幼儿一面一个一个地依次拨动围棋子,一面计数;另外一种方式是让幼儿用手指一个一个地依次点数;第三种方式让幼儿一面从容器中一个一个地取出围棋子放在桌上,一面计数。结果,第一种方式的计数成绩优于其他两种方式。因为与第一种方式相比,第二种方式点数时幼儿较易产生混乱,而第三种方式手部活动多而繁,幼儿忙于从容器中取出棋子,而忘记了计数的任务。

同时呈现并继续保持不变的计数对象对幼儿的计数活动有利,而相继呈现并先后更替的计数对象则较难。例如,目视实物进行点数的成绩要优于听铃声计数,如果让幼儿自己一面敲铃,一面计数,成绩将更低。因这时幼儿注意了敲铃,而会忘记计数的任务。[1]

因此,在向幼儿进行计数教学时,要考虑和利用上述因素对幼儿学习的影响,促进幼儿计数能力的发展。

(二)幼儿对数序的认识

数序即自然数的顺序,每个数在自然数列中的排列,都是按照后面的一个自然数比前面的一个多"1"的顺序排列起来。也就是说数序指的是每个自然数在自然数列中的位置以及与相邻两数之间的大小关系。

1. 幼儿计数能力的发展,为幼儿学习数序、形成数列概念做了最初的准备。

幼儿最初模仿成人进行口头数数,虽然这大多是一种顺口溜式的唱数,但它是按自然数的顺序来背诵的,因而这种口头数数活动可以帮助幼儿感知自然数列中数的顺序。幼儿学习按数点物,这也是按照数序来点数物体的。由此可以看出,幼儿的计数活动为幼儿数序的学习积累了最初的感性经验。

2. 认识数序,即要能按序的观念排列 10 以内的自然数列。因此幼儿要能比较 10 以内数的大小,理解 10 以内数与数之间的数差关系,即幼儿能把握每一个数同其前后两数的关系。

幼儿比较数的大小能力比计数能力发展要晚一些。3 岁~4 岁的幼儿只能看着实物,在对应的基础上,依靠数数来比较数量的多少。他们还没有建立起抽象的数的顺序和数的大小的明确关系。如成人问 3 大还是 4 大,他们往往不会回答,而如果让他们看两组一一对应排列好的娃娃,他们就会说出 4 个娃娃多,3 个娃娃少。5 岁半以后,幼儿一般都能较顺利地比较 10 以内数的大小。

幼儿往往能点数实物并说出总数,但不一定能正确排列 10 以内数的先后。因为正确排列 10 以内数的先后,这里不仅要认识数,而且

---

[1] 刘范、张增杰主编:《儿童认知发展与教育》,人民教育出版社 1985 年第 1 版,第 48~52 页。

对"序"也要有所认识。例如,要求幼儿排列分别画有 1~10 个圆点的 10 张卡片,结果 3 岁~4 岁的幼儿一般都不会排列,到了 5 岁,能排列的卡片数目平均也不超过 5 张。这是因为按序排列圆点卡片是一个比较复杂的过程,幼儿要能正确排列卡片,他不仅要知道每张卡片上的圆点数量,同时还要能比较数的大小,知道每个数在序列中的位置。[1] 调查表明,4 岁以下的幼儿大都没有排序能力,4 岁~5 岁的幼儿,排序能力明显提高,但是也有少一半的幼儿不能完成。到 6 岁以后,一般都能按照数的顺序比较顺利地排出 20 以内数的顺序关系,说明此时大多数儿童掌握了 20 以内数的顺序关系。[2]

幼儿认识 10 以内的相邻数(包含相邻两数的数差关系)是十分重要的,它可使幼儿清楚地掌握自然数中数的顺序,以及各个数之间的关系。

3. 幼儿对数的序列的认识,还包括对序数的认识。幼儿理解和掌握数的序数含义一般比较晚,因为这要求幼儿能一一对应地点数物体;有给物体或数目排序的经验;还要掌握数的顺序。研究表明,幼儿最初分不清基数和序数,两者常发生混淆。例如,当问到"这是第几个"时,2 岁~3 岁的幼儿常不会回答,或者用基数回答"3 个"、"5 个"。要求他们按指定的序数取物更困难些,大多数幼儿去拿第 1 个或最后 1 个,有的随便拿 1 个或两个。4 岁~5 岁的幼儿,序数观念有了较快的发展,多数能指出 5 个以内物体的排列顺序,但还有少数幼儿对基数与序数发生混淆。[3]

(三)幼儿对数的守恒的掌握

数的守恒指幼儿对数的认识能不受物体的大小、形状、排列形式的影响,正确认识 10 以内的数。数的守恒标志着儿童概念发展水平,

---

[1] 刘范、张增杰主编:《儿童认知发展与教育》,人民教育出版社 1985 年第 1 版,第 48~52 页。

[2] 曹飞羽:《学龄前儿童数概念的发展》,《课程·教材·教法》1984 年第 3 期。

[3] 刘范、张增杰主编:《儿童认知发展与教育》,人民教育出版社 1985 年第 1 版,第 48~52 页。

也是儿童思维水平发展的一种表现。

3 岁半以前很少有人达到数的守恒,4 岁以后达到守恒的人数逐渐增加,6 岁以后大多数幼儿能基本掌握。

幼儿不能达到守恒,一般是因为儿童分辨物体的多少是根据空间排列长短,分散或聚拢后所占空间面积来判断,而不是根据数目本身的多少来判断。年龄越小,受空间排列形式的影响越大,随着年龄的增长,受空间排列变化的影响逐渐减弱。

除空间排列形式变化的影响外,客观刺激物的不同,数目大小的不同,以及异数比较中的两数差别的大小不同等,都会影响儿童的守恒能否达到。

儿童达到守恒的途径各有不同。有的儿童借助知觉的帮助,靠观察物体排列的疏密来达到。这在 4 岁~7 岁各年龄中都有。另一些儿童是通过计数来判断数量。这在 5 岁儿童中占大多数。还有的儿童能根据"没有拿走"、"没有添上"这种事物恒等关系的推理,来判断物体数目没有改变。这在 6 岁以后的儿童中较多。[1]

(四) 幼儿对数的组成的认识

数的组成包括数的分解与组合。如"5"可以分解为"1"和"4","1"和"4"能组合成"5"。

4 岁~7 岁儿童掌握数的组成、分解的发展水平和特点。

4 岁半以前的儿童完全不能理解组成和分解。幼儿完全不能做 8 的口头组成和分解。如对实物组成,有的幼儿完全不理睬主试提出的要求,只对盒中的扣子表示很大兴趣,他们从盒里一把一把地抓出扣子,边玩边说"这扣子是什么颜色的呀?是蓝色的吧!"等等;对数的分解有的幼儿虽然在行动上能将 8 个扣子分成 4 和 4,但口头上却随意说成:"5 个,8 个。"

儿童从 5 岁开始有可能理解,有 10%~30% 的幼儿会完成部分数

---

[1] 刘范等:《国内九个地区 3 岁~7 岁儿童数概念和运算能力发展的初步研究》,《心理学报》1979 年第 1 期。

的分解和组成,有极少数幼儿(约5%～10%)完全会数的分解和组成,即能对8做出7种组合形式。此阶段的幼儿对分解、组成有所理解,但不完全、不稳定,直觉作用明显。处于这一发展水平的幼儿,大多数能完成部分数的分解和组成,如知道8可以分成4和4、6和2,但不知道8还可以分成5和3、3和5、7和1、1和7、2和6等其他形式。5岁半后能初步理解,并完全会分解和组成的人数增至25%～30%。

6岁幼儿接近基本完成,完全会分解、组成的人数达到40%。6岁半组和7岁半组的幼儿大部分已能掌握8的分解、组成,完全掌握的人数达到65%～85%。此时,幼儿能够完全地说出或用实物摆出8的各组分解或组成的形式,不需要任何提示,有的幼儿表现得相当熟练和有顺序。[1]

三、幼儿数概念发展的阶段和转折点的问题

(一)幼儿数概念发展的阶段性问题

儿童数概念的发展,不仅有一定的连续性,而且表现出一定的阶段性。也就是在儿童数概念发展的某一阶段内,一般都具有普遍的、共同的区别于其他阶段的质的特点。儿童数概念的发展阶段和儿童的年龄大体相对应,但并不完全一致。一般来说,年龄越小,这种一致性愈明显。

我国心理学界根据各地对幼儿数概念的发展的研究结果,将3岁～7岁数概念的发展大体上分成三个阶段:

1. 对数量的感知阶段(大致相当于3岁左右)。这个阶段的特点是:

(1)对大小、多少的笼统感知;对明显的大小、多少的差别能区分;对不明显的差别,只说"这个大,这个小"、"两个都不多,合起来才多"等等;

(2)会唱数,但范围一般不超过1～10;

---

[1] 林嘉绥:《儿童对部分与整体关系认识发展的实验研究——4岁～7岁儿童数的组成和分解》,《心理学报》1981年第2期。

(3) 逐步学会口手协调的小范围(1~5)点数(数实物)，但点数后说不出物体的总数，个别儿童能做到伸出同样多的手指来比划。

2. 数词和物体数量间的联系建立阶段(大致相当于4岁~5岁)。这个阶段的特点是：

(1) 点数后能说出物体总数，即有了最初的数群(集)的概念，末期开始出现数的守恒现象；

(2) 儿童在这个阶段的前期，能分辨大小、多少、一样多，到中期能认识第几、前后顺序；

(3) 能按数取物；

(4) 逐步认识数与数之间的关系(如有了数序的观念，能比较数目大小，能应用实物进行数的组成和分解)；

(5) 末期开始能做简单的实物运算。

3. 数的运算初期阶段(大致相当于5岁以上)。这个阶段的特点是：

(1) 对10以内的数大多数能保持守恒；

(2) 计数能力发展较快，大多数儿童从表象运算向抽象数字运算过渡；

(3) 序数概念、基数概念和运算能力的各个方面都有不同程度的扩大和加深，一般儿童到后期通过教学可以学会计数到100或1000以上，并学会20以内的加减运算，个别儿童甚至可做百以内的加减运算。

这是个大致发展的一般趋势。由于发展的不平衡，儿童数概念形成中的个别差异是很大的。文化教育对儿童数概念和运算能力的发展也有重要影响。

(二) 幼儿数概念发展的转折点问题

研究表明：在儿童数概念发展过程中存在着某些上升较快的迅速发展时期。按一般的发展趋势看，5岁~6岁阶段是儿童数概念发展的转折点(或明显的飞跃期)。此时幼儿的计数能力，对基数、序数的掌握及运算能力都呈现一个飞跃上升的趋势。

从研究的材料中可以看到,教育对这种转折点的出现有着直接的影响。[1]

第二节 学前儿童认识 10 以内基数、序数的教育

一、认识 10 以内基数的教育

(一) 小、中、大班认识 10 以内基数教育的要求

1. 小班

(1) 会手口一致地点数 5 以内的实物,并能说出总数。

(2) 会按实物范例和指定的数(5 以内)取出相等数量的物体。

2. 中班

(1) 会正确点数 10 以内的实物,并能说出总数。

(2) 学习不受物体的大小、形状和排列形式的影响,正确判断 10 以内物体的数量。

(3) 感知和体验 10 以内相邻两数的数差关系(即多"1"和少"1"的关系)。

(4) 认识阿拉伯数字 1～10。

3. 大班

(1) 会倒着数 10 以内的数,能注意生活中运用顺数、倒数的有关事例。

(2) 认识 10 以内的相邻数,知道相邻 3 个数之间的数差关系,知道 10 以内的数除"1"以外任何一个数比它前面的数大"1",比它后面的数小"1",自然数是按大小顺序排列的。

(二) 各年龄班认识 10 以内基数教育的指导要点

1. 引导幼儿感知 10 以内数量,理解数的实际意义

幼儿对 10 以内基数的认识,首先应开始于对 10 以内物体数量的

---

[1] 刘范、张增杰主编:《儿童认识发展与教育》,人民教育出版社 1985 年第 1 版,第 57～58 页。

感知。在幼儿的生活环境中，处处都存在着数，而这些数都是与具体的物体联系在一起的。如5个人，3只兔子，1个苹果，2支铅笔，桌子有4条腿，等等。教师引导幼儿感知物体的数量是幼儿易于理解的，同时也是幼儿认识事物的需要，解决生活中问题的需要。因为物体的数量也是其众多特点中的一个重要方面。如认识兔子的外形特征时，必然要认识它有两只长耳朵，一条短尾巴，四条腿。这里的两只、一条、四条都是说的数量。又如，老师请幼儿去办公室拿一盒蜡笔；从教室里搬两张桌子，这里的一盒、两张也是说的数量。通过对物体数量的感知，使幼儿对数的实际意义有所了解。

（1）幼儿对10以内数量的感知和认识，可划分若干段落进行。如在小班可引导幼儿感知3以内的数量，5以内的数量；中班阶段根据幼儿发展情况，可以将6和7，8和9、10，安排一起认识，而不必像以往那样一个数一个数地引导幼儿认识。由于生活环境和早期教育的影响，入园初期的幼儿，已有许多的"数行动"，如会口头唱数，会拿取1个、2个物体，会点数小数量的物体，等等。当然，每个幼儿所具有的数经验是很不一样的。将2～3个数所表现的物体数量一次呈现在幼儿面前，每个幼儿可按自己的发展水平去感知，可按自己已有的经验去吸收这一内容中所包含的各种数概念信息。当教师引导幼儿一个数一个数地进行认识时，有时会使一些相关内容不能有机地结合在一起，而有些内容又会多次重复。如按1个数、1个数地认识时，就不易让幼儿对数的顺序、数与数之间的等差关系（或大小、多少关系）有所感知，而对数的形成的感知又会多次重复。而如果将2～3个数结合在一起认识，可避免这些情况的出现，更为重要的是，这种安排提供给幼儿的学习内容较多，这样能较好地调动每个幼儿学习的兴趣和主动性，他们能在自己的发展水平上进行探索和学习。

（2）将10以内数量感知与分类活动结合起来，使幼儿数学教育的有关内容能有机结合，相互渗透。这样安排内容较贴近幼儿的生活，因为在日常生活中，人们要计数某种物品的数量，首先就要将各种物品分别归类，然后才能计算清楚。这样安排也可使幼儿从开始学习数学时,就将数学作为一种工具、一种语言进行学习。

2. 引导幼儿感知和认识10以内相邻两数的数差关系

幼儿感知、认识10以内相邻两数的数差关系,其实质就是引导幼儿感知、认识在1~10的自然数列中任意相邻的两个数的大小关系,即位于前面的数比后面的数小1,位于后面的数比前面的数大1(如数量即为多1与少1的关系)。

幼儿感知、认识10以内相邻两数的数差关系是对数概念的进一步掌握。幼儿对数概念的认识,就包含对数序的认识,即知道"3"在"4"的前面,"4"在"3"的后面,"3"比"4"小,"4"比"3"大。幼儿在感知、认识相邻两数的数差关系过程中,对数(数量)的相对性会有所体验和了解,如知道"3"与"4"比,"3"小"4"大,可"4"与"5"比时,"4"则小于"5","5"大于"4"。这一学习和认识过程,促进了幼儿可逆性思维的发展。

教师应在幼儿观察两组物体数量相等的情况下,再改变其中一组物体的数量,引导幼儿比较两组物体数量的多少。在此基础上,启发幼儿思考如何让两组数量变为一样多。这一活动过程,可让幼儿多次感知和体验到两组数量之间的多"1"、少"1"关系,感知相邻两数的数差关系。

在幼儿对相邻两数的数差关系有所认识的基础上,引导幼儿认识相邻数。相邻数指的是自然数列中任意一个数与其前后两数的数差关系,也就是要引导认识10以内相邻3个数之间的大小关系。如5比4大1,5比6小1。幼儿对相邻数的认识,一般安排在大班进行。由于幼儿在中班对相邻两数的数差关系已进行过多次的学习,对10以内相邻两数的数差关系已有一定的认识,因而幼儿认识相邻数时已有了一定的感性经验作为基础。教师在引导幼儿学习时,可将5以内相邻数的认识作为教学的重点,使幼儿明确:5以内数列中,除1以外,任意一个数都比它前面的数大1,比它后面的数小1。幼儿有了这样的认识,就可引导他们类推6~9各数的相邻数。

在进行相邻数教学时,教师选用长条点卡作为教具是比较好的,因为长条卡上的圆点可以让幼儿直观地感知到一个数与其前后两数的多1、少1的关系(见图①)。

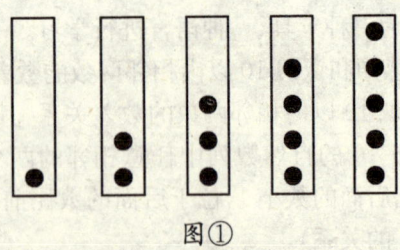

图①

在比较相邻数的数差关系时,教师开始应先用中间数与其前后两数比较,先与前面的数比较,再与后面的数比较。如学习 2 的相邻数时,教师引导幼儿先比较 2 与 1 的多少关系,再比较 2 与 3 的多少关系。在进行相邻数教学时,教师一般先出现两组数量,且开始出现的两排数量相等,然后在第 2 排添上 1 个物体,让幼儿清楚地看出这时第 2 排数比第 1 排数多了 1 个。接着出现第 3 排数,开始这组数量与第 2 排数量也是相等的,然后再添上 1 个物体,这样让幼儿看清楚中间一排比第 3 排少了 1 个(见图②)。

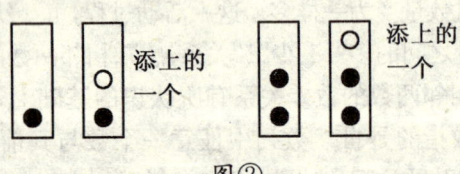

图②

教师应让幼儿明确是 2 与 1、3 两数分别进行比较。在比较两组数量的多少关系时,必须明确以什么数为基准进行两数的比较,这样才可能将数量关系比较清楚。幼儿对 2 与 1、3 两数的关系有清楚认识后,教师可以引导幼儿用前后两数与中间数做比较。如 1 比 2 少几,3 比 2 多几等。同时,在幼儿观察、比较相邻三数的数差关系时,教师应启发幼儿学习用语言表达这一关系,因为通过语言的表达,可使幼儿对这一关系有较清晰的认识。

3. 在 10 以内基数教学中,重视数守恒观念的渗透

数的守恒标志着儿童数概念的发展水平,也是思维过程结果的一种表现。调查表明,大多数幼儿约在 6 岁以后,才能基本掌握数的守

恒。但教育对幼儿数守恒观念的建立有着积极的影响,故在幼儿数学教学中,应重视数守恒观念的渗透。

例如,小班在比较两组物体数量的多少时,教师常选用大小不同的物体:娃娃与球、猫与鱼、鸡与虫,等等。在物体的排列上教师常采取同数不等长、异数等长等形式,通过材料的提供,帮助幼儿排除形状、大小、排列形式对数量感知的影响(见图③)。

图③

中班,教师除了通过提供的材料,让幼儿能排除各种因素的干扰,注意物体数量特征外,教师还可以进行一些守恒练习活动,以引导幼儿正确判断10以内物体的数量。

二、认识10以内序数的教育

(一)认识10以内序数的教育要求

中班、大班

1. 学习10以内序数,理解序数的含义,会用序数词(如第1、第2)正确地表示物体在序列中的位置。

2. 学习从不同方向(如从左到右、从右到左、从上到下、从下到上等)正确表示物体在序列中的位置(这一内容根据幼儿发展情况,也可安排在大班学习)。

(二)认识10以内序数教育的指导要点

自然数用来表示事物的次序时称为序数,用"第几"来表示。幼儿对序数的认识,应安排在学习10以内基数后进行。因为通过10以内基数的学习,幼儿掌握了数的实际意义,对数的顺序也有所认识,这些是学习序数的基础。如要让幼儿回答这是第几个的问题时,他首先要依次点数,数到"3"的时候,这个"3"既表示这里一共有3个物体,同时也表示这个物体是排在第3位置上,是第"3"个。幼儿在基数学习过程中积累的经验,是学习序数的基础。序数可集中进行教学,不需逐个数教。

1. 学习序数,首先应让幼儿明确从哪个方向开始数,开始的一个物体称第1个。如从左往右数,排在最左边的是第1个,如从右往左数,则排在最右边的是第1个。开始应教幼儿从左往右数,以后可引导幼儿从不同方向看物体在数的序列中所占的位置。

2. 运用教具、学具引导幼儿确定物体的位置。

教师运用教具、学具,引导幼儿感知和认识每个物体在一组序列中所排的位置,即它是第几个。

例如,教师出示5个动物玩具,问:"草地上有几只小动物?""小鸡排在第几?""排在第5的是哪一个动物?""谁会给小动物配上数字,让人看见数字就知道每只小动物所排的位置?""谁会告诉大家,这里的'1'表示什么意思?"(小鸡排在第1)"这里的'5'表示什么意思?"在这过程中,教师应让幼儿了解这里的1、5表示的是小鸡、小狗排在第1和第5,使他们知道数除了表示这里的物体一共有几个以外,还可以用来表示物体的顺序或位置。

3. 教师应为幼儿序数学习提供操作的材料。

例如:"小动物住第几层"

小组操作活动材料:一幅楼房图——共5层,每层有4间房,每一层都有1个小动物住着。另外还需提供用作记录的作业单,幼儿可在作业单上记下每个小动物住的层次和第几间房(见图④)。

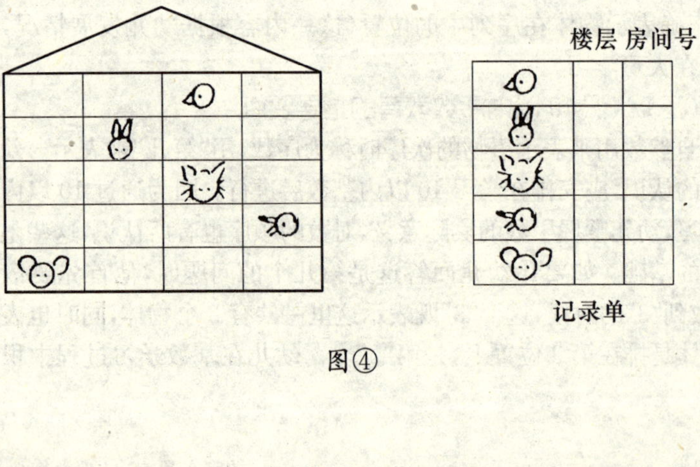

图④

4. 引导幼儿在日常生活和游戏中进行序数练习。如排队时,请幼儿说说谁在第1、第2……教师带领幼儿玩"第几个玩具不见了"等练习序数的游戏。

三、1~10数字的认识和书写教育

(一) 1~10数字的认识和书写要求

中班 能正确认读1~10阿拉伯数字,会用数字表示相应数量的物体。

大班 学习正确书写1~10阿拉伯数字(笔顺、起笔和落笔正确,笔画工整),写字的姿势和握笔的方法正确。

(二) 1~10数字的认识和书写教育的指导要点

数字是表示数的一种符号,数字的认识可以使幼儿数的感性经验得到抽象、概括,有助于幼儿数概念的形成。

1. 结合基数的学习,引导幼儿认识1~10数字,让幼儿知道数字可以用来表示物体的数目。如教师出示一组实物卡片,数量分别为1个、2个、3个。请幼儿将同样数量的卡片归放一起,如1个娃娃,1个皮球,1个小桶;2个苹果,2颗糖,2支笔;3只兔,3只猫等。此时,教师可出示1、2、3的数字卡片,引导幼儿将实物卡片与数字配对。这样不仅使幼儿认识了数字,而且还让幼儿知道了每个数字的含义,知道数字可以表示物体的数目。

教师可设计一些数物配对的游戏,巩固幼儿对数字的认识。例如,给实物卡片送数字朋友,数物接龙,数物拼板,看数字盖印章,按物盖数字章等(见图⑤)。

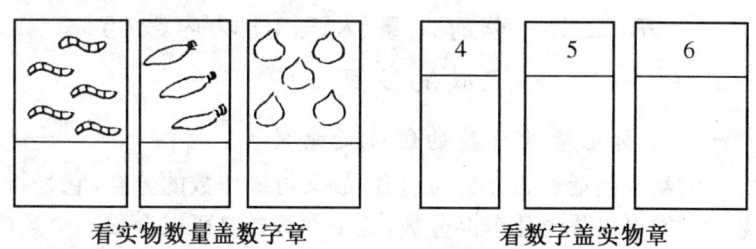

看实物数量盖数字章　　　　看数字盖实物章

图⑤

2. 教幼儿认读数字时,要引导幼儿辨认每个数字的字形。

如"1"像一支铅笔,"2"像一只小鸭子……还应要求幼儿用普通话读准字音,特别要念清楚 4(sì)、6(liù)、10(shí)等的音。

3. 数字书写的指导要求。

数字的书写安排在大班进行较合适,因为此时幼儿小肌肉群开始发育,能初步做一些精细的工作,如书写数字,但持续时间不宜过久。

(1) 教师讲解、示范书写数字的正确姿势是:坐时两腿自然平放地下,身体坐正,头抬直,胸部与桌边保持一定距离(约一拳头),眼与纸之间保持 35~40 厘米的距离。正确的握笔姿势应是用三个手指握笔(大拇指、食指、中指),手指的握笔部位约离笔尖两手指宽,小指轻触纸面作为支点等。

教师示范书写格式及笔顺。如学写数字"1","1"是从"日"字格的右上角起笔,画一道直斜线,在"日"字格的左下角停笔。要写满格,但不要出格。

(2) 教师带领幼儿进行书写练习,或在本子的范字上轻描两遍,帮助幼儿熟悉笔顺和笔画。在书写练习后,教师可请一两名幼儿在黑板上试写,引导幼儿评论试写的数字的优缺点,再次让幼儿了解与掌握书写要领。教师在幼儿试写前,黑板上画上"日"字格,写好范字。

(3) 幼儿在本子上练习书写。幼儿初写时,可先用模字本练习,以后再在田字格中书写。写前教师应向幼儿交代:要从左往右在格子里写,写完一行再写另一行。幼儿书写时,教师要注意检查幼儿的坐姿和握笔姿势,检查书写的笔顺是否正确,要及时纠正幼儿不正确的地方。

第三节 学前儿童认识 10 以内数的组成的教育

一、学前儿童学习数的组成的意义

数的组成包括数的分解与组合,故又可称作数的分合,它是指一个数(总数)可以分成几个部分数,几个部分数又可以合成一个数(总数)。幼儿学习数的组成只是学习将一个数分成两个部分数,理解总数与部分数之间的分合关系。

(一)数的组成的学习,有助于幼儿对组成中蕴涵的数量关系的感知和理解

数的组成实质上是数群和子群之间存在着等量关系、互补关系、互换关系的反映。总数可以分成相等或不相等的两个部分数,两个部分数合起来等于总数,这是总数和部分数之间的等量关系。如4可以分成2和2、1和3;2和2合起来是4,1和3合起来也是4,可用 $A=B+B'$ 公式来表示。在总数不变的情况下,一个部分数逐一减少(或增加),另一部分数就逐一增加(或减少),这是部分数之间的互补关系。如5可以分成4和1,如果4减去1,那另一个数1就应加上1,可用 $A=(B-n)+(B'+n)$ 公式表示。两个部分数交换位置,总数不变,这是两个部分数之间的互换关系。如5可以分成2和3,如果将2和3换个位置变成3和2,合起来也是5,可用 $A=B+B'=B'+B$ 公式表示。数的组成的学习可使幼儿对等量关系、互补关系、互换关系有一定的感知和认识。

(二)数的组成的认识是理解加减运算的基础

数的组成中数群之间的等量、互补和互换关系本身就包含了简单的加减运算。如两个互补的子群相加等于群,群减去一个子群,等于另一个子群。当幼儿将5分成2和3,以及将2和3合起来成为5时,也就可以导出"$5=2+3$"、"$5-2=3$"、"$5-3=2$"等等。因此,可以说数的组成实质上是一种数运算。幼儿掌握数的组成,可以为学习加减积累感性经验。他们在抽象概念水平上掌握数的组成之间的数群关系,也就直接成为掌握加减运算中数群关系的基础。

(三)数的组成的学习促进了幼儿思维能力的发展

研究表明,儿童掌握数的组成,在心理上是对总数和部分数之间三种关系的综合反应。所谓综合反应是指儿童必须同时掌握并运用群与子群、子群与子群之间的关系,才能完全掌握数的组成。[1]

---

[1] 林嘉绥:《儿童对部分与整体关系认识发展的实验研究——4岁～7岁儿童数的组成和分解》,《心理学报》1979年第1期。

4 岁~7 岁儿童掌握数群关系和数的组成比较表

	数 群 关 系			组 成	
	$A=B+B'$	$A=(B+n)+(B'+n)$	$A=B+B'-B'+B$	组合	分解
4 岁	0	0	0	0	0
4 岁半	10	0	0	0	0
5 岁	40	30	25	5	10
5 岁半	60	45	50	25	30
6 岁	90	70	70	40	40
6 岁半	100	100	100	60	65
7 岁	100	100	100	75	85

幼儿在感知、理解并能运用这三种关系时,其思维能力也就得到了相应的发展。如前面提到的,幼儿从 5 的分合中,可以导出"$5=2+3$"、"$5-2=3$"、"$5-3=2$"等,这一学习过程使幼儿对 5 与所分的 2、3 两个部分数之间的关系有所体验和认识,同时也促进幼儿可逆性思维的发展。

二、学前儿童认识 10 以内数的组成教育的要求

(一)知道 10 以内数除 1 以外,任何一个数都可以分成两个较小的数,两个较小的数合起来仍是原来的数。

(二)知道一个数和它分出的两个较小的数之间的关系。这个数比分出的两个较小的数都大,分出的两个较小的数都比这个数小。

(三)能感知和体验到一个数所分的两个较小的数之间的互补、交换的关系。

三、学前儿童认识 10 以内数的组成教育的指导要点

(一)10 以内数的组成学习,在内容安排上一般可分成 3 个单元,每一单元应有其重点内容与要求

1. 第一单元学习 5 以内数的组成,主要内容与要求

知道除 1 以外,任何数都可以分为两个较小的数,两个较小的数合起来仍是这个数。

知道在将一个数(除 2 以外)分作两份时,可以有不同的结果(即

可以有不同的分法,如3可以分成1和2,也可以分成2和1)。

在将一个数分作两份时,能分出所有的结果(即能将全部分合形式分出)。

会用数字、分合号记录数的分合过程。

在教师引导下,能分析、比较记录的几份分合式的相同点与不同点。

2. 第2单元学习6、7、8三个数的组成,主要内容与要求

幼儿学习按序将一个数的全部分合形式分出来。

幼儿在教师引导下,感知和体验两个部分数之间的互补和互换关系。

3. 第3单元学习9、10两数的组成,主要内容与要求

教师引导幼儿运用已有的经验(即对数的组成规律的感知),类推9、10两数的组成,会按序或按交换的关系进行数的分合。

将10以内数的组成分作3个单元(或3个段落),每个单元有其主要内容和重点要求,这样引导幼儿学习,是符合幼儿认知特点和发展水平的。但数的组成学习应分作几个单元学习,每个单元究竟需要安排幼儿学习几个数的组成为宜,教师应根据本班幼儿实际发展水平来确定。

(二)在数的组成教学中,教师应重视幼儿自己的操作和探索

幼儿组成概念的掌握是从外部动作向内部动作发展的,也就是说,幼儿组成概念的建构同样是从动作开始的。幼儿首先需要的是分合实物的操作经验,在此基础上形成数的组成的表象和概念才可能是牢固的。

教师应结合幼儿的操作活动,做必要的讲解、演示,让幼儿明确每项内容的要求是什么,并知道如何进行操作。教师还应根据幼儿操作活动中的情况,引导幼儿对分合活动的操作规则、组成中的数量关系进行讨论,使幼儿的感性经验能得到整理和归纳,使幼儿在以后的学习中能够运用已有的经验去获取新的知识。

在幼儿数学教育改革过程中,也有幼儿园对数的组成教学进行这样的探索研究:即从"5"开始引导幼儿学习数的组成,在数的组成教学中,其重点是引导幼儿理解数的组成中所蕴涵的数量关系。为什么选择从"5"开始学习数的组成?因为:① "5"的分合涉及一个数的分合操作中的所有规则。如将一个数分成两份:分出所有的结果,既要

将所有的不同分法都呈现出来,同时又不能重复;学习用数字和分合式进行记录。②"5"的分合可以较清楚地展示出数的组成中蕴涵的三组数量关系。如等量关系、互补关系、交换关系。③"5"这组组成数量不大,幼儿在运用实物进行分合操作时,不会有太多的困难。幼儿有了"5"的分合经验和建立了相应的认知结构后,可为他学习其他数的组成提供知识和心理准备。[1]

(三)通过多种活动和游戏形式,巩固幼儿对数的组成的认识

幼儿数的组成概念的建构是需要通过反复多次的操作活动、多种活动形式的练习才能达到的。这些活动有:

1. 实物操作练习

除前面提到的分纽扣、分瓶盖外,教师还可以根据本园、本班搜集到的材料让幼儿练习数的分合,如分大粒种子、分瓶盖、剪方格、穿回形针、套圈等(见图⑥)。

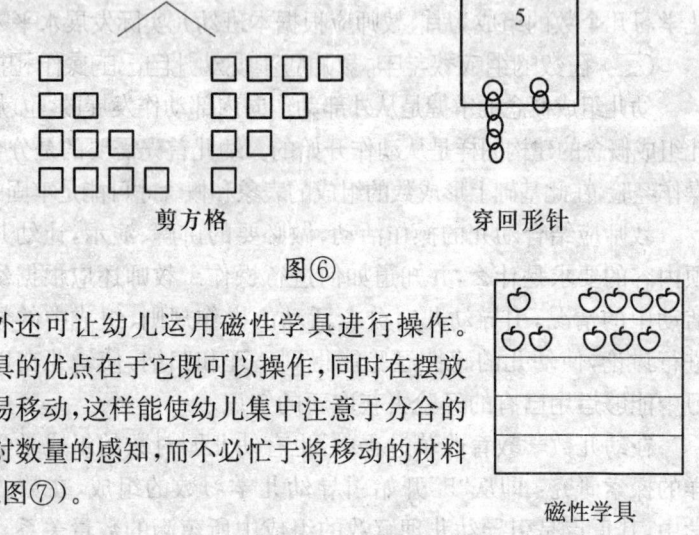

剪方格　　　穿回形针

图⑥

另外还可让幼儿运用磁性学具进行操作。这种学具的优点在于它既可以操作,同时在摆放后又不易移动,这样能使幼儿集中注意于分合的过程及对数量的感知,而不必忙于将移动的材料放好(见图⑦)。

磁性学具

图⑦

―――――――――

[1] 李铭:《大班数学教育改革实践与思考》,1999年迈向新世纪的幼儿园课程学术研讨会论文。

2. 采用作业单进行练习

教师提供幼儿练习数的分合作业单,让幼儿将分合结果画或写在作业单上,如分盖圆点、填补数、点图分割、点图涂色等(见图⑧)。

分盖圆点、数字记录　　　点图涂色、数字记录

图⑧

采用多角度分类图,练习一个数的分合。

例如:提供鸭子的图片(鸭子有大小、颜色、动态和位置的不同)。

(1) 引导幼儿观察、讲述图片的内容,学习用特征标记记录(见图⑨)。

(2) 根据鸭子的不同点,确定每组鸭子的数量(见图⑩)。

情景图

图⑨

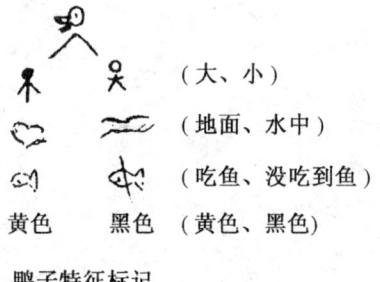

鸭子特征标记

记录每组鸭子的数量
（按特征分组）

图⑩

(3) 引导幼儿认读记录表格。

"谁能说说,这张表上记的是什么样的事?""5只鸭子里有1只小鸭子,4只大鸭子……"教师可请几名幼儿回答这问题。教师拿掉表格上的标记,问:"现在这张表格变成什么?""5的分合式。""你们会读吗?大家认读一遍。"〔1〕

3. 游戏活动练习

练习数的分合游戏有很多,教师可根据幼儿学习情况进行选择。如带领幼儿玩对数、碰球游戏:教师指定一个数,如"4",然后教师先报数,幼儿对数,两数合起来要是"4"。碰球游戏与对数游戏玩法基本相似,只是多了几句儿歌,开始也是由教师指定一个数,如"5",然后教师念:"嘿,嘿,我的1(也可是2、3、4)球碰几球?"幼儿要回答:"嘿,嘿,你的1球碰4球。"教师可与全体、小组或个别幼儿玩对数和碰球游戏。

---

〔1〕 王志明、张慧和主编:《幼儿园课程指导丛书·科学(大班)》,南京师范大学出版社1997年第2版,第80页。

学前儿童10以内加减运算概念的发展和教育[1]

学前儿童学习10以内数的加减运算,目的是使幼儿对日常生活中遇到的数量关系及其变化能有所感知和认识,并能初步地用加法和减法口头解答实际生活中的一些简单问题。

第一节 学前儿童10以内加减运算概念的发展

一、学前儿童加减运算概念发展的三种水平

幼儿加减运算概念的发展,总的来说是从具体到抽象、从逐一加减到按群加减这两方面进行考察的。这实际上反映了幼儿思维抽象性逐渐发展的过程和水平。这一发展过程可划分为三个水平层次:动作水平的加减、表象水平的加减和概念水平的加减。

动作水平的加减,指幼儿要以实物等直观材料为工具,借助于合并、分开等动作进行加减运算。如幼儿用移动实物、逐一点数的方法寻求得数,或者是伸出自己的手指进行逐一点数寻求得数。

表象水平的加减,指幼儿可不借助直观的实物和动作,而依靠头脑中呈现的物体表象进行加减运算。在其初级阶段,幼儿还需借助图片等静态形象,帮助理解题意和数量关系,学习解答问题。逐渐地幼儿能脱离图片中具体形象的提示,而依托口述应用题中熟悉的生活情

---

[1] 本文系《学前儿童数学教育》(西南师范大学出版社2001年2月第1版)一书的第七章。

节,唤起头脑中积极的表象活动,使幼儿对数量关系得以理解并进行运算。如,教师问:"妈妈昨天给你买了 2 支铅笔,今天又给你买了 1 支,妈妈一共给你买了几支铅笔?"幼儿听后会马上回答:"一共买了 3 支铅笔。"从这里可以看出,口述应用题能唤起幼儿已有经验的复活,这些生活中所获得的经验能帮助幼儿理解应用题中的数量关系,使其正确地解决提出的问题。

运用表象进行加减,是幼儿学习加减运算的主要手段。

概念水平的加减,也可称作数群概念水平的加减运算。概念水平的加减是指直接运用抽象的数概念进行加减运算,无需依靠实物的直观作用或以表象为依托,这是较高水平的加减运算。

这里可运用一具体事例来说明幼儿加减运算概念发展的三种水平:(1) 幼儿在教师为其准备好的磁铁板(磁铁板的图意为:草地上有 3 只白兔)上边摆放实物边讲述:"草地上有 3 只白兔,又跑来了 2 只白兔,现在草地上一共有几只白兔?"幼儿看看磁铁板上的图像及自己的摆放动作(将 2 只白兔一一添加在草地上),算出了这道题的得数。这是动作水平的加减。(2) 教师口述应用题,不出现图片。如"草地上有 3 只白兔,又跑来了 2 只,现在草地上一共有几只白兔?"幼儿根据应用题中讲述的情景,头脑中出现相关的表象,进行加减运算。这是表象水平的加减。(3) 教师口述或出示加、减法算式题,幼儿直接进行运算。如教师出示 3+2=?,这里没有动作、图片形象和表象可以凭借,幼儿只依据抽象的数字和符号进行加减运算。这是概念水平的加减。

幼儿掌握加减法要经过逐一加减到按群运算的发展过程。这一过程,反映了幼儿在加减运算中思维抽象性的不同发展水平。开始幼儿需要用逐一计数的方法进行加减运算。如学习加法时,将两组物体合并在一起,再逐一计数算出得数。学减法时先将要减去的物体拿走,再逐一计数剩下的物体以算出得数。在这以后幼儿在学加法时可以记住一组物体的数目,再逐一计数另一组物体的数目,求得得数,而学减法时,他们可能采用逐一倒数的方法,倒数到要减去的数量为止。幼儿在这里进行的是逐一计数、顺接数或倒数,而不是按数群加减。按数群加减实质上是依靠抽象的数概念进行加减运算。幼儿此时能将所说的数或数字作为一个整体把握,这样才可能按数群进行加减运算。这一发展过程,实质上是幼儿思维发展的一个质变,同时也是以后加减运算进一步发展的一个必要的基础。

二、学前儿童加减运算能力的发展

（一）3岁~4岁

3岁半以前的幼儿面对实物,却不知道用它来帮助进行加减运算。他们要依靠成人将实物分开、合拢给他看,才能说出一共有几个或还剩下几个。他们不理解加减的含义,不认识加减运算的符号,数的运算对这个年龄的幼儿来说是很困难的。

（二）4岁~5岁

4岁幼儿一般会自己运用实物进行加减运算了,但在进行运算时,需要将表示加数和被加数的两堆实物合并,再从第1个一个一个地逐一点数后说出总数(即得数)。在进行减法运算时,也一定要把减掉的实物部分拿掉,再逐个数剩下的物体个数,得到剩余数。这时幼儿完全依靠动作思维,是在最低的思维水平上学习数的运算。此时幼儿对于抽象的加减运算,如"2+1等于几?"既不能理解,也不感兴趣。但值得注意的是,4岁以后的幼儿已经表现出有初步的运用表象进行加减运算的能力了。测查表明:测查题目在小数量范围内,且加、减数均不超过1,如"树上有3只小鸟,又飞来了1只,现在树上一共有几只小鸟?"这类问题,结果表明,4岁幼儿正确解答求和、求剩余口述应用题的人数可达90%和56%,但他们不能回答"用什么方法算的"的问题。幼儿是凭借生活经验和应用题中熟悉的情景而引起积极的表象活动,使问题得到正确解答,这虽不是真正意义上的加减运算,但可以看出口述应用题在幼儿学习加减运算中的作用。[1]

---

〔1〕 林嘉绥、李丹玲编著,《学前儿童数学教育》,北京师范大学出版社1994年第2版,第162~163页。

(三) 5岁~6岁

5岁以后,幼儿学习了顺接数和倒着数,他们能够将顺接数和倒着数的经验运用到加减运算中去。此时,多数幼儿可以不用摆弄实物,而是用眼睛注视物体,心中默默地进行逐一加减运算。5岁半以后,随着幼儿数群概念的发展,特别是在学习了数的组成以后,他们在教师引导下,开始运用数的组成知识进行加减运算,这样就从逐一加减向按群加减的水平发展。但这中间还存在着一定的个体差异,如有的大班儿童在遇到困难时,还会伸出手指进行逐一计数。对这一情况,教师不要硬性禁止,而应引导幼儿用顺接数、倒着数的方法进行加减运算,再逐步地引导他们学习用组成知识进行加减运算。

三、学前儿童学习加减运算的特点

加法是求两个已知数的和的运算。每一个已知数都叫做加数。

一般地可以写成以下形式:$a+b=c$,符号"+"叫做加号,整个式子读成"a 加 b 等于 c"。由此可见,加是运算方法,"和"是加法运算的结果。

减法是已知两个加数的和(a)与其中的一个加数(b)求另一个加数(c)的运算。已知的和叫做被减数,已知的加数叫做减数,未知的加数叫做差。

一般地可以写成以下的形式:$a-b=c$,符号"—"叫做减号,整个式子读成"a 减 b 等于 c"。从加法和减法意义看,加法和减法互为逆运算。"减"是运算方法,"差"是减法运算的结果。幼儿在学习加减运算时表现出以下特点:学习加法比减法容易;加小数、减小数容易;加大数、减大数难;理解与掌握应用题比算式题容易。

(一) 学习加法比减法容易

加法不是增加,而是合并,并且是一种可逆的运算。减法作为加法的逆运算,它应该需要和加法同样的逻辑基础,也就是,加法和减法应该能同时掌握,但实际情况却是幼儿学习加法比减法容易。这可能是因为:(1) 幼儿受生活经验的影响,幼儿在生活中接触加法先于减法。如计数就是从小到大。(2) 受运算方法的影响,在进行加法运算时,幼儿可运用顺接数的方法来解决,而进行减法运算时,要运用倒着数的方法才能解决,幼儿运用倒着数的方法要困难一些。(3)更主要的是,加法是把两个数群合并为一个新数群,在被加数(第1加数)和加数(第2加数)之间无须进行比较,仅在判断"和"的正确性时才涉及三个数群的关系;而减法在一开始就需要对被减数与减数两个数群进行比较,然后又涉及被减数、减数与差三个数群关系。可见减法中数群的比较和关系比加法复杂。实验表明,幼儿掌握数群之间的逆反关系要难于等量关系。[1] 减法是加法的逆运算,幼儿在运用数的组成知识学习减法时,需具备两个数群关系的逆反能力,即需将两个部分数合起来等于总数,同时还需再转换为总数减去一个部分数,等于另一部分数。在解决减法问题时,很多幼儿常是"做减想加"。如问:"小兔一天吃了8根萝卜,它上午吃了3根,它下午吃了几根呢?"幼儿回答:"下午吃了5根,因为3和5合起来是8。"可见,学习减法时,幼儿在思考时需要做一个逆转,故幼儿学习减法要难于加法。教师在数学教学中,应有意识地引导幼儿运用组成知识解答加减运算问题,其中特别要注意引导幼儿感知和体验减法中的逆转关系,使幼儿对三个数群之间的关系有一定的认识。如幼儿在学习 5－2＝3 这道算式时,在幼儿回答了得数后,教师可出示 5 的组成分合式:$\underset{3\ \ 2}{\overset{5}{\wedge}}$,并指着这一分合式进行讲解,即从 5 里面拿去 2,剩下的是 3($\underset{3\ \ ②}{\overset{5}{\wedge}}$)。

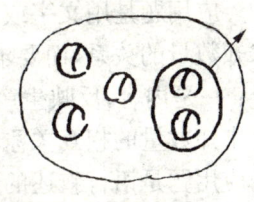

图①

教师也可采用韦恩图来表示这一思想,即从 5 个球中拿走 2 个球,还剩下 3 个球(见图①)。

---

〔1〕 林嘉绥:《4岁~10岁儿童正整数的认识发展》,1981年心理学年会论文。

（二）幼儿学习加小数、减小数的问题容易，学习加大数、减大数的问题难

幼儿在学习加法时，大数加小数容易掌握，而小数加大数则感到困难。在学习减法时，减数小容易掌握，减数大也较难掌握，出现错误也较多。这可能与幼儿已有的数概念经验有关。幼儿在认识基数和序数时，对相邻两数的数差关系，相邻数之间的数差关系，10以内数序已有认识，以及顺接数、倒着数的学习等等，这些经验都可以帮助幼儿解决加小数、减小数的问题。如6+1等于几，就可以想作比6多1的是几，或6添1是几；6-1等于几，可以想作比6少1的是几，或6去1是几等等。相反，加大数、减大数，不太可能运用上述经验来解决问题，故这类加减运算问题幼儿学习时困难较大。

（三）幼儿理解和掌握应用题比算式题容易

应用题是用文字或语言叙述生产或生活实际中一些已知数量和未知数量的关系，而要求得未知数量的题目。应用题包括三个组成部分：一是内容，反映生产或生活的实际事实；二是条件，已知数量及它与未知数量的相互关系；三是问题，要求解答的未知数量。幼儿学习的应用题是语言叙述的应用题。

应用题最主要的特点，就是它来源于生活，它以人们熟悉的生活情景表述数量关系，以及要求解答的数量问题。这种寓加减任务于生活情景中的题目，由于其情景性和贴近生活的特点，为幼儿表象的积极活动提供了素材。幼儿借助于头脑中的表象，较好地理解了应用题中的数量关系，从而正确地解决了应用题中提出的问题。加减算式题是以数字和符号组成的，它既无实物的直观，又无表象作为思考的依托，幼儿在理解和解答上都会有一定的困难。

有时人们会看到幼儿对加减算式题也能较快地掌握，这可能是一种假象。当幼儿加减运算概念还未达到抽象概念的水平时，他们往往不能回答加减算式题所表达的含义。

因此，教师应通过引导幼儿学习口述应用题，促进其加减运算能力和一般思维能力的发展。

四、口述应用题在学前儿童学习加减运算中的作用

(一)口述应用题是学前儿童掌握加减运算的工具和基础

口述应用题在幼儿学习加减运算中起着重要的作用,是幼儿掌握加减运算的工具和基础。

在幼儿生活中,他们常会遇到一些需要运用加减法解决的问题。如"妈妈给了你2块糖,后来又给了你1块,现在你一共有了几块糖呢?""你有了3支铅笔,送给了小明1支,现在你还剩下几支铅笔呢?"这就需要教师通过口述应用题,使幼儿理解加、减法的含义,学习用加减法解决生活中的实际问题。

研究表明,口述应用题能帮助幼儿较容易且较准确地理解加法和减法的含义以及有关运算符号。实验测查结果,实验班理解加减含义的成绩明显优于对比班($P<0.01$)。测查题目为:让幼儿对$2+3=5$和$2-1=1$算式题中的"+"、"-"和"="等符号说出名称及含义。[1]

幼儿园的数学教育实践也表明,幼儿学习加减运算是通过口述应用题进行的,而且在开始时还十分强调幼儿的操作活动,让幼儿通过将两组物体合并或从一组物体中拿去一部分的活动,使其感知和体验加法、减法的含义,学习解答问题。

(二)口述应用题有助于幼儿思维能力的发展

1. 促进了幼儿思维分析、综合能力的发展

应用题的内容来自于幼儿熟悉的生活情境,这样的情境能引起幼儿头脑中的表象的积极活动,这些都有助于幼儿对应用题中数量关系的理解。但是幼儿要能正确解答问题,并能说明是用什么方法计算的,以及选用这一方法的理由,他必须能理解应用题中讲述的是一件什么样的事情,了解提出的已知条件和要解答的问题之间的关系,能分析已知条件和未知条件之间的关系。如通过分析,幼儿明确了原来

---

[1] 周燕:《5至5岁半幼儿加减运算教学的比较研究》,1990年北京师范大学硕士毕业论文(未发表,导师林嘉绥)。

有多少××,后来又增加了几个××,要求回答两者合起来是多少。幼儿必须很好地分析上述问题,并能综合解答问题的各种要素,才可能解答应用题中提出的问题。幼儿在解答问题过程中,其思维分析、综合能力也就得到了相应的发展。

2. 促进了幼儿抽象思维能力的发展

应用题表达的内容是具体的,也是贴近幼儿生活的,当幼儿学习用数字和符号记录和表达应用题的内容时,这就对应用题的具体内容进行了抽象和概括。随着反复多次活动经验的积累,幼儿对加减算式题的含义就有了具体同时又是概括的认识。如 $1+1=2$,既表示了"妈妈给了小明1个苹果,后来又给了他1个苹果,现在小明一共有2个苹果"这道题,同时它又可表示任何两个数量为"1"的物体,合起来都是2个这样的内容。

当幼儿学习用数字和符号去记录应用题内容时,幼儿正学习着用抽象的数概念和数学符号进行加减运算。而随着幼儿经验的积累,他对抽象的加减算式题含义有了进一步的认识,此时幼儿的抽象思维能力也就获得相应的发展。

研究表明,口述应用题能够促进幼儿抽象思维能力的发展。

实验班与对比班解答算式题不同思维水平比较

	I		II		III	
	人数	%	人数	%	人数	%
实验班 N=31	3	9.68	2	6.45	26	83.8
对比班 N=33	4	12.12	12	36.36	17	51.51
III水平人数百分比差异性			$Z=2.76$		$P<0.01$	

解答算式题的思维水平评定标准分为三级:

I. 不会解答;

Ⅱ．凭知觉行动、具体形象或逐一计数作出部分或全部解答；

Ⅲ．运用抽象的数群概念正确解答。[1]

在幼儿掌握加减运算由具体向抽象过渡的过程中，口述应用题起到了中介和桥梁的作用，从而对幼儿思维能力的发展有着十分重要的影响。

（三）学前儿童解答和自编应用题的心理特点

1. 幼儿在解答加、减应用题时，常会受题目中内容和情节的影响，他们往往把应用题当作一个故事或谜语，而不注意题目中的数量关系和问题，有时是被题目中的情节内容所吸引而忘记计算的任务。如给幼儿口述这样一道应用题："小红有5支铅笔，给了小强4支，小红还剩下几支笔？"有的幼儿不回答问题，而说"分给小强太多了"，"小红留下的铅笔太少了"。从这里可以看出，幼儿受题目中情节的干扰，而不注意题目里的数量关系和问题。又如"动物园里有2只大熊猫，1只小熊猫，动物园里一共有几只熊猫？"有的幼儿马上就说："星期天妈妈带我去动物园，也看见大熊猫。"幼儿被应用题中情节所吸引，而忘记了计算的任务。

2. 幼儿在学习自编应用题时，常常因为对应用题的结构理解、掌握较差，表现出以下问题：

大多数幼儿不会提出问题，常直接说出答案。如："树林里有3只小鹿，又跑来了1只，树林里一共有4只小鹿。"

有的幼儿不会提问，编题也不完整。如："妈妈给了我1个苹果，爸爸又给了我1个苹果。"幼儿说到这儿，后面就没有话了，他既没有提出问题，也没有把题目编完整。

还有的幼儿所编的应用题不符合生活逻辑或事物发展的规律。如："小明上午吃了7个桃子，下午又吃了3个桃子，他一共吃了几只桃子？"

---

[1] 林嘉绥、李丹玲编著：《学前儿童数学教育》，北京师范大学出版社1994年第2版，第167页。

从上述情况可以看到，幼儿学习自编应用题是有一定困难的，提出这样的要求可能是过高了。为了让幼儿对应用题有较好的理解，教师可引导幼儿用描述和模仿的方法，学习自编应用题。这种方法幼儿容易理解，也比较容易掌握，同时通过描述应用题，模仿教师编题，可以使幼儿对应用题的含义和结构有较好的理解，也为幼儿以后学习自编应用题积累必要的感性经验。

第二节 学前儿童 10 以内加减运算的教育

一、10 以内加减运算教育的要求

（一）会解答简单的加减（求和、求剩余）口述应用题

（二）学习 10 以内数的加减法，理解加减的含义；认识加号、减号、等号，认识加减算式并知道算式表示的含义

教师应该明确，幼儿阶段，学习 10 以内加减运算，主要应引导幼儿在动作与表象水平上理解加减的含义，会解答简单的加减口述应用题，帮助幼儿积累加减运算的感性经验，为幼儿以后的学习打下良好的基础。同时教师应根据本班幼儿的发展水平，对其学习 10 以内加减提出恰当的要求。学习 10 以内加减，对幼儿来说是一项较难掌握的内容，这一内容的学习更具有启蒙和初步的性质。因此对幼儿的学习不要作出统一的规定和要求。

二、10 以内加减运算教育的指导要点

（一）10 以内加减教学活动的安排

为了使幼儿对加减概念有较清楚的理解，教师在进行 5 以内加减教学时，可将加减分开进行教学。如先引导幼儿学习 3 以内的加法，再引导幼儿学习 3 以内的减法。这样安排，可将幼儿学习加减运算中的难点分散。在学习加法时，幼儿主要是要理解加法的含义，学习解答加法口述应用题。而在学习减法时，教师的注意力则在帮助幼儿理解减法的含义，学习回答减法口述应用题。

在 6～10 的加减运算教学时，加与减可结合起来进行教学。如

$5+1=6$,$1+5=6$,$6-1=5$,$6-5=1$,这样将4道题组成一个单元引导幼儿学习,不仅可让幼儿感知和体验到,在加法题中两个加数交换位置,它们的和不变,同时在这过程中,幼儿还可以体验数的组成与数的加减之间的关系。加减结合起来进行教学,具体从哪个数开始,教师应根据本班幼儿的发展状况来决定,可以从6开始,也可以从5开始,但应在幼儿对加、减的含义有所认识后进行较为合适。

(二)教师通过口述应用题,帮助幼儿理解加减含义和应用题的结构

1. 教师口述应用题有两种形式,一是在口述应用题的过程中,教师还需运用教具等直观材料进行示范,以帮助幼儿理解应用题的含义和结构。二是教师口述应用题,幼儿进行解答,此时幼儿理解应用题,完全凭借头脑中的表象进行思考,这不仅提高了幼儿智力活动的水平,同时也促使幼儿的加减运算由动作水平的加减向表象水平的加减过渡。为了帮助幼儿听清并理解教师无直观材料伴随的口述应用题,教师在这中间可加一个过渡环节,即应用题中一部分条件,教师运用教具进行演示,而另一部分条件则由教师口述表达。如教师一边在绒板上出示2只小鸡,一边说"草地上有2只小鸡",接着说"又来了1只小鸡"(此时不出现直观材料),问幼儿:"草地上一共有几只小鸡?"

2. 在教师口述应用题后,可引导幼儿学习复述应用题,以帮助幼儿理解加减的含义和了解应用题的结构。

例如,教师示范编题。教师拿出1本书,说:"我有1本书。"再拿出1本书,说:"我又买了1本书。"提问:"我一共有几本书?"

提问:"谁能照着老师说的样子再说一遍?"可请几名幼儿模仿教师的叙述,口述上述加法应用题。

请幼儿利用直观材料和观察教师的动作,尝试独立地口述应用题。如:

教师左手拿1本书,右手拿2本书。

教师先拿来1支铅笔,又拿来1支铅笔。

绒板的树上有2只小鸟,地上有1只小鸟。

教师手拿1个红气球,2个黄气球。

(4) 在引导幼儿学习复述加法应用题后,再学习复述减法应用题。[1]

(三) 教师提供材料,让幼儿通过自己的操作活动,感知和体验加减运算的含义和应用题的结构

在幼儿学习加减应用题的过程中,还需要研究和解决一个问题,即教师应为幼儿提供什么样的情景和材料,使幼儿能够独立操作和思考,能够运用自己的特有策略解答问题,使每一个幼儿都能在操作中尝试解决问题,获得发展和进步。一些幼儿园的教育实践提出了两种做法,这两种做法都让幼儿有较多操作和探索机会学习加减运算。

1. 教师提供幼儿学习加减运算的背景图,让幼儿在图上摆放材料,并引导幼儿讲述操作过程。通过幼儿的实际操作和讲述操作过程,使幼儿感知和体验加减运算的含义和应用题的结构,帮助幼儿积累了加减运算的感性经验,也就是说让幼儿在操作中获得了加减运算的动作图像,而这是幼儿建立加减运算概念的基础。如教师给幼儿提供了"草地上有2只小兔"的背景图,幼儿的小盘中有2只或3只小兔(这些可为贴绒或磁性学具,以便于幼儿使用)。幼儿可随自己的想法在背景图上摆放1只(或2只、3只)小兔,放好后,再说一说这件事:"草地上有2只小兔,又来了1只(或2只、3只),草地上一共有3只小兔。"

教师提供的背景图可以多种多样:"小河中的鸭子"、"鱼缸中的鱼"、"树上的小鸟"、"停车场上的汽车"等等。幼儿盘中的材料不要过多,数量为2~3个即可以了。幼儿开始操作时,以学习5以内的加减为宜,因数量较少,幼儿在辨认数量时不会有困难,这样他的注意力可集中在对应用题中数量关系的感知上。

教师提供的材料可以是各个幼儿都不相同,也可以是一个组的幼

---

[1] 北京培华人才培训中心组编:《幼儿园教育活动设计》(大班教师用书),海洋出版社1998年第1版,第106~107页。

儿是同样的内容,幼儿在玩完这组内容后,可再去其他组活动。

2. 引导幼儿观察表达加减运算的图片,并学习讲述图片内容,使幼儿理解加减运算的含义和应用题的结构。

教师将加减应用题设计为三幅图,第 1 幅图表示的是事物原有的数量,第 2 幅图表示的是该事物数量的变化过程(增加或是减少),第 3 幅图表示的是该事物变化后的数量,这幅图中直接地表现了问题的答案。这样的设计目的是让幼儿通过观察、讲述三幅图的内容,感知和理解应用题中的数量关系和应用题的结构。教师将加减应用题设计为三幅图后,就可以让幼儿独立地观察、讲述图意,而不必让所有幼儿都在教师的直接指导下进行操作或回答问题。这样做可充分发挥幼儿学习的主动性和积极性,并使幼儿之间能进行交流和学习。

教师在引导幼儿观察三幅图时,应注意以下几个问题:

首先,教师应向幼儿指出三幅图讲的是一件事,让幼儿明白三幅图的内容是有联系的,应连起来看和思考。幼儿在观察三幅图时,往往不易看清第 2 幅图的图意,因为第 2 幅图表达的是事物的变化过程,而画面是静止的状态,幼儿不易从静止的画面上看出事物的变化。因此教师应重点指导幼儿观察第 2 幅图,教师可通过引导幼儿观察图中物体的朝向、姿势等判断它的变化状况。如,小动物的头朝向第 1 幅图时,说明它跑过来了,数量是增加了;如果小动物的头朝向第 3 幅图时,说明它跑走了,数量减少了。

其次,引导幼儿讲述三幅图的图意,使幼儿通过自己的讲述,理解应用题中所表达的数量关系。应用题的讲述应该清楚、简洁,每幅图只需用一句话来表达。怎样让幼儿用一句话把图意讲清楚? 教师应通过自己对每幅图的明确提问,帮助幼儿学习讲述图意。如讲述第 1 幅图时,教师的问题是:"什么地方有几个什么?"在幼儿回答这一问题时,他只需将疑问词换上明确的词语就行了:"草地上有 1 只鸡。"在幼儿讲述过程中,教师还应注意幼儿用词的准确性,幼儿在讲述第 3 幅图时,往往不能正确使用"一共"或"还剩"这两个词。教师应让幼儿了解第3幅图物体的数量和第1、第2幅图有关。如"草地上有1只鸡",这时"又跑来了1只",于是草地上有了2只鸡。这2只鸡是原来的1只加上又跑来了1只,因此应该用"一共"这个词来表达第3幅图,即应该说"草地上一共有2只鸡",而不能说成"草地上有2只鸡",因为这样的讲述没有讲清楚草地上怎么会有2只鸡的。

第三,引导幼儿用数字、符号列出算式,表达三幅图中的数量关系。也就是说,引导幼儿用数字、符号将三幅图的图意记录下来。列出算式后,应请幼儿说说这道算式表示的是什么意思,即让幼儿看着算式讲述应用题,使幼儿对抽象的算式所表达的含义有清楚的认识,知道每个数字和符号所表示的意思。

例如,"看图学习2的加法"

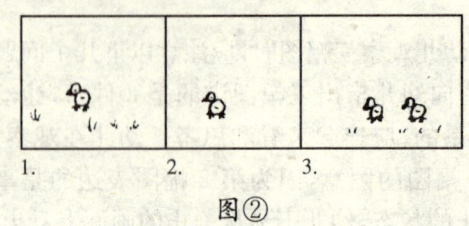

图②

教师出示图②,引导幼儿观察。

"这三幅图说的是一件事,每幅图用一句话就可讲清楚了。请小朋友仔细看,看完后讲给大家听。""先讲第1幅,什么地方有谁?"(草地上有1只鸡)"第2幅图应该怎么讲?"(又来了一只鸡)"请把第1、2幅连起来讲。""第3幅谁会讲?"(一共有两只鸡)"谁会把这三幅图连起来说?"幼儿个别或集体讲述三句话。"我们怎样把刚才的事记下来呢?草地上有1只鸡怎样表示?又来了1只鸡怎样表示?一共有两只鸡怎样表示?"幼儿边回答老师边用数字记录。"用什么符号表示又来了呢?(+)用什么符号表示一共有呢?(=)"(指+)"这是什么符号?"(加号)"怎么读?"(加)(指=)"这是什么符号?"(等号)"怎么读?"(等于)(指1+1=2)"这道算式什么意思?我们一起说说看。"教师边指数字、符号边讲述图意(两者对应如下):

$$1 \quad + \quad 1 \quad = \quad 2$$

草地上有1只鸡， 又来了1只鸡 一共有 两只鸡

在幼儿能正确讲述三幅图的图意后,教师可将第3幅图换成带问号(?)的图(见图③)。此时的要求是让幼儿学习应用题的提问,如"池塘里有4只鸭子,又来了1只鸭子,池塘里一共有几只鸭子呢?"幼儿会讲述应用题,但要他们提出问题还是有困难的,他们往往直接说出了答案。幼儿在学习看三幅图讲述应用题的后阶段,教师将第3幅图换成问号(?)图,这有助于幼儿学习提问,因为出示的问号对幼儿有提示作用。

图③

教师还可引导幼儿看一幅实物图,看点图学习加减运算(见图④)。

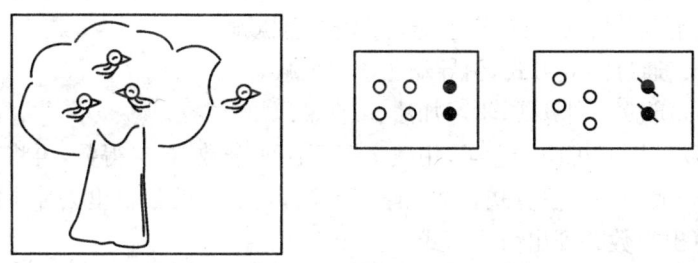

图④

教师在向幼儿介绍一种新的活动形式时,所提问题中的加减数目应相对小一点。这样可使幼儿在辨认数量时不感到困难而能集中注意理解新活动形式的特点和规则,使幼儿能按新的规则解答加减问题。

(四)引导幼儿运用组成经验学习加减

数的组成是抽象加减运算的基础,幼儿在学习加减运算的过程

中,一般都不太会运用组成经验来解答加减问题。因此教师要给予引导,使幼儿逐步地会运用组成的经验来学习运算。教师开始可出示实物图,让幼儿看图列分合式,并列出加减算式。如实物图为3只猫,其中1只小猫,2只大猫;2只红猫,1只蓝猫。按分合式记录,即3只猫中有1只小猫,2只大猫;2只红猫,1只蓝猫,其分合式见图⑤,其加减式为2+1=3,1+2=3,3-1=2,3-2=1,即1只小猫加2只大猫一共是3只猫,3只猫减去1只小猫还剩2只大猫……(见图⑤)。

 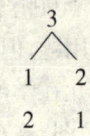

图⑤

以后教师可让幼儿直接看分合式列出加减算式。如教师出示2的分合式,问幼儿:谁会把2的分合式列出一道加法算式、一道减法算式?幼儿列出后,再请说说:"加法题表示的是什么意思?"(1和1合起来是2)"减法题表示的是什么意思?"(2可以分成1和1,减去1个1还剩下1个1)

(五)运用多种形式,引导幼儿学习加减运算

1. 通过游戏形式,引导幼儿学习加减。

如掷骰子列算式,学习加法、减法。

幼儿同时掷两个骰子,用数字记下这两个数,算出得数,再将这两个数列成一个加法算式。如果学习减法,则从大的数目里去掉小的数目,算出得数并列出减法算式。

又如算式接龙,每张卡片的右边为一数字,此数字为另一算式的得数,卡片的左边为一算式题(见图⑥)。

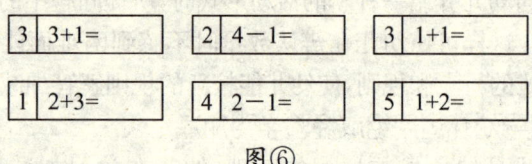

图⑥

再如幼儿听铃声,列算式,算得数。在游戏时,教师分别敲两次铃(两次总数不超过 10),幼儿将两次铃声相加(或减),算出得数。

学习加减运算的游戏有很多,教师可结合教学情况进行选择。

2. 结合日常生活和游戏活动,引导幼儿学习加减运算。

在日常生活中,教师可结合有关情景和事例,引导幼儿学习加减运算。例如,幼儿自己制作玩具,修补图书,帮助弟弟、妹妹等,教师就可启发幼儿说一说"自己做了几样玩具(或补了几本图书……)?""算一算两个人一共做了几样玩具(或一共补了几本书……)?"

幼儿通过玩"商店""超市"游戏,玩各种棋类活动,可使 10 以内的加减运算得到复习和巩固。

3. 在大班后期,教师根据幼儿的发展情况,还可以引导幼儿学习一些逆向思维的加减应用题,以促进其思维的发展。

例如:"原来房子里有几位小朋友"

引导幼儿看实物图,学习讲述图意。

(1) 引导幼儿仔细观察实物图(图⑦),并讲述图意。"这三幅图说的是一件事,请把每幅图的意思用一句话说清楚。"图一:"图上有谁? 在干什么? 走掉了几个小朋友呢?"(从房子里走出来了 2 个小朋友)图二:"在什么地方有谁? 有几个小朋友呢?"(房子里有 3 个小朋友)图三:"什么地方有谁?"(房子里有 5 个小朋友)"什么时候房子里有 5 个小朋友?"(原来房子里有 5 个小朋友)"什么时候房子里有 3 个小朋友的?"(现在房子里有 3 个小朋友)

图一　　　　图二　　　　图三

图⑦

(2) 连贯讲述 3 幅图。"谁能把这三幅图的意思连起来说一说?"

(从房子里走出来2个小朋友,现在房子里有3个小朋友,原来房子里有5个小朋友)

引导幼儿看这类实物图,目的是要让幼儿学会看图,能理解和讲述图意,以达到训练幼儿思维的问题,不应要求幼儿列出算式进行运算。

又如:"现在有几只苹果"

有三张图片:盘子里有4只苹果

小朋友手拿2只苹果

盘子里有6只苹果

教师将三张图片作不同的排列顺序,引导幼儿讲述图意。如:

(1) A. 4只苹果　　B. 小朋友手拿苹果　　C. 6只苹果

表示意思:盘子里有4只苹果,小朋友又拿来了2只苹果,现在盘子里有6只苹果。

(2) A. 6只苹果　　B. 小朋友手拿苹果　　C. 4只苹果

表示意思:原来盘子里有6只苹果,小朋友拿走了2只苹果,现在盘子里有4只苹果。

(3) A. 小朋友手拿苹果　　B. 6只苹果　　C. 4只苹果

表示意思:小朋友拿来了2只苹果,现在盘子里有6只苹果,原来盘子里有4只苹果。

(4) A. 6只苹果　　B. 4只苹果　　C. 小朋友手拿苹果

表示意思:原来盘子里有6只苹果,现在盘子里有4只苹果,小朋友拿走了2只苹果。[1]

教师将三张图片作不同的排列,目的是引导幼儿感知物体数量变化的过程及关系,并能根据排列顺序,学习讲述图意。

这两组活动都对幼儿思维的可逆性、灵活性的发展有着积极的作用。

---

〔1〕 江苏省教育委员会编写:《幼儿教育活动教师用书》(幼儿数学画册),江苏少年儿童出版社1995年第1版,第150~151页。

学前儿童几何形体概念的发展和教育[1]

形状是物体的一种空间存在形式,几何形体是对客观物体形状的抽象和概括。几何形体包括平面图形和立体图形。引导幼儿认识常见的几何形体,是学前儿童数学教育的重要内容。向幼儿进行几何形体的教育,对幼儿的发展有着重要的影响。幼儿通过认识几何形状,可以提高和改善幼儿的空间能力,如提高手眼协调能力,物体在头脑中的位移与旋转能力,物体知觉的恒常能力等等;几何形体的认识是数学概念学习的桥梁和基础,如学习加减运算可用线段来表示,幼儿时期将数形结合进行教学,使直观与抽象、感知与思维能够结合起来;几何形体的认识,还将发展幼儿空间想象能力和解决问题的能力。

第一节 学前儿童几何形体概念的发展

一、学前儿童认识几何形体的特点

（一）儿童在其生活中积累了对物体形状认识的最初的经验

数学由两个概念所构成,一个是数,一个是形,这两个方面都是现实世界的一部分。在幼儿的生活世界中,处处都可见到各种形状的物体。如,各种树叶、果实、矿石的形状,而人们建造的各种建筑物、运动器具、艺术作品等等,也都与几何形体有关。幼儿从小就生活在这样一个几何空间中,他们每天都会接触到各种形状的物体,同时也不断

---

[1] 本文系《学前儿童数学教育》(西南师范大学出版社2001年2月第1版)一书的第八章。

地运用着形状与空间的概念。如教师请小朋友把"球"放进"筐里";小明向同伴要1块"圆"积木;妈妈请文文把"方"围巾拿过来,等等。

很小的婴儿已经能够辨别不同的形状。有一些实验研究能说明这一问题。

在范兹(Fantz,R. L. 1963年)的实验中,8周的婴儿对2个三角形注视的时间相同,而对三角形和靶心图注视的时间则不同。说明婴儿已能区别两种不同的形状。

苏联文格尔(Л. H. BeHΓep)的研究说明,4个月的婴儿已经基本上能够按形状识别物体。美国的戴(Dey)和麦克肯捷(Mckenjie)1973年及卡龙(Caron)等1979年的资料也表明,4个月以内的婴儿具有形状知觉的恒常性。[1]经验表明,乳儿可以根据瓶子的形状认出他的奶瓶。3岁的幼儿已能正确地找出相同的几何图形,可以从许多的物体中寻找出与几何图形相似的图形。如小班幼儿认识过圆形后,他们能找出许多像圆形的物体。这些物体有皮球、足球、篮球、西瓜、苹果、瓶盖、挂钟等。

(二)学前儿童认识几何形状不仅需要视觉的感知,还需要通过触摸的动作进行感知

物体属性之一的形状,需要用不同的分析器——视觉的、触觉的、动觉的来感知。实验证明,当视觉、触觉、动觉相结合时,儿童对几何图形感知效果较好。苏联鲁兹卡娅(Руская)的实验,要求幼儿看见三角形时捏左边的杠杆,看见正方形时捏右边的杠杆。如果幼儿正确完成任务,玩具汽车会自动从车库开出来。3岁~4岁儿童在这样的实验中常常发生错误。当实验者训练幼儿用手沿着三角形和正方形的轮廓移动,同时用眼睛看着这些图形,帮助幼儿觉察手的动作的变化,每次摸到拐角处时,用口头数数,知道数到3是三角形,数到4是四边形。经过这样的训练,幼儿在完成杠杆任务时,正确率有所提高。苏南诺娃(СунановаH. B.)的实验中,对三角形、圆锥形、椭圆形等几何

---

[1] 陈帼眉编:《学前心理学》,人民教育出版社1989年第1版,第83页。

形体,如果在训练中幼儿先看和摸,即视觉和动觉都参加,那么以后单纯依靠用手摸时,大部分幼儿能较容易地完成任务;如果始终没有视觉参加,只是依靠手摸,则错误率较高,4岁儿童达90%,5岁儿童达62%,6岁儿童达30%,7岁儿童达5%。

研究儿童的作为认识工具的手的动作的发展表明,3岁儿童的手的动作与抓握的动作相似,而不是和摸的动作相似。4岁儿童的手的动作已经出现手掌和手指前部表面的积极的触摸运动。触摸是用一只手进行的,指尖不参加触摸的过程。5岁~6岁儿童用两只手触摸物体,两手相向运动或分开。但是还缺少对物体整个轮廓的系统观察。最后,6岁儿童开始用指尖连续地用心观察图形的整个轮廓。触摸运动好像在照着物体的形状制作模型。[1]

在感知几何形体时,不仅要使手、眼协调作用,而且应让幼儿用语言来描述感知的过程,这将对形体的感知起到重要的作用。因为通过语言的描述,会使幼儿对形体特征的认识更为清楚。

二、学前儿童几何形体概念发展的年龄特点

学前儿童辨别形状的能力随年龄增加而不断提高。研究表明,学前期各年龄儿童正确辨认形状的人数的百分比如下:4岁~5岁为23.8%;5岁~6岁为58.8%;6岁~7岁为63.8%。[2]

天津幼儿师范学校心理组(1979年)对3岁~7岁幼儿进行认识几何图形的实验研究,结果如下:

(1) 儿童按直观范例选择图形的正确百分率高于按图形名称正确选择的百分率,年龄越小,两者的差别越大。

(2) 幼儿正确选择图形的百分率高于正确说出图形名称的百分率。

(3) 幼儿正确认识图形(包括正确选择和正确说出名称)的百分

---

[1] (苏)列乌申娜著,曹筱宁、成有信、朴永馨译:《学前儿童初步数概念的形成》,人民教育出版社1982年第1版,第106~107页。

[2] 丁祖荫著:《儿童心理学》,山东教育出版社1984年第1版,第143页。

率随年龄而逐步提高。而完成选择任务所用的平均时间,则年龄越大时间越短。

(4) 幼儿对各种图形的正确认识率以圆形最高,正方形、等边三角形、半圆形、长方形次之,梯形、菱形最低。

(5) 幼儿还不善于辨别图形的细微差别,例如容易将等腰三角形、等边三角形和直角三角形混同;不能区别圆、半圆和椭圆。[1]

丁祖荫等(1985年)对幼儿辨认物体平面形状能力的发展进行了多项综合研究。

实验中要求受试幼儿辨认的形状共12种,它们是圆形、正方形、长方形、三角形、扇形、梯形、椭圆形、半圆形、菱形、平行四边形、六角形及八角形。

实验分同位配对、异位配对、命名、指认和拼合5个部分。

测查结果:

(1) 幼儿认识形状的种类逐渐增多,正确辨认百分率逐班提高。各年龄班正确认识12种形状的平均百分率见下表:

各年龄班幼儿正确认识12种形状的百分率

年龄组	配　对	指　认	命　名
小　班	91.2	54.1	44.8
中　班	99.0	74.8	71.2
大　班	99.1	82.2	76.8

(2) 幼儿辨认形状时,配对最容易,指认次之,命名最难,其关键在掌握形状名称。

(3) 本实验中,幼儿掌握8种形状的难易顺序,自易到难,依次为圆形、正方形、三角形、长方形、半圆形、梯形、菱形和平行四边形。

─────────

〔1〕朱智贤主编:《中国儿童青少年心理发展与教育》,中国卓越出版公司1990年第1版,第21～22页。

(4) 形状位置的变动可以影响幼儿对形状的正确辨认。

(5) 形状拼合需要较高水平的形状辨认能力。幼儿拼合图形的正确率随年龄班而提高,但形状拼合的正确率并非简单地取决于所需拼合的分块数的多少,而更决定于儿童能否认识各分块在整体结构形式中所占的位置。[1]

研究者认为,5岁半是儿童认知平面几何图形迅速发展的时期。[2]

研究表明,3岁～4岁的幼儿常把几何图形理解为平常的玩具,并按他们熟悉的玩具名称来称呼它,如把圆形叫做皮球,正方形叫做饼干,三角形叫做红领巾等。在成人的教育影响下,幼儿改正了对几何图形的认识,他们不再把图形与物体等同起来,而能将图形和认识的物体进行比较。如幼儿能这样说:"正方形像手帕。"

大班幼儿有可能理解几何图形的一些初步概念,幼儿能认识几何图形的基本特征和图形之间的简单关系。如正方形可以平分为2个三角形或2个长方形,长方形可以分出1个正方形和1个小长方形;也可以用3个等边三角形拼成梯形,2个直角三角形拼成长方形等(见图①)。

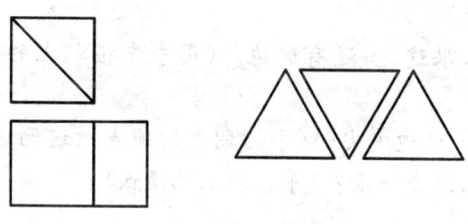

图①

但是学前儿童对几何图形的认识还深受知觉和视觉形态的影响,他们往往不能以图形的基本特征作为界定图形的主要因素。如果图

---

[1] 朱智贤主编:《中国儿童青少年心理发展与教育》,中国卓越出版公司1990年第1版,第22～23页。

[2] 陈帼眉编:《学前心理学》,人民教育出版社1989年第1版,第85页。

形不按习惯的位置摆放,幼儿常常会认不出它,如将正方形偏转45°后,幼儿就认为它不是正方形了。我国台湾的周淑惠曾与4岁~6岁的儿童进行谈话,在谈话中,儿童表达的看法充分地说明了这一特点。

例:"翻转三角形"(该幼儿4岁多,中班)

笔者:这是什么形状?

幼儿:三角形。

笔者:这是三角形,好聪明喔!知道这是三角形,那么这样子呢?(将小卡片当幼儿面翻转,使顶点朝下指)

幼儿:不知道。

笔者:不知道呀!再想想看,这是什么形状?

幼儿:不知道。

笔者:好!那么这样子呢?(将卡片翻转回原态)

幼儿:三角形。

笔者:告诉老师,什么叫三角形?

幼儿:这边有三个角,这样子叫做三角形。(用手指整个图形)

笔者:这边有什么?

幼儿:这边尖尖的,跟这边,还有这边。(用手先指朝上的顶点,再陆续指其余两角)

笔者:喔!我懂了。这边尖尖的(手指朝上的顶点),这两边也尖尖的。还有这边是上面,还是下面?(手指朝上的顶点)

幼儿:上面、左边。

笔者:上面、左边?

幼儿:右边。

笔者:喔!上面、左边、右边都是尖尖的。好!那么这样子呢?这是什么形状?(将卡片当幼儿面翻转,使顶点朝下)

幼儿:不知道。

笔者:好!谢谢你。

(该幼儿5岁多,大班)

笔者:这是什么形状?

幼儿:三角形。

笔者:三角形啊!你告诉我,什么叫三角形?

幼儿:三角形像一座山。

笔者:像一座山啊!好!这是什么形状?(将卡片当幼儿面翻转,使顶点朝下)

幼儿:不知道。

笔者:不知道喔,那么这样子呢?(将卡片翻转成原状)

幼儿:三角形。

笔者:这样子叫三角形,那么这样子呢?(将卡片再次翻转使顶点朝下)

幼儿:没有什么形!

笔者:这样子呢?(将卡片再次翻转成原状)

幼儿:三角形。

笔者:什么叫三角形?来,再讲一次,什么叫做三角形?

幼儿:像一座山。

笔者:喔,像一座山,像这样子是吗?(指着回复成原态的卡片)

幼儿:对。

笔者:好!谢谢你!

"正方形旋转45°"(该幼儿5岁多,大班)

笔者:这是什么形状?(手持正方形小卡片)

幼儿:正方形。

笔者:好,那,这是什么形状?(将小卡片当幼儿面旋转45°)

幼儿:菱形。

笔者:菱形,可是你刚刚跟我说这是正方形,现在又告诉我这是菱形,那到底它是什么形状?(手摇晃小卡片,最后又回到原状)

幼儿:正方形。

笔者：好，这是什么形状？（将小卡片旋转45°）

幼儿：不知道。

笔者：不知道？（手指着旋转了45°的小卡片）

幼儿：这样就是菱形。

笔者：这样就是菱形喔！好，那么怎么样叫正方形？

幼儿：这样子就叫做正方形。（将小卡片转回原态）

笔者：喔！那么这样子呢？（将小卡片转回45°）

幼儿：菱形。

笔者：这张卡片，你刚刚告诉我是正方形，现在你又告诉我是菱形，到底这张卡片是正方形还是菱形？（手摇小卡片）

幼儿：正方形。

笔者：可是你刚刚又跟我讲是菱形？

幼儿：这样本来就是菱形啊！（将卡片旋转45°）

笔者：这样本来就是菱形啊！好，谢谢！！

（该幼儿满6岁，刚上小学）

笔者：这是什么形状？（手持正方形小卡片）

幼儿：正方形。

笔者：这是什么形状？（将小卡片当幼儿面旋转45°）

幼儿：哎……菱形吧！

笔者：那这张卡片到底是什么形状？（将小卡片在原状与45°间摇晃）

幼儿：从这里看是……从那里看是……不知道（手旋转小卡片）

笔者：告诉我什么是正方形？

幼儿：有四个角，很正。

笔者：很正？

幼儿：上面都平平的，这边、这边、平平的（用手指卡片的上边、两侧边）。

笔者：这张卡片到底是什么形状？（手左右摇晃正方形小卡片）

幼儿：哎……不知道……正方形？不知道。[1]

三、学前儿童认识几何形体的难易顺序

（一）先认识平面图形，再认识立体图形

（二）认识平面图形的难易顺序，根据研究和教育实践的情况，比较一致的看法是先圆形,后正方形、三角形、长方形、半圆形、椭圆形和梯形等

（三）认识立体图形的难易顺序是：球体、正方体、圆柱体、长方体

幼儿对图形认识的难易顺序，主要与幼儿的生活经验及教育训练有关,幼儿日常生活中经常接触的形状认识较早,同时如成人教过幼儿,也会使他较一般幼儿认识得早。如一般幼儿对菱形、梯形不易认识,但实验中有些儿童能正确说出它们的名称,经了解,是因为家长或教师已经教过。幼儿认识几何图形的难易顺序还与形体本身的复杂程度有关。

第二节 学前儿童认识几何形体的教育

一、学前儿童认识几何形体教育的要求

（一）小班

认识圆形、正方形、三角形,正确说出图形的名称,能够在周围环境中寻找和图形相似的物体。

（二）中班

1. 认识长方形、椭圆形、梯形,正确说出图形的名称,知道正方形、长方形、三角形的基本特征（如正方形有4个一样大的角,4条一样长的边；长方形有4个一样大的角,有4条边,2条边长,2条边短,对着的2条边一样长；三角形有3条边、3个角）。

2. 初步感知图形之间的简单的关系,如知道2个正方形可以拼成1个长方形,1个正方形也可以分成2个长方形或2个三角形等。

---

[1] 周淑惠著：《幼儿数学新论——教材教法》,心理出版社1995年第1版,第148～151页。

3. 学习不受颜色、大小和摆放位置的影响,正确辨认图形。

(三) 大班

1. 认识正方体、长方体、球体、圆柱体,能正确说出名称。

2. 学习区分平面图形和几何体,知道平面图形只有长短、宽窄,几何体有长短、宽窄和高低(厚薄)。

3. 学习制作立体图形,感知立体图形和平面图形之间的关系。

4. 学习将 1 个实物或形体分成相等的 2 份或 4 份,知道分后的每一份都比原来的实物或形体小;2 份或 4 份合起来仍是原来的实物或形体。

二、学前儿童几何形体教育的指导要点

(一) 几何形体教育应与幼儿生活经验紧密联系

幼儿生活中接触到各种物体,它们具有多种形状,这些形状与几何形体有着很多的相似之处。引导幼儿感知这些相似之处,将为幼儿认识几何形体积累丰富的感性经验。同时结合幼儿的生活经验进行形体教育,也是符合幼儿学习的特点的。

例如,纽扣、镜子、盘子、气球、杯盖、车轮等像圆形;方桌、方凳、手帕、围巾、饼干等像正方形;红领巾、三角旗、三角围巾、三角尺等像三角形。

吃的元宵、肉丸是球体;豆腐是长方体或正方体,牙膏盒、肥皂盒是长方体;笔筒、固体胶棒、胶卷盒、铅笔是圆柱体等。教师可请幼儿在家中搜集这些材料,将其放在数学角中。幼儿可将这些物体与几何形体的图片进行对照、比较,感知它们的相似之处。

教师也可利用这些搜集到的材料进行教学活动。在活动中,让幼儿充分地摆弄、触摸各种几何形体和实物,在观察、比较的基础上,感知到几何形体的基本特点,几何形体与实物之间的相似之处。并引导幼儿说一说几何形体的基本特征,以及它与实物有哪些相似之处。通过描述,可以使幼儿获得的印象更清楚、更明确。

教师还可以启发幼儿将实物与相似的形体进行匹配,或根据教师所说的形体名称,拿取相应的形体或相似的实物,这都可以巩固对几何形体基本特征的认识。

（二）教师在引导幼儿认识几何形体时，应让幼儿运用视觉、触觉、动觉感知形体的特征

如让幼儿用手指触摸正方形的边和角，可启发幼儿边摸边说："这是边，这是角……"最后数一数，正方形一共有几条边、几个角，在此基础上，让幼儿学习正方形的名称。再启发幼儿想一想，找一找，哪些东西像正方形。又如让幼儿认识球体，教师向幼儿展示各种球体物品（如玻璃球、乒乓球、皮球等），请每人拿1个球体物品，让他们充分地触摸、摆弄（如放在桌上、地上看它会怎样），还可以让幼儿拿1个塑料圆形片，观察、比较球体物品与塑料圆形片有什么不同。使幼儿认识到，球体无论从哪一个方向看都是圆的，放在桌上或地上它会向任何方向滚动。

在幼儿认识立体图形时，教师可以和幼儿一起搜集一些包装盒，然后指导幼儿把盒子拆开（要沿接缝拆开，避免把盒子拆坏）。盒子拆开后，让幼儿看一看，数一数，拆开后的盒子，它有几个面？这些面都是什么形状的？并让幼儿把拆开的纸盒平压在一张白纸上，请幼儿用笔将纸盒的轮廓描下来，然后照盒子的折印把描好纸盒轮廓的纸也折好，这时幼儿可以看到描好的纸上有6个图形，可以让幼儿数一数，说一说它们是什么形状。以后再请幼儿将拆开的纸盒粘贴好，还原为一个纸盒。通过这样的活动，使幼儿感知到立体图形与平面图形之间的关系。

教师也可提供材料纸，让幼儿学习制作一个正方体或长方体的盒子。

（三）让幼儿在操作活动中感知和体验几何形体的基本特点

例如，让幼儿按图片寻找相应的形体匹配，在钉板上用橡皮筋绷图形，用几何图形纸片拼图，将图形进行分割等等，这些都可让幼儿对形体特征有更清楚的认识，同时还可在拼图、图形分割的过程中体验到平面图形之间的关系。

在钉板上用橡皮筋绷图形，教师可以要求幼儿绷出1～2个图形，绷出什么样的图形可以是教师指定的，也可以让幼儿自己决定。教师还可以要求幼儿绷出2～3个不一样的图形。幼儿绷出图形后，应让他说出所绷图形的名称（见图②）。

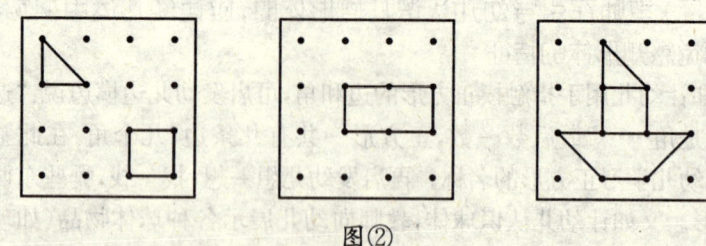

图②

几何图形拼图是指用几个相同或不同的几何图形拼成1个大的图形;图形分割活动是指将1个几何图形分割成几个小的相同的或不同的几何图形(见图③)。

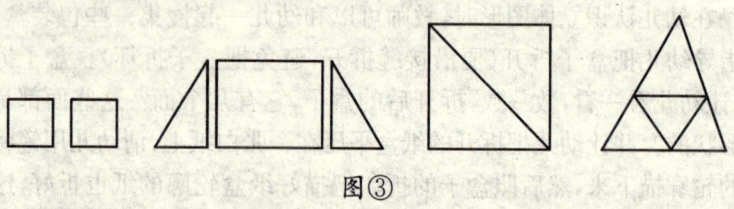

图③

幼儿开始学习时,教师可提供范例让幼儿边观察范例,边进行操作。幼儿在按范例进行拼图或图形分割的活动中,可以对图形之间的关系有所感知和体验。如他发现了4个小正方形可拼成1个大正方形,2个长方形可拼成1个正方形;1个正方形可以分割成2个长方形或2个三角形等(见图④)。

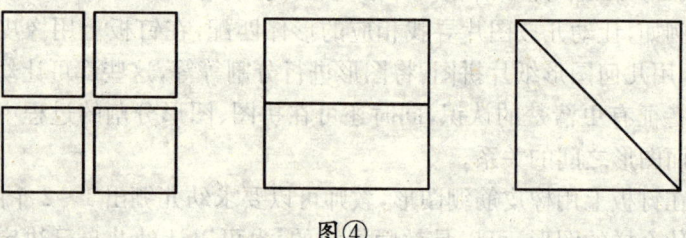

图④

以后,教师可启发幼儿按自己的想法,独立地进行图形拼图和图形分割活动。

图形拼图和图形分割活动还可以和计数活动结合起来,即让幼儿在拼图和图形分割活动后,数一数他用了几个什么图形拼成1个什么图形,或将1个什么图形分割成几个什么图形。如他将4个小的长方形拼成1个大的长方形,或将1个正方形分割成2个长方形或4个小长方形。

在这一活动中,可以让幼儿感知到整体与部分之间的关系,让幼儿知道整体可以分出部分,部分合起来仍是原来的整体;整体大于部分,部分小于整体。如幼儿将1个长方形分割为2个三角形,将分出的2个三角形合起来仍是1个长方形。教师还可以为幼儿多准备1张长方形纸,这样幼儿可将剪出的三角形与长方形比较,看看是否是长方形大、三角形小?

教师还可以提供一些小棍让幼儿练习拼搭各种图形。

(四)采用比较的方法引导幼儿感知几何形体之间的相同点和不同点

在幼儿认识几何形体时,如果将两种相近的形体放在一起进行比较,这样可以使被认识的形体特点突出、清楚,容易为幼儿感知和掌握。如认识长方形时,将长方形和正方形比较,让幼儿将这两种形状的纸重叠在一起进行比较,这样他很快地就会发现长方形两条边长,两条边短,长方形和正方形一样都有4条边、4个角。通过比较,幼儿既观察到长方形与正方形不同的地方,也发现了它们之间的相同点。

在将两种形体进行比较时,应注意要突出主要特点。如长方形与正方形不同的地方就在于长方形两条边长,两条边短,对边等长。因此教师提供给幼儿的这两种图形纸时,应该使长方形的宽与正方形的边等长,这样就可突出长方形的另两条相对的边比较长,这样就会使幼儿很清楚地比较出长方形和正方形的不同,感知到长方形的主要特点。

(五)提供幼儿接触多种变化图形的机会,渗透图形守恒的教育

幼儿在认识几何图形时,常受其当时知觉的影响,而不能正确地辨认图形。如图形的大小、形状、位置的变化等,都常会影响幼儿对形

状的正确辨认。在图⑤中,幼儿往往认为图中的"1"是正方形,"2"和"3"则不是正方形;认为"5"是三角形,"4、6、7、8"则不是三角形。

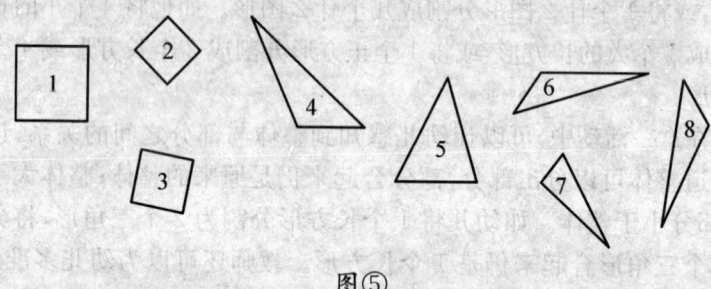

图⑤

因此,在形体教育中教师要注意"变式"的运用,向幼儿提供接触多种变化图形的机会,使幼儿在辨认图形时能排除一些无关因素的干扰(如图形的颜色、大小、摆放位置等)。

教师可提供幼儿玩图形分类、配对、拼图、为图形选标记、勾画图形特征等活动的材料,让幼儿在操作中较好地辨认和掌握图形的基本特征,逐步达到图形守恒。

学前儿童量的概念的发展和教育[1]

量是指客观世界中事物或现象所具有的可以通过测量等手段加以认识的属性。对物体量的认识,是人们对客观世界认识的一个重要部分。认识常见量也是学前儿童数学教育的内容之一。量的认识可帮助幼儿认识和区分周围的物体,促进幼儿感知觉和智力的发展。

量可以分为不连续量和连续量两种。本章只向学前儿童介绍对连续量的认识。

第一节 学前儿童量的概念的发展

人们在观察和认识周围的事物时,常常要比较或测定它们的长短、大小、轻重等等。人们往往从不同的角度进行比较和测量。物体的粗细是指横截面的大小,物体的厚薄是指扁平物体上、下面之间距离的大小,物体的宽窄是指物体横向距离的大小。

一、学前儿童对物体量的认识特点

3岁～6岁儿童已经能够区分很多他们熟悉的物体的大小。但他们对物体的长和宽、高和粗,或同时几个方面发生的变化,都一律用大和小来回答。他们往往把高的、粗的、厚的一律说成是大的,把矮的、细的、薄的则都说成是小的。他们尚不会运用正确的词汇来表示物体的这些属性。

---

[1] 本文系《学前儿童数学教育》(西南师范大学出版社 2001年2月第1版)一书的第九章。

(一)幼儿辨认物体大小能力的发展

杨期正等(1981年)测试了托儿所和幼儿园儿童辨认物体大小的能力。

1. 测试要求1岁~3岁儿童在两个皮球中捡出大的或小的一个,并说出捡出的是大球或小球。测试结果见下表:

1岁~3岁儿童捡出大小球的正确百分率

年　　龄	18月	22月	24月	28月	32月	36月
能按语言指示选择大小物体	20	48	60	88	96	100
能用语言说明大小物体	0	28	40	80	88	100

一般说,18个月前的儿童还不理解大小的含义。成人要求他们选取大球和小球时,不能正确反应,只随便抓起。

18~24个月的儿童已能按成人的语言指示选择大小物体,并有部分儿童能用语言表示大小。但这阶段的儿童在辨认大小时还常表现迟疑、缺乏信心的神情,或者改变正确的选择。

28个月的儿童,大小判断能力明显上升,正确率达到88%,他们能按照语言指示果断地区别物体大小,并能正确地用语言说明大小物体。

2. 3岁~6岁幼儿园儿童,则要求儿童比较常玩的纸鸟的大小,比较正方形和三角形的面积,比较一系列面积不等的正方形的大小。测试结果表明:

3岁儿童一般已能判别图形大小。在一组大小不同的图形中指出哪个图形最大,哪几个图形相等。判别大小的能力,随年龄增长而提高。

3岁儿童完全不能判别不相似图形的大小,如正方形和三角形的大小,即使到6岁也很困难。在大小判别中幼儿逐渐能从凭简单的目测到多方面的比较、测试,以确定大小。

3岁儿童判别较复杂的物体,如两只纸鸟的大小时,也只凭简单的目测决定;4岁儿童能先找出两个物体的相应部分进行比较;5岁~6岁幼儿中甚至有个别儿童能借助其他中介物作为比较的量尺,发展到进一步的比测操作。

婴幼儿判别大小能力的发展与教育条件密切相关。[1]

(二) 学前儿童重量感知的发展

重量是连续量。由于地心引力的作用,物体具有向下的力,这个力的大小叫做重量。重量感知觉的发展是掌握重量概念和重量的测量方法的基础。重量感知觉的发展在幼儿期有重要意义,重量感觉的发展加深了儿童的认识活动。如小的儿童关于重量的概念总是与大的物体体积相联系,可随着重量感觉的发展,他能确信小的物体可以比大的物体重(小皮球比大气球重),儿童知道了大小一样的球由于制作材料不同,它们的重量也就不同。这些实践经验引导儿童懂得了物体重量和体积之间的新的联系。

很小的儿童就可按物体的多少区分所有的物体,用轻、重等词汇表示自己的感觉。儿童在肌肉群的参加下,感受物体的轻重差别。如他们搬动自己坐的椅子和娃娃坐的椅子,感受到两张椅子的重量不一样。

我国有人对幼儿轻重感觉的发展做了初步的实验研究,该实验从感知轻重的差异性、精确性、相对性和对这些特性的理解,以及运用轻重词汇等方面对3岁~6岁幼儿进行了测试。

测试结果表明:

1. 3岁幼儿已能感知和判别有明显差异的两个物体重量的不同。

幼儿用手掂量两个重量分别为140克和15克的瓶子时(瓶子的颜色、形状、体积均相同),能正确回答"它们是一样重还是不一样重"的问题的人数达到80%;而瓶子重量分别为140克与70克时,正确回答的人数只有37%。说明3岁幼儿对重量差异大的物体易于辨别,而差异较小则有困难。正确完成"把重的瓶子给我"(测查对"轻"、"重"词汇的理解)的人数高达90%,但他们还不会运用"轻"、"重"词汇表达自己的感受,只能具体地说明"这里面水多"、"这里面药少"等,能正确

―――――――
[1] 朱智贤主编:《中国儿童青少年心理发展与教育》,中国卓越出版公司1990年第1版。

用"这个重(轻)"回答的人数只有 17%。

2. 4 岁幼儿基本上能用正确词汇表示物体轻重的感知。

4 岁幼儿用"轻"、"重"词汇表示不同瓶子重量的人数已达 53%。此时幼儿对轻重的感觉也有了明显的提高,如他们能从若干对象中找出同样重量的物体。从众多不同重量的物体区别出同样重量的物体,需要幼儿能准确感知和判别哪些物体具有同等重量。

3. 5 岁幼儿判别轻重差异的精确性有较大提高,能理解和运用"轻"、"重"词汇。

5 岁幼儿能正确完成各项任务的人数已达 73%~100%。同时 5 岁幼儿感知轻重相对性的能力发展显著。如对任意并排放着重量分别为 140 克、75 克和 15 克的瓶子(形状、颜色、体积均相同),他们能判别和说出其中哪个最重、哪个比较重、哪个最轻,回答正确的人数达 67%。可以认为 5 岁幼儿已基本上具备了感知轻重和体积的能力。[1]

4. 6 岁幼儿已具备了认识物体重量和体积之间关系的能力。

随着重量感觉的发展,5 岁~6 岁幼儿能够认识到小的物体可以比大的物体重,而大小一样的物体,由于制作材料的不同,它们的重量也可以不同。他们还发现了物体重量和体积之间还存在一种新的、另外的联系,不只是直接的正比关系,还有相反的关系,如大皮球能浮在水面上,而小的金属球却沉到了水底。这种对重量与体积之间关系的新的认识,表示了学前儿童认识能力有新的发展和提高。

二、学前儿童测量技能的发展

量的一个本质特征就在于它是可以测量的,即可以把一个量同一个作为标准的同类量进行比较,这个比较过程就是测量。

测量可扩大人们对周围事物的认识。时间、不同长度、重量等的实际测量可加深人们的时间和空间概念。

皮亚杰曾指出,测量包括了两个逻辑活动。第一个是划分过程,

---

〔1〕 张月华:《3 岁~6 岁幼儿轻重感觉的实验研究》,1982 年北京师范大学教育系毕业生论文。

它使儿童懂得整体是由加在一起的一个数量的部分组成的。第二个是易位或替换过程，它使儿童把一部分和另外一个部分连接起来，从而建立起单位体系。[1]

测量能力的发展比数概念要晚些，因为把连续的整体（如被测的物体）分解成可以置换的小单位，比数一组彼此离散的物体（如豆子或积木）要困难得多。

儿童是怎样解决那些需要用到测量的问题的呢？皮亚杰用由各种形状的积木搭成的塔来研究这个问题。研究者搭好了一座塔，要求儿童在另一张低一些的桌子上搭一座"同我一样高的塔"。为避免将两座塔利用视觉比较高低，研究者用一块屏板将两座塔隔开，但允许儿童自由走动，去观看模型。

处在发展阶段1的儿童，测量的方法只是视觉比较，并不企图应用任何测量工具，如木棒。即使给他一根木棒，问他这木棍对他是否有用，他也还是不会用。如一名4岁儿童先瞧了瞧模型塔，然后就专心地去搭自己的塔，不再去看模型。他感到不满意，于是拆掉重搭，后来又第三次这样做。询问他的塔是否与模型高度相同，他回答"是的"。给他一根木棒，问他这是否能帮助测量，他只是把棒放在他的塔顶上作为装饰而已。

在阶段2，儿童使用了测量工具，但运用得不正确。这阶段较年幼的儿童，仍然缺乏空间的协调观念。为了比较两座塔，儿童需要一个参照系。如果他把棒的两端分别放到两座塔的顶上，那说明他还没有用以解释结果的参照系。儿童这时把塔一直往上搭，到看上去两座塔的塔顶差不多在同一个水平线时为止，这时他仍是靠视觉来判断的。他还没有考虑到两座塔的基础不是在同一水平上这个事实。水平高一些的儿童，他会拿起一根测量棒，把他横在两座塔的顶上，同时思考着两座塔的地基高度是否相同。后来他认识到，它们不在同一水平面上。他想把塔搬到另一座塔的桌子上，这样可更清楚地用视觉进行比

---

[1] 皮亚杰：《儿童是怎样形成数概念的》，《心理学问题》1966年第4期，第25页。

较。但研究者不允许他这样做。最后,他想找另外一样的东西,以作为测量的标准。他想到了用自己的手,他把一只手放在塔顶,另一只手放在塔底,然后尽量保持两手的相对位置,把两只手移到另一座塔旁,看看他的手是否碰到了塔顶和塔底。当他发现这不是一个很好的方法时,他想到用自己的身体,他在身体上与他的塔顶同样高的地方做个记号,同样在和塔底一样高的地方,如膝盖处,也做个记号,然后走到另一座塔的旁边去比较。6岁左右的儿童使用的就是这种方法。儿童固定自己双手的位置作为测量单位,说明已感知到等量关系的传递性。

最后,儿童开始寻找一种比自己身体更为方便的测量工具。他可能想到再另外搭一座和他的塔同样高的塔,而这座塔是允许搬动的。这种方法已包含着数学关系的逻辑了。因为,他造的第2座塔B,在高度上等于他造的第1座塔A,如果他把B塔搬到模型C所在的桌上,塔B在高度上等于他要测量的塔C,那么,这必定意味着A和C的高度是相等的。这个思想在数学上就是等量关系的传递性:若$A=B$且$B=C$,则$A=C$。5岁儿童还不能运用传递思想。6岁~7岁儿童已懂得了等量关系的传递性。

儿童在利用第3座塔作为测量标准以后,他发现用一根棒更加方便。他最初选用一根与要测的塔一样高的棒,后来又选用一根比塔高的棒,他在棒上做了记号。最后在阶段3,他开始选用一根比塔低的棒,用这根棒沿着塔身移动几次,进行真正的测量。

在阶段3,测量是一种智慧或运算的测量。儿童这时能够用任意长的物体作为普通的测量工具。这最后的发展阶段包含两种新的逻辑运算。第一种运算是把被测物体分成和测量工具长度相同的若干份,认识到整体是其各部分的和,第二种运算是位移或称置换,它使儿童能够用一个部分(测量工具)适当次数地置换另一个部分(被测量的物体),因而知道有多少个单位。8岁儿童已能这样进行测量。[1]

---

〔1〕 (美)R. W. 柯普兰著,李其维、康清镳译,左任侠校:《儿童怎样学习数学》,上海教育出版社1985年第1版,第280~283页。

研究表明,在教育条件下,5岁~6岁儿童对测量能够理解,并表现出很大的兴趣。如他们知道重量是用秤来确定的,教室的长度可以用尺来量等。当问他们怎样才能知道口袋中的米是多少时,儿童们回答"应该在秤上称一下","放在秤上就知道了",也有的儿童是按自己的经验来回答的:"可以用茶杯来测量。"他们还知道为了确定物体的长短应该去量它们;知道自己的身高也是量出来的。但是对于测量的方法,他们常会说得不准确,如"用米尺量"、"背靠背站着比"、"在家里的门上做个记号"等等。

第二节 学前儿童排序能力的发展

排序是指根据一组物体的某种特征的差异或按某种规则,按序进行排列。对幼儿来说,排序要比分类难,因分类只需要他们辨别和确定一个物体是否具有某一属性,以便将其划入某一类别中;而排序需要幼儿能连续地比较和区分物体之间的差异,同时还需协调物体之间的关系,故排序活动较复杂,对幼儿要求较高。

根据事物的某一特征顺序排列物体,是幼儿时期发展着的一种重要的逻辑能力。在排序活动中,幼儿要针对物体的某一特征(如重量、长度、大小等)对一组物体进行关系的调整,这对幼儿可逆性、传递性、双重性思维能力的发展有着促进作用。

排序能帮助幼儿理解数的顺序。幼儿通过排序活动获得了按序排列物体的经验,在思维中逐步建立起序列结构。这将帮助幼儿理解抽象的数的顺序,使他们懂得,在自然数中每一个数目都占有一定的位置,它们是按照一定的关系排列起来的,形成了数的序列。

一、学前儿童排序能力的发展

幼儿数概念研究协作组(1979年)实验调查表明:儿童认识物体大小、长短的次序要比认识实物(包括直观图形)的数序发展得早,实物的数序的掌握又比抽象的数序的掌握先发展。儿童对各种量的排序能力这一发展趋势,反映了从直接感知到抽象概念的认识过程的发展规律。[1]

(1) 1岁～2岁的儿童会把最大的积木放在底下,最小的积木放在顶部来建造金字塔,也会把小套盒装进大一些的盒中,然后再把大一些的套盒放到更大一些的套盒中去。

(2) 3岁～4岁的儿童能建造更复杂的金字塔或玩更多的套盒活动,他们还会比较,如说:"我现在很大,婴儿很小。""这个房子比那个房子高。"通过尝试探索,一些儿童能完成排序对应活动。如把娃娃家中的3个大小不同的平底锅的轮廓描画下来,依序贴在墙上,在整理玩具时,让儿童把平底锅对应地挂到按大小顺序排列的轮廓图中,一般他们都能完成这种任务。

(3) 4岁～5岁的儿童开始尝试真正的排序作业,如把长短不一的铅笔排成一个系列,然而最早的排序,他们只注意了一头对齐,而忽视了长度的顺序(见图①)。

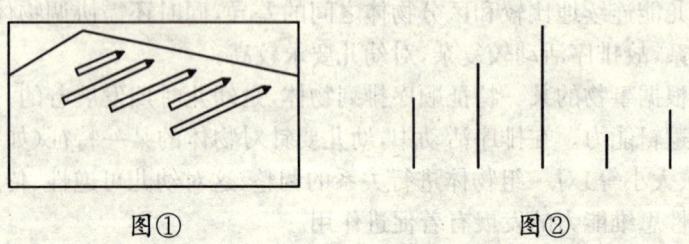

图①　　　　　　　图②

六七岁的儿童已能构造出从短到长的一个系列,甚至能把所给的特定长度的棒插到系列中合适的位置。[2]

林嘉绥等(1989年)的实验研究表明:

在排序活动中,不同年龄的幼儿各具特点,反映出不同的心理发

---

[1] 幼儿数概念研究协作组:《国内九个地区3岁～7岁儿童数概念和运算能力发展的初步研究》,《心理学报》1979年第1期。

[2] (美)玛丽·霍曼、伯纳德·班纳德、戴维·P.韦卡特著,郝和平、周欣译:《活动中的幼儿——幼儿认知发展课程》(幼儿园教师手册),人民教育出版社1995年第1版,第235～236页。

展水平,以长度排序为例:3岁幼儿在完成排序任务时,活动带有很大的游戏性、任意性和不稳定性。

4岁幼儿往往用分组比较的方法进行5以内排序,但组与组之间是孤立的,还不能协调成一个序列(见上页图②)。

5岁幼儿在进行5以内排序时,失误明显减少,有些幼儿具备了一定的目测能力,但在进行10以内排序时,失误较多。此时能注意基线,能主动改正错误。

6岁幼儿在进行10以内排序时,目测能力明显提高,失误次数也明显减少,有的幼儿能自觉运用简便的排序方法。如有的幼儿会将10根小棍拿在手中,将一端对齐,每次从中拿取一根最短的,依次排列成一个序列。

幼儿要能够按序排列物体,关键在于要理解传递性、相对性这两种关系。实验表明,5岁～6岁是认识传递性的较好时期。这一时期能明确陈述理由的人数明显增加,平均达到50%。例如,一个5岁幼儿说:"因为刚才比过了小绿棍和小红棍,是小绿棍短,小红棍长,小黄棍比小红棍还长,所以小黄棍比小绿棍要长。"幼儿对排序中双重性的理解发展要慢。5岁以前不能理解双重性,幼儿末期可达到初步理解。如实验用相差各为1厘米的10根小棍,收起第8根,将其余的9根按顺序放好,然后拿出第8根小棍,要求幼儿将其插入小棍序列中的适当位置,并要求说明理由(因为它比前面一根长,比后面一根短)。实验结果能正确插入第8根小棍的,5岁以前的幼儿很少,3岁为10%,4岁为20%,5岁以后可达70%;而能口头说明理由的,直到5岁才达到30%,6岁可达到40%。这说明实际插入的成功率与口头说明理由的成功率有显著差异,也说明了在大班末期可进行双重性关系的教育。[1]

二、学前儿童几种排序活动

(一) 按规则排序

按物体的外部特征有规律地交替排序,如按形状、颜色、大小排

---

[1] 林嘉绥、王滨:《3岁～6岁儿童掌握长度排序的初步探讨》,《学前教育研究》1989年第5期。

序,见图③。

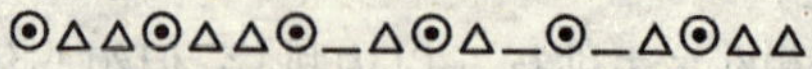

两种颜色、两种形状不同数量交替排序

三种颜色、不同大小交替排序

图③

按一定的规则排列顺序,见图④。

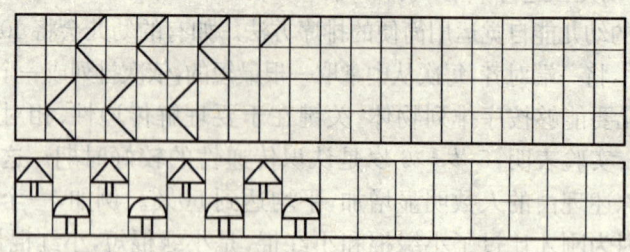

图④

(二)按物体量的差异排序

如按大小、长短、高矮、粗细、厚薄等排序,见图⑤。

图⑤

（三）按数量和数排序

如圆点卡片、实物卡片排序，数字卡片排序，见图⑥。

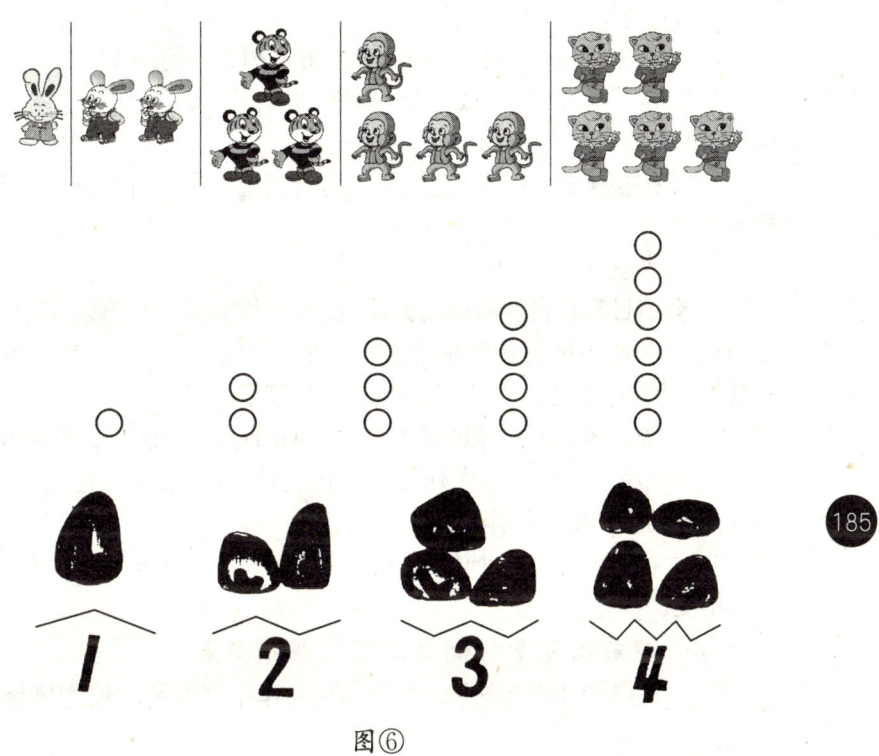

图⑥

第三节 学前儿童量的概念的教育

一、学前儿童量的概念教育的要求

（一）小班

1. 会用观察、比较的方法，区别大小和长短不同的物体，会正确运用"大小"、"长短"词汇。

2. 能从4个大小或长短不同的物体中，找出并说出哪个最大（最长）、哪个最小（最短）。

3. 能按物体的外部特征(形状、颜色)或量(大小、长短)的差异进行 4 以内物体的排序。

(二) 中班

1. 能区分物体的粗细、厚薄、高矮,并掌握相应的词汇。

2. 能从五六个大小(或长短、高矮、粗细、厚薄)不同的物体中找出等量的物体(其中有 2 个是相同量)。

3. 能按物体量的差异,进行 7 以内的正逆排序,会按一定的规律排列物体。

(三) 大班

1. 会用目测和自然测量的方法,比较物体的长短、高矮、宽窄、厚薄和轻重等,能正确表达测量的结果。如,"王老师比我高,我比王老师矮","桌子有 3 根筷子高,椅子只有一根筷子高"等。

2. 能按物体量的差异进行 10 以内的正逆排序,能用语言表达物体排列的顺序。初步感知序列之间的传递性、双重性和可逆性关系。会按一定的规律排列物体。

3. 学习量的守恒,知道物体的外形、摆放位置等发生了变化,它的量不变。

二、学前儿童量的概念教育的指导要点

(一) 提供幼儿学习材料,让幼儿在操作中感知和比较物体量的特征。

幼儿对物体量的认识,最初不是通过测量的方法,而是通过各种感官感知到物体量的特征。幼儿在视觉、触觉、运动觉等多种分析器官的作用下,感知到物体在大小、长度、重量等方面的特征,比较出物体间量的差异。因此,教师应提供各种材料,让幼儿充分地看、触摸和摆弄,感知和比较物体量的特征。

1. 教师可启发幼儿用重叠法或并置法比较物体间量的差异。如幼儿将两块积木重叠在一起比较其长短;将两本书并置在一起比较其厚薄等。

2. 在幼儿操作中,教师通过提问或引导幼儿之间进行交流,帮助

幼儿学会比较。如幼儿在比较物体的长短（或宽窄、厚薄等）时，教师可以提问幼儿："你们想用什么办法可以知道它们的长短（或宽窄、厚薄等）是不一样的呢？"可以启发幼儿说说自己想到的办法，或是请某个幼儿讲讲他是怎样做的，如他将两块积木摆在（并置的方法）一起比一比，发现了哪块长，哪块短。

3. 提供比较的物体，其差异特点应单一，这样幼儿的注意易集中于被比较的量的特征上。如，比较物体粗细时，应该选择长短一样、粗细差别明显的物体；比较物体的厚薄时，应选择长和宽一样，但厚薄差别明显的物体；比较物体高矮时，被比较的物体应垂直于同一平面。随着幼儿年龄的增长，被比较物体间的差别可以缩小，以增加幼儿判别的难度。

（二）引导幼儿学习排序的方法

幼儿在学习按物体量的差异排列顺序时，首先要比较物体之间量的差异，在此基础上，才能按物体量的差异排序。在比较物体量的差异时，有的幼儿是通过反复操作、摆弄，尝试解决问题，而有的幼儿则已掌握了正确的方法。如学习长度排序，有的幼儿是两个两个物体逐一地进行比较，而有的幼儿则能从5根（或7根、10根）小棍中，每次从中取出一根最短的（或最长的）放在桌上，最后排成一个从短到长的序列。对于幼儿的不同发展水平，教师应针对他们的情况给予相应的指导。如对尚处在两个两个逐一比较水平的幼儿，可给予他们较多的操作练习的机会，在这过程中，启发他们想想用什么办法给小棍排队，可以排得又对又快。对于已学会每次从小棍找出一根最短（或最长）小棍的幼儿，则可以启发他说说："你的小棍排成怎样的一列队？"（即是从短到长排呢，还是从长到短排）还可以让他给大家说说，他用了什么办法使小棍排队排得又对又快。

在幼儿按量的差异排列顺序时，教师应让幼儿了解以下规则：

——要确定排列方向，即是横排还是竖排。有的量可以横排也可以竖排，如大小、粗细、宽窄排序，有的量如高矮排序只能竖排，而长短只能横向排序。

——要确定排列规则,即确定是按量的逐一递增来排列,还是按量的逐一递减来排列。

——要明确排列的起始线,如高矮排序需在同一起始线排列,长短横向排列时左边应对齐。

幼儿在学习按一定的规律排序时,教师可通过提供范例,让幼儿接着往下摆(或画、涂色等),见图⑦。

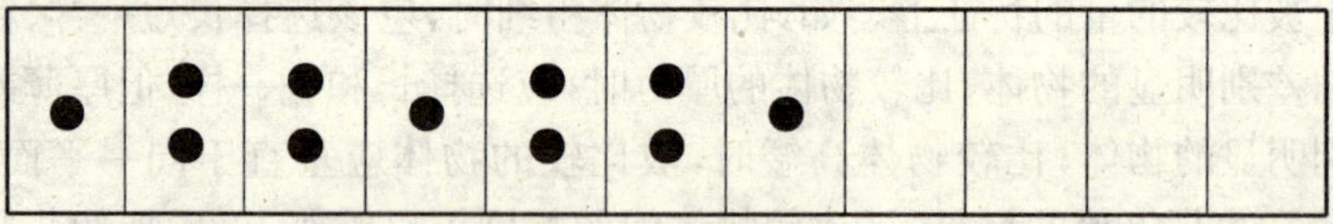

•	•	•	•	•	•	•			
	•	•		•	•				

红色		红色		红色		红色			
	绿色		绿色		绿色				

图⑦

在引导幼儿学习按量的差异排序时,教师应注意让幼儿在排序过程中感知与体验量的相对性。如长短排序中,红铅笔短、黄铅笔长一点、绿铅笔最长,当黄铅笔在与红铅笔比较时,它比较长,而黄铅笔与绿铅笔比较时,它又比较短了。从这一比较中,使幼儿感知到量的相对性。

(三)在日常生活和游戏中,引导幼儿比较物体量的差异和学习排序

在幼儿生活和游戏中,有很多的情景和机会,教师可以引导幼儿感知、比较物体量的差异和学习排序。如在日常生活中,可引导幼儿看看、比比,自己的手臂和手指哪个细?哪个粗?棉衣和罩衣哪个厚?哪个薄?将两个瓶子放在一起掂一掂,辨别哪个轻?哪个重?在幼儿玩游戏时,可让他们比较积木的粗细、厚薄、长短,在玩水、玩沙、玩泥游戏时,让幼儿感受容量和重量,比比哪个瓶子装的水多,哪个瓶子装的水少?哪块泥重,哪块泥轻?

在整理、收拾物品时,要求幼儿按序摆放物品,如最大、最重的玩

具放在柜子的下面,最小、最短的玩具放在柜子的上面,一般的玩具放在柜子的中间。又如学习将家中的鞋子按大小顺序放好。

在幼儿外出散步时,可让幼儿看看、比比电线与电线杆的粗细;树干与树枝的粗细;小朋友和小树(或向日葵等)的高矮等。

(四)引导幼儿感知和体验量的守恒

量的守恒教育应在大班进行。通过教育,让幼儿对量的守恒有所感知和体验。

1. 运用变式进行教育

教师运用各种量的变式,使幼儿逐步地能不受物体外部因素变化的影响,感受到量的不变性。如幼儿感知和体验长度守恒,教师摆出长度的各种变式,引导幼儿观察、判断它们是否一样长,见图⑧。

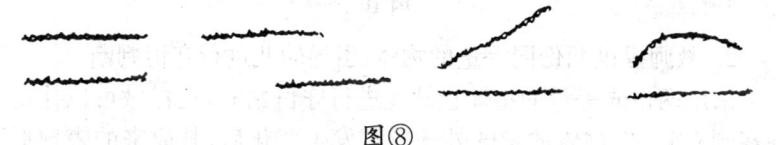

图⑧

面积守恒,教师可用几何图形拼出各种面积变式,引导幼儿感知和判断它们面积是否一样大,见图⑨。

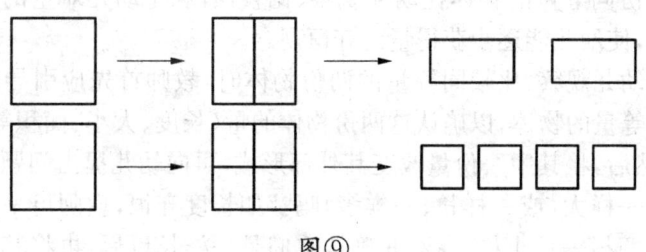

图⑨

容积守恒,可用装有水或沙子的各种杯子、瓶子或其他容器,做出容量的各种变式,引导幼儿感知和判断这些杯子里的水是否一样多,见图⑩。

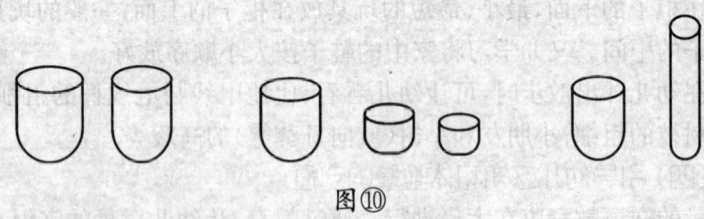

图⑩

体积守恒,用橡皮泥、积木等摆出体积的变式,引导幼儿感知和判断它们是否变大(或变小)了,见图⑪。

图⑪

2. 教师提供两份同等量的物体,引导幼儿进行守恒判断

采用两份同等量的物体让幼儿进行守恒判断,这样做可以让幼儿观察到,当一份物体的量的外部形式发生变化后,其原来的表现形式仍存在于另一份物体中。因此,幼儿可以直观地感知和比较变化了的物体的量只是外部形式有了改变,而其量与原来的一样,并未改变。采用两份同等量的物体让幼儿观察、比较,有利于幼儿对量的守恒作出判断,使幼儿能逐步获得量的守恒观念。

在幼儿观察、比较同等量的两份物体时,教师首先应引导幼儿比较两份等量的物体,以确认这两份物体的量(长度、大小、面积等)是相等的,然后,将其中一份量改变其外部形式,再向幼儿提出问题:"现在它们还一样大(或一样长、一样多)吗?"如长度守恒,教师可呈现平行摆放的两根等长小棍,在幼儿确认它们是一样长以后,再将其中的一根小棍向右(或左)错开,提问:"现在这两根小棍是一样长,还是不一样长?"对此,幼儿可能有不同的反应,教师可启发幼儿说出理由,同时引导幼儿将变化形式的量与原有形式的量作比较,以证实它们的量是相等的(如将错开的小棍再移向原来的位置)。

3. 利用数来表示量的守恒

有的物体量的变式是以某种单位为基础作出变化,而且各种量都可以用计量单位予以测定。因此各种量的守恒也可采用计数单位数量是否相等作出判断。如长度守恒,它的变式是错开摆放的两只铅笔,铅笔错开放在方格纸上,幼儿可通过计数两支铅笔的长度占有几个方格来判断它们错开后是否相等,见图⑫。

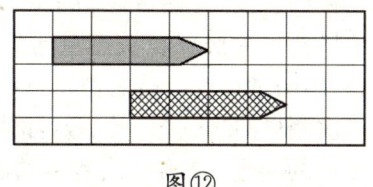

图⑫

又如容积守恒,装在瓶中的水或沙虽不能明显地区分单位,但教师可启发幼儿用玩具小碗来测量每个瓶子里装的水(或沙)各有几碗,通过测量,幼儿确信了每个瓶子里的水(或沙)是一样多的,因为"它们都装着5碗水,只是瓶子不一样"。

在量的守恒教育中,许多量的变式都涉及到整体量和部分量的问题。如一大杯水倒在2个或4个小杯子中,所有小杯子中水的总和与大杯子中的水是等量的,这反映了整体可以分成部分,部分合起来等于整体,反映了整体与部分的关系。因此,在量的守恒教育中,教师应有意识地渗透这一思想,让幼儿体验到整体与部分之间的关系。

(五)引导幼儿学习自然测量的方法

幼儿学习测量采用的是自然测量的方法。自然测量是指不用标准的测量工具,而用各种自然物做工具进行测量。如用小棍、筷子、瓶子、脚步等进行测量。

通过测量可以加深幼儿对各种物体量的认识。如幼儿用小棍量了桌子和椅子的高度后,知道了桌子比椅子要高。测量的结果要用数来表示,这可帮助幼儿了解数与量的关系,加深对数的实际意义的理解。通过自然测量可激发幼儿对测量活动的兴趣,培养幼儿动手操作的能力。

幼儿在学习自然测量时,教师应帮助幼儿掌握测量的方法,在这过程中,应注意以下问题:

1. 测量是一种运算、一种智慧,处于幼儿阶段的儿童,他们要掌握这种逻辑运算有一个发展的过程。为帮助幼儿学习测量,教师可通过一些不同层次要求的活动,引导幼儿学习,促进幼儿的发展。如测量物体的长度,开始可让幼儿在被测量的物体上摆放量具,即将量具一个接着一个摆放在被测量的物体上。摆好后,将所有的量具数一数,数出的量具总数就是被测量物体的长度。以后,可让幼儿学习在每一次测量的终点做一记号(如用笔画一条线),并让幼儿了解,第1次测量的终点,是第2次测量的起点,量完后,数一数一共有几个记号,这个数量也就是被测量物体的长度。

2. 教师必须强调,第1次测量的终点是第2次测量的起点,注意中间不能留着空隙。并告诉幼儿怎样画记号,以及从记号处开始量第2次……测量时要从一端开始,并按直线进行测量。

3. 当幼儿掌握测量方法后,可提供他们不同的"尺"测量同一物体。如让幼儿用冰棒棍和筷子测量同一张桌子的边长。幼儿测量以后,教师可提问:"你们发现了什么?""为什么同一张桌子,用冰棒棍和筷子量出的结果会不一样呢?"经过讨论,幼儿了解到,测量的工具大,量的次数就少;测量的工具小,量的次数就多。这一学习经验使幼儿逐步理解了测量单位与测量结果之间的关系,这对幼儿的发展是有重要意义的。

《幼儿数学画册》使用说明[1]

幼儿教师在阅读、使用《幼儿数学画册》(以下简称"画册")和教师指导用书时,在指导幼儿观察、学习《画册》的内容时,必须很好地思考以下问题:

——幼儿是怎样学习数学的;

——幼儿数学教育应重视每个儿童的发展;

——《画册》在幼儿数学学习中的作用;

——如何指导幼儿学习《画册》。

教师对以上问题有一定的了解,才能使幼儿数学教育富有成效,才能促使幼儿身心和谐地发展。

一、幼儿是怎样学习数学的

作为教师,要教儿童,那就必须了解儿童怎样思维,儿童怎样学习。教师只有较好地了解了儿童,才能使自己的教育方式、方法与儿童的学习方式、方法相适应,才能有效地促进每个幼儿在原有的水平上得到充分的发展。

1. 幼儿学数需要有一定的心理准备。

幼儿数的学习有赖于以下四个逻辑观念的建立:通过一一对应确定等量的逻辑观念,匹配是比较物体的集合是否相等的最简便、最直接的方式,一一对应是理解数的基础;建立数目守恒的逻辑观念,理解数目是一持续不变的等量,缺少数目守恒观念的幼儿,他们对数的认识往往会受到物体外部特征(如大小、空间排列形式等)的影响,不

---

[1] 本文系《幼儿数学画册·教师指导用书》(江苏少年儿童出版社 1995 年 5 月版)一书的前言。

能保持数目的稳定性,只有具有数目守恒的逻辑观念,才能理解数目是一持续不变的等量;在一个系列中排列顺序所依靠的逻辑观念,就是要能够理解,在一个序列中,每个客体比后面的客体小,同时比前面的客体大,当儿童开始掌握对物质世界排顺序的观念,他就能够开始考虑抽象的数学次序了,他们会认识到,数系列中的每个数,都比前边的数大1,又比后边的数小1;建立类包含的逻辑观念,理解类的包含关系,即能协调"一些"和"全部"的关系,类是进行一切逻辑思维的基础,也是数概念形成的基础。以上的逻辑观念的建立对幼儿数的学习起着准备作用。

2. 幼儿数学概念的建立,经历着以下几个发展阶段,首先是体验,即幼儿需要通过直接操作实物,获得感知图形、数、量等数学关系的体验。数学概念反映的是一种关系,这种关系不存在于具体的物体之中,关系是抽象出来的。但数学的抽象仍是属于操作性质的,数学开始于对物体的动作。例如,数数这一活动就包含了三种性质动作的协调关系,第一是加法性协调,即把动作合在一块,总数的获得就是把总数物体的单个动作相加在一起;第二是次序性协调,就是使动作连续产生,数物体的动作是连续产生的,而且必须按一定的次序进行,否则会漏数和重数;第三是对应性协调,即使两个不同的动作一一协调,在数数时就是口念数词的动作和手点物体的动作一一对应。由此可以看出,通过数数获得一组物体的数目是同时协调数种动作,而不是单一动作的结果。幼儿数学概念的建立,要求身体活动和心理活动的协调。

数学首先最重要的是作用于事物的动作。幼儿通过操作实物获得体验是建构数学概念最基本的一环。

第二是语言,即幼儿会用语言表达自己的体验。语言的表达可以使语词与它所表示的数学关系联系起来,这种表达可以巩固幼儿的体验,加深幼儿的理解,帮助幼儿建构概念。例如,幼儿比较两根小棍的长短,在比较后,他用语言说出自己的体验,"我的小棍长,你的小棍短",或者说"我的小棍和你的小棍一样长"。通过这样的表达,会使幼儿在比较中获得的长短或一样长的体验更深刻一些。又如,当幼儿把三粒红纽扣,两粒白纽扣放在一起,知道现在有五粒纽扣,他们用语言表达这一过程:"这里有三粒红纽扣,加上两粒白纽扣,就有五粒纽扣。"这样的表达能帮助幼儿理解物体数量的变化和加法的含义。

第三是图画,显示体验的图画,即把体验用图画的形式表示出来。图画可以是幼儿自己活动体验的记录,也可以是成人在幼儿已有体验的基础上画的。图画中所表示的种种数学关系仍可以通过视觉感知,可以点数图上的物体数量,也可以用手指描画图上物体的形状。因此,图画可以帮助幼儿回忆做过的活动,幼儿也可凭借图画进行讨论。但是应该看到,图画表示的是一类实物的形象,不是某一个具体的实物,具有一定的概括性;另外画面的图是静止的形象,幼儿无法对它采取动作,如合并、分开、拿去、添上等。幼儿对画面上图像的感知和认识,必须建立在对数学关系的直接体验的基础上。

第四是符号,如数字是表示数词的符号,符号是完全抽象的,它与所代表的物体形状、数量,以及实际生活中各种数量关系等等,完全没有共同之处。建立在幼儿具有一定体验基础上的符号阶段,具有更大的概括性和抽象性,是幼儿对数学关系认识的高级阶段。例如,"3"这个数字,人们从"3"的数字上,既看不到3个娃娃,也看不到3只小猫、3个苹果等具体形象,但"3"的数字可以表示任何三样东西。

幼儿对数学概念的建构就是这样一级一级地建立起来的。从具体到抽象不是一次活动或一个作业所能达到的,而是一个长期的目标。幼儿对数学的学习必须从实际操作获得体验这一过程开始,否则学习就会是一种语言的模仿,变成纯粹的记忆。

3. 有目的的系统的教育,在幼儿数学学习中起着重要的作用。

在儿童发展中,教育和教学起着重要的作用。"教学引导着发展","教学必须走在发展的前面"。教师精心思考、组织的数学教育的环境和教育活动,为幼儿学习数学提供了恰当的丰富的经验,使幼儿的思维能力得到了有效的训练,并促进幼儿动作、技能、情感和社会性的发展。总之,有目的的系统数学教育以及专门的数学活动对儿童的发展是必不可少的。

二、幼儿数学教育应重视每个儿童的发展

在幼儿数学教育中，首先要重视幼儿思维能力的发展。幼儿时期是人的一生中智力发展的最佳时期，数学学科具有逻辑性、抽象性较强的特点，这决定了数学教育对幼儿思维发展具有特殊的价值。幼儿数学教育对儿童来说带有启蒙的性质，可幼儿在学习的过程中，仍然需要积极的分析、综合、比较、抽象和概括，这一过程锻炼并促进了幼儿思维能力的发展。在促进幼儿思维能力的发展上，教师应培养幼儿思维的概括能力，即能够比较快地感知和概括数学材料中具有的数学属性，例如，苹果、香蕉、梨每样都是5个。培养思维的敏捷性和灵活性，即培养幼儿对一个问题不仅能较快地解答，还能够灵活地、多角度地进行思考；培养从正向思维序列到逆向思维序列的转换能力，即在解决问题时，思维能向相反方向进行，等等。

在幼儿学习数学的过程中，教师应注意观察幼儿解决问题时所采取的策略和思维方法，教师应该看到，不同幼儿在掌握同一行为时，其质与量是很不相同的，这种不同反映着幼儿的不同发展水平。例如，小班幼儿在学习按数（实物卡）拿取相应数量的物品时，他们可能都能完成任务，但他们解决问题时，采取的策略却往往很不相同，有的幼儿一次即取出所需的数量，有的是一个一个地拿出，最后还需点数一遍，有的是每拿一个物品都要和卡片上的实物碰一下，还有的干脆把一个个物品摆放在卡片的实物上……从完成任务的结果看，这四类幼儿都解决了问题，但他们解决问题时采取的策略却是不同的。这种不同反映了他们在发展上有很大的差别。因此，教师应了解每个幼儿的实际发展水平，有针对性地给予指导，使每个幼儿能在自己的基础上获得充分的发展。同时教师要重视幼儿解决问题过程中策略和思维方法的训练。

其次，人的教育和培养应是全面的、整体的，我们应培养一个身心都和谐发展的"完整儿童"。在幼儿数学教育中，教师不仅要重视幼儿思维能力的发展，同时还要重视幼儿一般能力的发展，即应该重视培

养幼儿积极主动的参与态度、充分的自信、正确的自我评价和良好的学习习惯等。教师应该看到,幼儿是带着种种心理欲望进入到数学活动中的。例如,他们希望在活动中能有表现自己能力的机会,希望获得成功、获得公正评价等等。数学活动的结果是直接的,问题解决得对或错马上就会反映出来。如果对这一问题处理不好,一些发展较慢的幼儿就会常常遭受挫折,从而影响他们学习数学的自信心和积极性。因此,教师不仅要能根据每个幼儿的发展水平提供相应的学习内容和活动,同时在幼儿的学习过程中,还要能及时地给予个别儿童以启发和帮助,使幼儿合理的愿望和需要能得到满足。这样将会提高幼儿学习的兴趣和信心,激发其积极参与的态度,同时也有利于幼儿良好学习习惯的形成。

教师应该看到,幼儿认知、情感、意志和体力的发展是相互作用、相互影响的,幼儿数学教育也应该是整体的、全面的。

在上述思想指导下,当前幼儿园数学教育有着较大的改革,具体表现在以下两个方面:首先,从儿童认知结构的建立,从现代数学教育的基本思想来考虑幼儿数学教育内容的改革。在幼儿数学教育中,增加了分类、排序和对应等内容,重视幼儿思维的训练。其次,从研究、了解幼儿如何学习数学的角度,来探讨幼儿数学教育的方法、途径和组织形式的改革。教师开始重视为幼儿创设、提供良好的数学环境,让幼儿通过直接操作实物,获得有关数学概念的体验,在幼儿积累大量的感性经验基础上,教师启发、帮助幼儿逐步形成一些初级数学概念。在数学教育的组织形式上,不仅有全班性的作业,还出现了小组和个别活动形式,这种形式能根据幼儿的发展水平安排各种活动,从而适应了不同发展水平幼儿的需要,能够充分调动幼儿学习的积极性和主动性,并能增进幼儿之间的交流和学习。

幼儿数学教育的改革是全面的、系统的,在教育中真正做到将儿童的发展放在首位,还要做很多的工作。

三、《幼儿数学画册》在幼儿数学学习中的作用

《幼儿数学画册》是根据幼儿数学教育目标、内容编写的。《画册》

为各年龄班的幼儿设计了一个个数学活动,为幼儿数学学习提供了较为丰富多样的活动形式和操作材料,是幼儿学习的一本好读物。可是受《画册》表现形式的限制,《画册》的内容无法按幼儿数学学习的特点,按幼儿数学教育内容的体系,全面、系统地设计和安排活动。幼儿数学概念的建构,是从体验→语言→图画→符号这一过程逐步抽象和发展的,而《画册》上的活动大多是以图画和符号形式表现的,虽然在设计时编写者注意到这一特点,根据画面内容尽可能安排一些操作活动,可《画册》上提供的操作活动无法替代直接操作实物的活动,幼儿无法得到在反复摆弄实物,尝试解决问题中的种种体验。从这一点看,《画册》上安排的内容和活动尚不能完整地反映整个幼儿数学教育的内容和活动。

在设计、选编《画册》内容时,编写者注意并考虑了幼儿数学教育内容的各个方面,一些重要的、基本的内容在《画册》上都作了安排。另外,画面的设计也尽量注意幼儿学习数学的特点。因而,教师在使用《画册》时,可以根据《画册》上每页的内容,结合本班幼儿的发展水平,对活动内容、形式作适当的改变、补充或调整、扩展,使其体现幼儿建构数学概念的整个过程。也就是说,教师可以以《画册》上的内容为线索,对所设计的内容和形式作必要的补充和调整,增加幼儿直接操作实物的活动,从而安排出一系列的数学活动,使其适应幼儿学习的方式和方法。从这一角度看,我们认为,《画册》对教师指导幼儿数学学习具有重要的参考价值和指导意义,《画册》内容的安排是切实可用的。

在教师指导用书中,编写者对每页画面的内容都作了较为详细的说明,说明中阐述了画面内容包括了哪几个部分,几部分之间有何关系和联系,画面内容的重点和难点在哪里,选择这一内容对幼儿数学学习和发展有何作用等等。另外,对每页画面的内容、活动的组织和安排,编写者都提出若干条教育建议,教师可从这些建议中得到启发和帮助。

四、教师如何指导幼儿学习《画册》

《画册》上每页画面大多安排了几组小画面,这几组小画面,有的表达的虽是同一内容,但采用了不同的活动形式和材料;有的几组小画面,反映的是不同内容,有的内容可以分出若干层次,要求和内容逐步加深,需几次完成。同时画面安排的数学内容常与科学、语言、品德行为等教育有机地结合和渗透,体现了整体、综合教育的思想。因此,教师对画面内容应很好地分析、体会,掌握内容的重点、难点,这样才能较好地指导幼儿观察和学习。

在指导幼儿观察画面时,教师首先应启发幼儿整体感知画面内容,如先让幼儿看看、说说图上画有什么,它们是什么样的,图上的画说的是一件什么事等等;在幼儿对画面内容有所了解后,教师再从数学的角度提出问题,如每样有多少,哪根粗,哪根细等等。如果画面上有几组小画面,教师应引导幼儿一组一组地观察、学习。教师根据幼儿的学习情况,可将画面内容分成若干次进行教学。

教师应通过问题引导幼儿观察和思考,问题应具有启发性。例如,《画册》上常常出现不同数量的两组物品(其数量差别为1个),要求幼儿想办法使两组数量相等。如4只兔子,5棵青菜,怎样使它们变成一样多?解答这一问题可以有两种办法,一是添上一只兔子,这样5只兔子,5棵青菜,5和5一样多;二是拿去一棵青菜,这样4只兔子,4棵青菜,4和4一样多。幼儿通过操作可以感知到,在少的一组添上1个或在多的一组拿去1个,都可以使两组数量相等,在解决这一问题的过程中,还可让幼儿感知到相邻两数之间的数差关系。又如,教师要求幼儿给图上的小朋友每人发一颗糖,想一想,应该拿几颗?这样的问题也是富有启发性的,因为教师没有直接告诉幼儿拿几颗糖,而是要幼儿根据一人一颗这一条件,来思考和解决问题。教师这样提出问题,使不同发展水平的幼儿都能运用自己的策略解决问题。例如,数概念较清楚的幼儿,他会先数数有几位小朋友,然后再数出和小朋友人数一样多的糖块,于是解决了问题;而数概念不够清楚的幼儿,他会用一一对应的方法,给每位小朋友发一颗糖,也就是说他们通过再做一个相等的集合来解决问题。从这里我们可以看出,教师这样启发、引导幼儿思考、解决问题,能促使每个幼儿都得到充分的发展。

在幼儿解决问题后,教师可以请幼儿说一说自己解决问题的过程和结果。其目的在于让幼儿通过语言的表达,使自己的思路清楚,并加深对问题的理解;通过幼儿语言表达,幼儿之间可以相互交流、相互学习。同时,教师也可以从幼儿的表达中了解他们是怎样想的,根据幼儿思考过程,问题解决情况,教师对正确的、富有新意的解答方法要及时肯定,对思路不清的、没有解决问题的,可提出补充问题,给予启发和帮助。教师应通过这一过程训练幼儿的思路,引导幼儿寻找解决问题的最佳策略。这些都是促进幼儿思维能力发展的重要方面。

幼儿园的数学教育必须将儿童的发展放在首位,幼儿学习数学的过程分为体验、语言、图画和符号等四个阶段。我们按以上的观点对如何使用《画册》和教师指导用书作了几点简单说明,希望能对广大幼儿教师有所帮助。

由于时间仓促,也由于我们水平的限制,《画册》和教师指导用书的内容中一定会有许多不足之处,希望广大幼儿教师在使用中多提宝贵意见。

幼儿计算教育中应注意的问题[1]

在教育过程中,如何完成计算教育的任务,如何使计算教育取得良好的效果,教师必须注意以下几个问题:

一、计算教育必须和各科教育、各项活动相结合

数学概念是客观世界的数量关系和空间形式在人脑中的反映。幼儿对数量、形状等客观物体和现象有了较丰富的感性经验后,才可能逐步形成初步的数学概念。幼儿丰富的感性经验从哪里获得呢?它不能靠教师的传授和灌输,而必须让幼儿自己在各种活动中、各领域教育中获得和积累。幼儿每天都进行各种各样的活动,接触各种不同的物体,有着许多机会和情景可以认识物体的数量、形状、时间和空间。

计算教育是可以也应该渗透在各科教育中的。例如,在自然常识教育中,认识各种物体,就要感知它们的形状、大小(包括它的长短、厚薄、宽窄等)、轻重等。当一个物体在和另一个物体进行比较时,幼儿会发现它们在形和量上的差异,它们在空间位置上的不同,从而会对它们之间的关系有所认识。在音乐教育中,幼儿需要感知旋律的快慢、声音的强弱,学习听前奏等,这些也都是对声音的"量"的感知。在美术教育中,绘画、泥工都要表现物体的形状和物体在空间的位置。正确地在画面上表现物体的形状、位置,不仅使其形象逼真,而且能较好地反映事物之间的关系和情节,使平面的画面富有立体感。在各种体育活动

---

〔1〕 本文系《幼儿园教师培训教材·计算教学法》(人民教育出版社1987年6月第1版)一书的第八章。

中,常常要变换运动的空间方向,这对发展幼儿空间定向能力起着积极的作用。幼儿语言教育同样和计算教育有密切关系。例如,幼儿观察一幅图或讲述一件事时,他需要说清楚:什么时候、在什么地方、有几个什么样的人(或物体)、他们在干什么等。这些都和计算教育有关。

综上所述,教师在向幼儿进行任何一项教育时,都可以结合和渗透计算教育的要求和内容。这样做,能使抽象的数学概念和幼儿的生活实际相结合,使幼儿易于理解和接受,从而取得较好的教育效果。

计算教育还应渗透到各种活动中。幼儿年龄越小,教师越要注意通过活动向他们进行数学教育。所以,幼儿玩娃娃家游戏,幼儿一会儿给娃娃穿衣,一会儿又给他们脱去衣服,同时还不停地切菜、烧菜、烧饭、喂娃娃吃东西,在这些反复摆弄物体的过程中,幼儿逐步掌握了进行以上活动的顺序,知道应该先做什么后做什么,这有利于他们建立系列的概念(所谓系列,即表示事物、事件的顺序性)。又如幼儿玩沙游戏,他们用手或小铲子挖洞,挖出的洞有大有小,挖好后,他们又常会用沙去填满它。在挖和填这样反反复复的动作过程中,幼儿对大小、深浅、满空等概念就积累了一定的经验。幼儿在玩水游戏中通过装水、倒水的动作,可以判断出什么样的瓶子装水多,什么样的瓶子装水少,从而可逐步掌握瓶子的大小和装水多少之间的关系。

在日常生活中,幼儿同样有很多的机会可以学习初步的数学概念。例如,教师带幼儿外出散步时,可引导他们观察各种物体的形状,房屋的门窗、车轮、稻堆等,各种树叶如梧桐叶、乌桕叶、槐树叶等,并提出问题。教师可以让幼儿用采来的树叶排列成图案或者拼摆成物体,见图①。

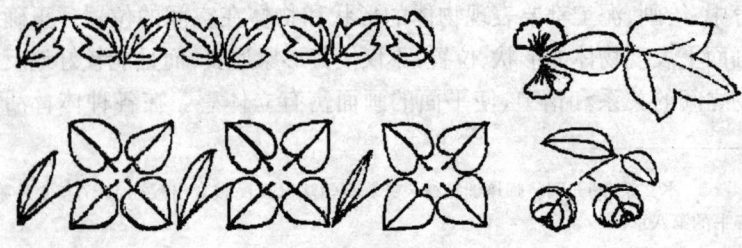

图①

教师可以请值日生根据小组的人数,分发各种活动的材料,如美工课的材料,体育活动的用具,分发餐具等。当幼儿排队时,教师可以问幼儿,谁排在第一,谁排在第二,谁排在最后等,以此达到复习序数的目的。

教师还可以组织大班幼儿记气象日志。这一活动可帮助幼儿理解日期、星期、温度等概念,如他们知道今天是几号,星期几,今天气温是多少度等。

总之,在游戏和日常生活中,有很多机会可以让幼儿学习"数学",教师要善于利用这些机会向幼儿进行教育。

二、在计算教育中,必须让幼儿多动手操作

手不仅是劳动的器官,同时也是认识器官。人类的发展是在人与客观事物相互作用的过程中实现的。劳动创造了手、脑,创造了人本身。个体的生长发育过程也同样是这样的,儿童是在活动中得到发展并不断完善的。他们对世界的认识,最初是通过动作和感觉,而不是思维,这是一种实践性的感知活动,这种活动的结果,使幼儿对周围的事物、现象有所认识,同时在儿童的脑中建立了认知结构,这一结构是今后认识事物、形成概念的基础。

从生理学的观点来看,手在大脑中的投射区所占面积是最大的,手的活动促进脑的发展。动手操作是激发智力才能的一种强有力的刺激,它可以培养幼儿思路开阔,头脑聪明,富于创造性。

人们在头脑中思考一个物体,或者用眼看着这个物体,在脑中想象它的形状、特征,它和另一个物体的区别,这是比较困难的。而如果实际操作它,通过双手的反复摆弄、触摸来认识它,那要容易得多。对于幼儿来说更是如此,他们是通过各种感官,尤其是手的操作来认识世界的。这种操作活动,要反复多次,才能使幼儿分辨出客观事物的特性和它们之间的关系,将这一事物与别的事物区分开来。反复操作,还能够使幼儿的动作逐渐熟练、协调,从而能更好地完成活动的要求。

例如,幼儿点数物体,从哪一个物体开始数,被数物体如何排列,

这些都和数的结果无关。重要的是,在点数过程中不能漏数、重数。这样一种关系不是成人告诉幼儿就能掌握的,必须通过幼儿自己的多次点数物体,才可能认识这种关系。

让幼儿动手操作,不能做样子,走过场,要给幼儿足够的时间和操作材料,使他们充分地感知,反复摆弄、操作,才能逐步认识物体的数量和形状。在幼儿操作过程中,幼儿之间可以轻轻交谈、说话。他们一边操作,一边把想的过程用语言表达出来,可以使一些模糊不清的认识变得清晰,通过谈话,幼儿之间可以互相学习,一些没有掌握要求的幼儿,经过同伴的提醒,学会了操作方法,掌握了活动的要求。

做到人手一套教具是进行操作的保证。

三、在计算教育中,应重视幼儿思维能力的培养

人们常说"数学是思维的体操",这句话形象地说明了数学对于锻炼和发展儿童思维能力的重要作用。幼儿园的计算教育同样促进幼儿思维能力的发展。在计算教育中,如何培养和发展幼儿的思维能力呢?

(一) 组织观察,教会比较

观察和比较的能力,是幼儿学习数学概念必不可少的能力之一。

计算教育中的观察和比较,是指对事物的数量关系和空间形式的感知,由于数量关系和空间形式比较抽象,因而常常需要用实物或教具,使幼儿较好地感知和比较物体之间的数量关系、形体特点以及空间和时间关系。

教师应提供各种材料,创设一定的情境,引导幼儿去观察、发现、比较物体的数量、形状和空间位置等。在幼儿观察比较时,教师要用语言指导,但教师的话不能太多,要让幼儿有较多的时间自己去观察问题、发现问题、解决问题。教师放手让幼儿独立地活动,把幼儿作为学习活动的主体,在这种情况下,幼儿的注意力是集中的,思维是积极的,他们全神贯注地进行活动。这样的学习,对幼儿的智力要求更高,对幼儿的发展也更有价值。教师这样做,可以培养幼儿学习"独立"解决问题的能力,同时,由于幼儿自己解决了问题,会使他们感到成功的

愉快,并使幼儿的求知欲得到了满足,这是一种积极的情感体验。而这些独立能力、自信心、积极的情感是幼儿思维能力、创造能力发展的重要因素。

例如,全国幼儿园计算教材第92页的例四"数梯"。教师用小立方体木块排成一个数的阶梯,同时用数字表示每一排木块的数量,这样的数的阶梯,就将抽象的数与数之间的关系形象化、具体化。借助这样的直观图形,教师引导幼儿去观察、比较10以内数与数之间的关系,掌握数的顺序和相邻数。如果有条件,可提供每个幼儿一套小教具(如卡片、计数器)。让幼儿在教师的启发下,通过自己的操作活动,比较、掌握数与数之间的关系。

(二)启发提问,引导思考

年幼的儿童,知识经验较少,注意的有意性较差,同时也还不会思考问题。因此在组织幼儿观察、比较物体的数量和形状时,教师要提出一两个问题,用语言组织幼儿的注意,使他的注意力集中到观察的对象上,用问题引导幼儿思考。使语言和直观活动更好地结合,充分发挥语言的调节作用。

例如前面提到的认识"数梯"一例,用实物表示出数与数之间的关系,虽然比较具体和形象,但教师还要进行启发和引导,幼儿才能发现其中的关系,如教师可提问下面的问题:(1)我们从1往后顺着数,后面的一个数比前面的数是多还是少?多几?(2)如果我们从10往前倒着数,前面的一个数比后面的数是多还是少?少几?

教师提出的问题要有启发性,要求幼儿动脑筋后才能够回答。例如教师在绒板上贴了5只兔子,4棵青菜,问幼儿怎样使兔子和青菜一样多?这个问题有两个答案,既可以添上1棵青菜,5只兔子和5棵青菜,5和5是一样多;也可以拿走1只兔子,于是4和4是一样多。像这样的问题,是可以引起幼儿思考的。

教师提出的问题要具体,能够为他们所理解。例如,教师要求幼儿比较数的大小,问幼儿:"3比2怎么样?"由于幼儿不理解"比什么怎么样"这句话的意思,因此不能回答,如果教师问"是3多呢还是2多呢?"由于这个问题比较具体,幼儿理解了,因而也能够回答。

当教师向幼儿提出几个问题时,应该注意问题之间的联系和顺序。教师有顺序地提出问题,可以引导幼儿一步步地思考,训练幼儿思维的逻辑性。例如,教幼儿比较数的多少时,问题可以这样提出:这里有些什么? 它们是几个? 几比几多,几比几少?

(三)适时形成概念,培养迁移能力

当幼儿对某一内容具有一定的感性认识后,教师要适时地帮助他们形成概念,掌握事物的本质属性,这样已获得的知识才能产生迁移,也就是让幼儿能运用已有的知识去获取新的知识,培养幼儿解决问题的能力。

怎样做到这点呢? 首先,要从数学知识本身的结构出发,科学地安排幼儿学习的内容和先后顺序。

幼儿的认知结构实际上就是他头脑中的知识结构。如果计算教育的教学内容能够科学地安排其先后顺序,注意到由易到难、由浅到深以及内容之间的衔接和渗透,那么教学内容本身就可起到"组织者"的作用,它能够引导幼儿从已知到未知,推出新知。

其次,教师在进行教育时应该针对幼儿掌握初步数学概念的不同阶段,提出各个阶段具体的、明确的要求,同时创造条件,采用各种方法,帮助幼儿掌握这些要求。

例如,在幼儿学习一项新内容时,教师要向幼儿提供材料,使幼儿有动手操作的机会,让幼儿在活动中积累较丰富的数学经验。幼儿阶段,他们还只能形成一些初级的数概念,即使这些概念也是从具体的实际经验中获得。幼儿在教师的启发引导下,从多种多样的实例中找出共同的本质属性,从而才能理解和逐步掌握概念的本质属性,也就是幼儿初级概念的形成和直接的知觉是联系的。因此在这个阶段,向幼儿提供有关内容的各种材料,让幼儿实际动手操作,在操作中认识物体的数量、形状,获得一定的经验,这些对形成有关的数学概念是十分重要的。当幼儿有了一定的经验后,教师要帮助幼儿对已有的经验进行分析、综合、抽象、概括,直至初步形成概念。而当幼儿初步形成概念后，这时教师应着重启发和引导幼儿运用已学知识去解决同类性质的问题，培养幼儿类推、迁移的能力。例如学习数的组成和分解，最初让幼儿实际操作，幼儿通过反复操作，知道除"1"以外任何一个数都可以分成两个较小的数，而且有多种分法。在多次实践和教师的引导下，他还会发现两个较小的数之间存在着一种关系，即一个数减去1，另一个数就添上1，这就是两数之间存在着互补关系。如果在教学5以内的数时，幼儿实际操作机会多，教师又帮助幼儿对已有的经验进行了整理，那么教学6以后的数时，幼儿就能按照一定的顺序把它分成两部分，也就是幼儿能根据已有的知识进行类推，从而掌握新的知识。

在计算教育中，教师在帮助幼儿形成概念时要注意适时。所谓"适时"，即形成某些数学概念，既不能过早，也不能过晚。"过早"，幼儿对这一项内容还缺少足够的经验，因而还不可能在自身经验的基础上进行抽象概括，结果是教师将概念灌输给幼儿，长此以往，幼儿因不理解内容，就会对计算活动失去兴趣，甚至会产生厌恶的情绪。"过晚"，那就是幼儿对这项内容具有一定的经验，而教师还在让幼儿反复操作，反复地学习同样的内容，这样也会使幼儿感到乏味，没有兴趣，影响幼儿智力的发展。

教师如何才能掌握住"适时"呢？最主要的是教师要了解幼儿是否具备了形成概括化的概念所必须具有的具体经验。当幼儿有了形成某一概念的有关经验后，就可以帮助他对具体经验进行抽象概括，掌握同类事物的共同的本质属性（或称关键属性），这样做就是"适时"的。

四、计算教育与直观教具的运用

在计算教育中，运用直观教具有着重要的作用。这是由于幼儿的思维具有具体形象的特点，而数学概念却比较抽象。虽然幼儿学习的是初步的数学概念，而它比一般的实物概念要抽象得多，因而幼儿较难理解和掌握。直观教具在幼儿学习过程中，起着桥梁和中介的作用，因而较好地解决了上述矛盾。

计算教育中采用的直观教具有以下几种：实物直观教具，如各种物体，如生活用品、玩具、自然物等；形象直观教具，如画有各种物体的图片、卡片、几何图形卡片等；图表直观教具，如表格、模型（数的阶梯）等。

直观教具可分作教师上课演示用的和幼儿练习时使用的两种。

教师演示用的教具要大一些，使全班幼儿都能看清楚。幼儿用的材料即人手一套材料，一般比较小，是为完成教师提出的任务使用的。

选制、运用教具时，应注意下面几个问题。

（一）选制教具要典型、简易、方便

教具要典型，就是选制的教具要有助于幼儿掌握数学概念，有利于幼儿思维能力的发展。

例如，教数的组成，稍大的数都可以分成若干组。教师在选择教具时就要考虑：是一组分合形式用一套教具，还是用一套教具表示一个数的多种分合形式，采用哪一种形式更有利于幼儿的学习呢？

采用一套教具教数的组成，教具本身就形象地揭示出一个数与它所分出的两个较小的数之间的关系，它有利于幼儿掌握数的组成概念，并能够启发幼儿从不同角度观察、思考问题。例如，一位教师用8个三角形纸片作为教具教8的组成（8个三角形纸片为：3个大的三角形，5个小的，其中4个是红颜色的，4个是黄颜色的）。8个三角形纸片是这样排列在绒板上：左边1个，右边7个，上面2个，下面6个（见图②）。图形出示后，教师引导幼儿观察三角形的大小、颜色和排列位置，找出三角形的

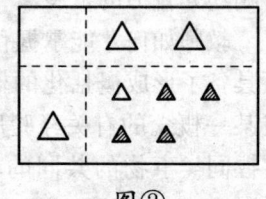

图②

几组分法，并通过操作，让幼儿看出被分的两部分合起来仍然是8。如果是一种分合形式用一套教具，那就要7套教具，至少也得4套（因为8的7种分合形式，其中有三组只是数字位置的变换，因而7组可看作4组）。教学过程中，教师要演示这么多教具，必然会影响他对幼儿的启发和指导。另外，过多的教具必然会分散幼儿的注意力，使他们不

能集中注意观察物体之间的数量关系,而被纷繁多样的教具所吸引。特别要指出的是:教一个数的组成,选用一套教具,可使幼儿比较容易理解,一个数可以分成若干组两个较小的数,幼儿获得的认识比较清楚。

计算教育中选用的教具应鲜明生动,能引起幼儿的注意和兴趣。同时又要简易、方便,不要有过多的细节。很多的废旧材料、自然物,教师都可以和幼儿一起收集,使它作为计算活动中的教具。如大粒种子、野果、贝壳、纽扣、冰棒棍、各种小盒子、水、沙等。

(二)选制教具,应该尽可能使它具有多种用途,充分发挥教具的使用价值

例如,计数器(见图③)就是一种较好的教具,幼儿可以用它练习数数,也可以利用它来学习邻数,比较数的大小。当幼儿学习加减法时,它又是很好的直观教具,它可以帮助幼儿由实际操作向抽象运算过渡,并可达到一题多练的目的。幼儿使用计数器,能够使多种感官积极活动:手拨算珠,口说数词,眼看算珠,脑子积极思考。计数器还帮助幼儿由逐一计数过渡到按群计数等。

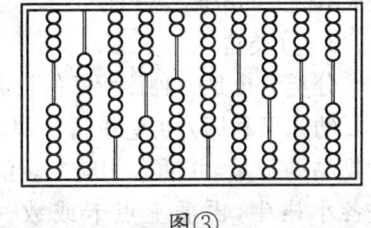

图③

在计算教学中,教师常绘制一些图片作为背景图。这类图片的情景,内容要广泛一些,不要过分具体、实在,这样使它能多次使用、一物多用。如画一棵树,只要画出枝叶,而不要画花果,这样便于教师根据不同教育要求在图上作插画。

介绍几种较好的计算教具供参考。

1. 拨珠计数器

这种形式的计数器是直档的,拨珠的动作可和在算盘上的拨珠动作一致。使用时,可以达到一题多练的目的(见图③)。

2. 摆珠计数器

这种形式的计数器四周没有框架,幼儿可按自己的意愿将木珠不断

地放上、拿下,操作摆弄的机会多,因而更能引起幼儿学习兴趣。可用数字卡片表示木珠数量,见图④。

计数器上的圆木棍有两种样式,一种是等长的,另一种是不等长的,见图④。幼儿在这种不等长的小木棍上摆放木珠,可以使他们获得这样的感性经验:幼儿将木棍按长短插在木板上,最短的一根在左边。然后在木棍上摆放木珠,他会发现每根木棍上的木珠是不一样多的。每一根木棍上的木珠都比前面一根木棍上的木珠多一个。这种经验将帮助幼儿理解数与数之间的关系。

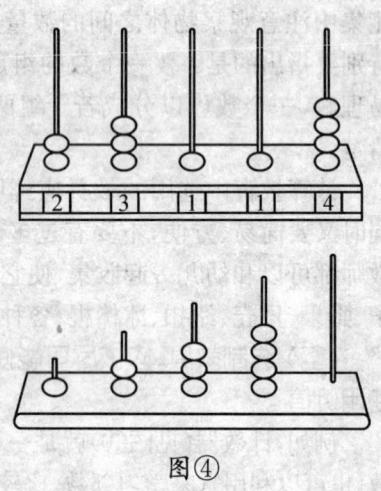

图④

3. 分类盒

分类盒也是一种比较好的计算教具。

幼儿可利用分类盒进行各种计算活动。如将各物品分类;计数各种物品的数量,并插入相应数量的点卡或数卡;将物品按数量顺序放进各小格中,再插上点卡或数卡;也可先插上点卡或数卡,再放上相应数量的物品,等等。所使用的材料,可以是各种实物,也可以是实物卡片,图形卡片。

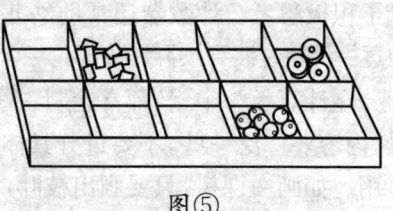

图⑤

使用分类盒进行各种计算活动,可以使幼儿有较多的操作机会,主动地进行学习。教师可以根据幼儿的掌握情况,分别地、有针对性地进行指导,见图⑤。

(三) 使用教具本身不是目的,教具应该为完成一定的教育目的服务

教具在什么样的情况下运用,能够发挥它的最佳效果?当幼儿对所学的内容还缺乏一定的经验时,这时运用教具是必不可少的。当教

师要引导幼儿观察多种关系(如数量、空间、时间关系),或者是帮助幼儿抽象概括事物的本质属性时,这时教具的出现可以成为幼儿思维的支柱,它可以帮助幼儿从具体的感知向抽象的思维过渡,帮助幼儿从具体事物中抽象出各种关系。如出现5个娃娃,4个球,目的是要让幼儿认识4和5,认识它们之间的关系:4比5少1,5比4多1。

各年龄阶段的幼儿认识特点是不同的,他们对数和形的认识、他们积累的经验也是不同的,因此在各年龄班选用教具应有不同的要求。小班宜多选用直观形象的教具,如实物、形象玩具等,以物引数,以物认形,使幼儿对数量、形状有丰富的感性经验(或称数学表象)。中、大班幼儿对数量形状有一定的感性经验,同时语言在幼儿认识活动中的作用也逐渐加强,因此,实物教具可逐渐减少,而多选用图画、卡片以及形象语言。图画、卡片上绘制的实物、各种图形纸片,它们已不是某个具体的实物,而是同类实物特征的概括,并将立体的物体变成平面的图形,运用这类教具对发展幼儿抽象概括能力是有作用的。

在教育过程中,教师除了利用实物、图形外,还要注意发挥表象的桥梁作用。表象接近于感知,具有一定的鲜明性和具体性,同时它又接近于思维,具有一定的抽象性。在教育中利用表象可使幼儿逐步摆脱具体事物的束缚,为掌握数与形的抽象特性打下良好的基础。例如教幼儿认识数字"1",教师可先出示一些直观教具,如1支铅笔、1块积木、1个娃娃等,说明这些玩具都是1个,都可以用数字"1"表示。然后教师启发幼儿想一想,还有什么东西是1个,也可以用数字"1"表示。这时幼儿可能会想出1个苹果、1只兔子、1件衣服、1辆汽车等。这些物体都是1个,所以也可以用数字"1"表示。启发幼儿回想,实际上是让幼儿摆脱眼前具体实物的束缚,引起头脑中记忆表象的积极活动。这有助于幼儿进行抽象和概括,有助于概念的形成。通过幼儿头脑中表象的积极活动,可使幼儿掌握数字"1"所表示的数量意义。

五、寓计算教育于游戏之中

游戏是幼儿喜爱的活动。游戏活动中有角色、有动作、有材料、有规则,从而构成了一种特定的情景。将计算教育寓于这种情景之中,可以使比较抽象、比较枯燥的数学概念,借助生动有趣的游戏形式,激发幼儿学习的主动性和积极性。

通过计算教学游戏,可以让幼儿学习一些数学概念。同时还可以通过游戏规则组织和指导幼儿的行动,使幼儿学会控制自己,培养幼儿的意志力。

选编计算教学游戏时,计算教育的要求是寓于游戏规则之中。为了激发幼儿的兴趣和积极性,游戏要有动作,要让全班或大多数幼儿有活动的机会。中、大班的计算教学游戏还可以带有竞赛和猜测的成分,以满足幼儿的好奇心和求知欲望。例如,小班"拿玩具"的游戏,要求是学习按数取物。幼儿一边念儿歌,一边跑到场地的中央,按教师的要求拿×块小积木(或其他小玩具),然后跑回自己的位置上坐好,教师检查大家拿的数目对不对。在这个游戏中全班幼儿都参加了活动。再如,大班"碰球"游戏,要求是复习数的组成。如复习5的组成,教师说:"嗨,嗨,我的一球碰几球?"这时被点名的幼儿要回答:"嗨,嗨,你的一球碰四球。"因为1和4合起来是5。游戏时教师可依着顺序让一组一组幼儿回答(也可依次请每个幼儿回答),节奏可以快一些,训练幼儿思维的敏捷性。(全国幼儿园计算教材第23页例七,第128页例五、例六选用的游戏都比较好。)

六、计算课的组织形式

计算课基本的组织形式有两种,它们的作用不同,应交替使用。

(一)一种形式是以教师为中心

由教师用教具进行讲解演示,全体幼儿注意听和看。然后请个别幼儿上来练习。教师上课时,应该多提问幼儿,当多数幼儿掌握某一内容后,他们很希望被老师请到,很高兴在全班小朋友面前回答问题。而教师可从幼儿回答中了解他们掌握知识的情况。

教师应鼓励幼儿举手回答问题。要有意识地请不同水平的幼儿进行练习,尤其要鼓励能力较弱的幼儿,对他们提出的问题可以简单一些,以培养他们学习的兴趣和自信心。在请个别幼儿回答问题时,教师应给全班幼儿提出要求,如请他们注意听,等一会要请小朋友讲

××小朋友答得对不对,为什么对等。一般情况下,教师应先提问,后提名,让大家都进行思考。当幼儿之间有不同回答时,教师不要急于表态,而要引起争论,让幼儿自己判别哪一种回答对,正确的答案是什么。这样做可以培养幼儿独立思考问题、独立解决问题的能力。

幼儿思考问题时,可以让他们轻声议论,因为幼儿年龄小,其思维过程还不能在脑中"默默地"进行,常常要出声地思考。另外幼儿的议论,有时也提醒教师要作一些补充提示,使幼儿明白怎样做才能够完成任务。

(二)另一种形式是全班幼儿运用人手一套教具进行操作练习,教师进行巡回辅导。这种形式可使每个幼儿有较多的活动和练习机会

教师要启发、引导幼儿进行操作,要交代清楚操作的规则,如从左往右摆放物体,各人做自己的事,不看别人的等。

操作练习的要求应逐步加深,以刺激幼儿大脑的积极活动。例如,学习5的组成,第一次要求幼儿将5粒蚕豆分成两份,幼儿可随意分。第二次分时要求他分得和第一次不一样,第三次则要求他分得和同桌的小朋友不一样,通过几次的练习,使幼儿对5的组成有所认识。每次练习后,应要求幼儿用语言表达分合的过程,通过讲述使幼儿理解数量之间的关系。因为操作本身不是目的,它只是完成教学任务的手段。

无论采用哪种形式,在一般情况下,每节课只提出一个新的要求,安排2～3个教学环节。环节指教学内容和教学形式。例如,小班一节课"猜一猜,谁来了"(全国幼儿园计算教材第9页),要求学习3以内数的形成和数数。教学环节有3个,首先通过教师的讲解演示,使幼儿知道两只小猫添上1只猫是3只猫。第二,幼儿戴上鸡、鸭头饰表演,认识两只鸡(鸭)添上1只鸡(鸭)是3只鸡(鸭),并学3声鸡(鸭)的叫声。第三,幼儿用铅笔给纸上的圆形涂色,说出添了几个圆形(也可以画3个圆形)。大班的课可以有4～5个环节,教学要求可提2～3点(教新的,复习已学过的),但教学形式可以稍多一点,如一

项内容可安排两种形式,复习10以内数的加减,先是教师口说应用题,幼儿在计数器上进行练习,说出×加×等于几(或减法);接着玩"开火车"游戏,教师举横式卡片,按顺序请每个幼儿回答一道题。(全国幼儿园计算教材小班部分,一个教材基本上可以作为一节课的内容。)

中班部分,有的可以作为一节课的内容,有的尚需增加1~2个环节。如第41页例三"小兔拔萝卜",在第三部分出示数字5以后,可以启发幼儿想一想:5还可以表示哪5样东西?最后教师和幼儿一起概括:任何5样东西都可以用5来表示。或者安排这样的内容:出现5以内的数字,画有5以内数量的实物卡片,让幼儿将数字和相应数量的实物卡片配对。

大班部分,有些需要将两个教材安排为一节课的内容。如教学的第一个环节,玩"拍手对数"的游戏,复习10以内的组成;第二个环节,教幼儿学习3以内的加法;第三个环节,在计数器上练习3以内的加法。大班后期,每节课都可安排复习10以内数的加减的内容。

幼儿园的卫生保健工作[1]

幼儿时期是人的身心发育的最重要阶段。在这个时期,幼儿身体各个组织、各个器官都处在迅速生长发育的过程中,但它们的发育又很不完善,对疾病的抵抗能力和对环境的适应能力都比较差,容易受外界条件的影响。因此,我们要根据幼儿的年龄特点,在工作中采取有效的卫生保健措施,防止和消除不利于幼儿生长发育的各种因素,为他们创造良好的条件,使他们在体育、智育、德育和美育几方面都得到全面的发展。

下面分四个问题谈谈幼儿园的卫生保健工作的内容和做法。

一、注意教育过程的卫生

合理的生活制度能够保护幼儿神经系统和机体的正常发育。一个健康的人,机体内部的活动是有规律、有节奏地进行的。例如,神经系统经过一定时间的兴奋,就会转入抑制,这时需要休息和睡眠,如果不安排适当的休息,神经细胞的功能就会受到损害;但是如果不给大脑以刺激和训练,也会影响大脑的发育。消化系统的活动也是有节奏地进行的,合理的进餐次数和间隔时间能促进食物的消化和吸收,满足幼儿营养的需要,使幼儿健康成长。相反,进餐时间如间隔太短,会引起消化不良;如相隔太长,又会引起饥饿,这些对幼儿的健康都是不利的。此外,合理的生活制度还有助于培养幼儿良好的生活习惯,使他们能按规定的时间和顺序进行各种活动,养成迅速、认真完成任务的良好习惯。

那么,制定生活制度要注意些什么问题呢?(1)不同年龄的幼

---

[1] 本文原载于《幼儿教育》(江苏)1983 年第 5 期。

儿,生活的安排应有所不同。例如:3~7岁幼儿一昼夜应睡 11~12 小时;小班幼儿学习时间,每周上课 6~8 节,每节不超过 15 分钟;大班平均每天有两节课,每节课可达 30 分钟。(2)一天中,不同性质的活动要互相配合,交替进行,注意动静搭配。这样可使身体各部分各器官轮流得到休息,防止神经细胞和肌肉的疲劳。(3)要考虑季节和地区的特点。例如,夏天午睡时间可适当延长,冬天则要缩短些。

要注意教学、户外活动、游戏和劳动过程中的卫生。教师组织教学时,教学内容要注意适合幼儿发展的水平;教学方法要灵活多样,具体直观,能够为幼儿领会和接受;教学中运用的教具、材料的大小要合适,色彩要鲜明,摆放位置应该使全体幼儿都能看得清楚,注意保护幼儿的视力。不同类型的作业还有一些不同的卫生要求,例如,绘画时,教师要注意幼儿坐和握笔的姿势,室内光线要明亮。进行音乐作业时,教室内空气要流通、清洁,唱歌时要保证幼儿胸腔和横膈膜的充分活动;要保护幼儿的声带,声音持续时间不应超过 4~5 分钟。教师要保证幼儿有充分的户外活动和游戏时间。全日制幼儿园每日不得少于 2 小时,寄宿制幼儿园每天不少于 3 小时,其中包括每日 1 小时的户外体育活动。户外活动场地要平坦、清洁、安全,幼儿外出活动前,教师要根据气温,适当给他们增减衣服。要经常检查室外运动器械和大型玩具是否完好,防止因损坏而发生意外事故。幼儿应该学习自己的事自己做,例如,自己穿脱衣服、系鞋带、洗手帕等,还可以参加浇花、拔草、喂养小动物等劳动。给幼儿安排的劳动要适合他们的体力,每次劳动时间不能过长;幼儿劳动时要注意安全,要避免意外事故的发生。

要做好幼儿生活护理工作,保持幼儿身体清洁和口腔卫生。身体清洁是保护健康的一个重要条件,因为皮肤是人体的第一道屏障,可以保护体内组织和器官不受外界刺激的伤害,皮肤还有呼吸和排泄作用。皮肤不清洁会阻塞毛孔,妨碍汗腺和皮脂腺的正常分泌,还会引起感染。经常洗澡能保持身体的清洁,一般情况下,幼儿每周要洗一次澡,夏天每天可洗两三次。口腔是消化道的起始部分,可以初步消化食物。幼儿正处在乳牙和恒牙交替时期，应注意口腔卫生。要教育他们每天饭后刷牙、漱口，清除牙齿和齿缝间的食物残渣，以免细菌繁殖，造成龋齿。同时要定期检查他们牙齿发育情况，发现问题，及时治疗。

另外，还要注意幼儿服装的卫生。幼儿的服装要宽大些，小了会妨碍他们的活动，影响正常的血液循环和胸廓的呼吸运动。幼儿的服装还要便于他们自己穿脱。

二、培养幼儿良好的卫生习惯

教师要教育幼儿保持自己的身体、服装、用品的清洁、整齐和周围环境的卫生，使他们能愉快地、有规律地生活。在培养良好的生活习惯的同时，还要注意培养幼儿的注意力以及克服困难、认真做事等自我控制的能力。

教师要运用故事、儿歌、图片和幻灯等向幼儿进行卫生教育，让他们懂得讲卫生、爱清洁的道理，愿意做一个讲卫生、爱清洁的好孩子。

教师要进行示范和讲解。凡是要幼儿掌握的技能和要求，教师都要进行示范和讲解，使他们知道应该做什么、怎样做。例如，穿衣服的方法是先拿住衣领，把衣服披在肩上，再分别穿两个袖子，最后扣纽扣。

教师要经常督促检查，只有持之以恒才能养成习惯。例如，饭后漱口，有的幼儿只是喝一口水，马上就吐出来，没有达到漱口的目的。教师要教他们一定把水含在口中，用力漱几下，再吐出来。对幼儿好的卫生习惯和行为要及时给予鼓励和表扬，这样做，有利于卫生习惯的养成。

教师还要向家长介绍培养幼儿卫生习惯的要求和方法，和家长配合，共同做好教育工作。

三、重视房屋和设备的卫生

幼儿园是幼儿生活、活动的场所，应选择在地势干燥、地下水位低、有轻度斜坡、易于排水的地方。周围环境要安静、清洁，空气新鲜，园内应有较大的绿化面积。房屋最好是朝南的，幼儿的活动室要注意通风，要阳光充足。

目前很多幼儿园，特别是农村幼儿园，使用的都是旧房屋，条件较差，因此要因陋就简，尽可能按卫生学的要求，对现有旧房作适当改造。例如，减少辅助用房，保证幼儿活动用房；采用一室多用的办法，提高房屋的使用率；利用过道和将小间合并为大间等等。

桌椅的尺寸、结构要适合幼儿整个身体和身体各个相应部分的长度。椅子的高度应是幼儿坐下后，脚掌能平稳落地；要有椅背，这样幼儿坐时舒适，可减少疲劳。桌子高度是幼儿坐下时两臂自然地放在桌面上，两肩齐平，脊背挺直，这样的高度才是合适的。

幼儿的玩具要选择便于洗涤和消毒的。玩具表面要光滑，无尖角，所涂油漆应无毒。玩具应每周消毒一次。

四、加强预防疾病的措施

幼儿正处在不断生长发育的过程中，抵抗力弱，容易感染疾病，因此要积极做好防病工作。

要按时做好预防接种工作。保证每个幼儿都能按规定的要求进行预防接种，防止漏种、错种和重种。

要加强检查工作，早期发现病儿。每个幼儿入园前都要进行健康检查，对早期病儿、没满隔离期及有病症怀疑的，应暂不收托。幼儿每天入园时要进行晨间检查，教师在幼儿一天生活中要随时注意他们身体、精神和参加活动情况，做到有病及早发现，及时诊断和治疗。

要每隔半年或一年进行一次健康检查，以了解幼儿生长发育情况，并针对发现的问题，采取各种保健措施，保护和促进幼儿的健康。

要建立健全各项卫生保健制度。

幼儿园的卫生保健工作是整个幼儿教育工作中的一项重要内容，一定要认真做好，使每个幼儿都能健康茁壮地成长。

婴幼儿的营养[1]

营养是维持生命的物质基础。对婴幼儿来说,合理的营养尤为重要。因为婴幼儿正处在长身体阶段,有足够的营养供给才能促进生长。其次,婴幼儿时期脑和神经系统的发育较迅速,这时需从食物中摄取大量的蛋白质和类脂。第三,营养素不足,会使婴幼儿发生各种营养不良性疾病。儿童疾病的发生、进程和预后情况,都和营养状况有密切的关系。因此对婴幼儿的营养要给予足够的重视。

我们对各种营养素的特性应该有所了解,这样,在安排幼儿膳食时,才能做到合理的选择和调配。人体所需的营养素有蛋白质、脂肪、碳水化合物、维生素、矿物质和水6种。

蛋白质是生命的基础。每一个细胞都由蛋白质组成。而蛋白质又是由许多氨基酸分子组成。在营养学上将氨基酸分成必需氨基酸和非必需氨基酸两种。必需氨基酸,人体不能合成,必须由食物供给。非必需氨基酸,是人体自己可以合成的氨基酸,不必从食物中获得。一般来说,动物性蛋白质所含的人体所需氨基酸的组成和比例,比较合乎人体的需要,植物性蛋白质要差一些,因此动物性蛋白质的质量要比植物性蛋白质高。但是,在自然界中没有一种动物性蛋白质或植物性蛋白质完全符合人体的需要。如果将几种蛋白质混合使用,也就是将粗细粮、主副食、荤菜和素菜合理搭配,就可以发挥蛋白质的互补作用,提高蛋白质的生理价值(食物中蛋白质的利用率)。例如,单纯食用玉米、小麦、黄豆,其生理价值分别为60、67、64,而将三者混合起来食用,其生理价值可提高到77。婴幼儿处在生长发育阶段,必须满

---

[1] 本文原载于《幼儿教育》(江苏)1986年第2期。

足其对蛋白质的需要量。3岁前儿童每人每天要供给蛋白质40克，4~6岁需50克。

碳水化合物，它是人体最主要、最经济的热量来源，能促进机体的生长发育和体内钙、磷的吸收，并可减少蛋白质的消耗。碳水化合物多来源于植物性食物，如谷类、豆类、蔬菜和水果等，1岁内婴儿每日每千克体重约需12克，两岁以上约需10克。

脂类，包括脂肪和类脂。日常食用的菜油、豆油、猪油等动植物油脂以脂肪为主要成分，也含有少量类脂及脂溶性维生素等物质。类脂是细胞的必要组成成分，在神经组织中，也含有大量的类脂，它们是神经细胞的成分，也是神经髓鞘的主要成分，对神经纤维的兴奋和传导有重要作用。脂肪是体内储存能量和供给热量的重要物质，脂肪能保护内脏和保持体温。脂类还能促进脂溶性维生素的消化和吸收。幼儿每日每千克体重约需脂肪4克。

矿物质（无机盐），幼儿需要的矿物质有10多种，其中以铁、钙、磷、碘等最重要。无机盐在人体中含量虽少，但它们是构成人体的重要原料，它能调节机体的生理变化过程。无机盐在体液中可以调节渗透压，维持酸碱平衡，保持肌肉和神经的应激性。

近年来，人们发现一些微量元素和儿童的健康以及疾病有密切的关系。例如，由于铜的缺乏，导致儿童贫血，白细胞减少，尤其是中性白细胞减少。缺乏锌，会使儿童生长潜力下降，性成熟延迟，味觉、嗅觉改变，甚至会危及生命。因此在膳食中不可忽略微量元素的供给。

维生素是调节人体正常生理功能所必需的营养素，几乎所有的维生素缺乏都会影响生长。维生素一般不能在体内合成或者合成量很少，不能满足机体需要，必须由食物来供给。

营养上应特别注意的有维生素A、维生素B族、维生素C、维生素D等。

维生素A能促进儿童的生长发育和骨骼、牙齿的钙化，能维持正常视力和上皮组织的正常构造，能增强皮肤、呼吸道、泌尿系统和眼的疾病抵抗力。动物的肝脏、乳类、蛋黄中维生素A含量丰富。胡萝卜素在体内可转变为维生素 A，胡萝卜素存在于一般有色蔬菜中，如胡萝卜、菠菜、苋菜、辣椒等。

维生素 B_1（硫胺素）能促进生长发育，增进食欲，帮助消化，促进碳水化合物的代谢，保持神经系统的健康，可防治脚气病和神经炎。粗粮中含硫胺素比较丰富，新鲜蔬菜、动物性食物，如瘦肉、内脏、蛋类、牛乳中都含有硫胺素。维生素 B_2（核黄素）是机体中许多重要辅酶的组成成分。这些辅酶参与组织细胞的呼吸过程，保护眼睛的健康，防止口角炎、舌炎、唇炎等。核黄素主要来源为动物的内脏、蛋及乳类、豆类及新鲜蔬菜。

尼克酸（又名烟酸）与其他物质组成辅酶，能促进体内的呼吸和糖代谢，可防治癞皮病。粗粮、豆类、花生、新鲜绿叶菜、肝、瘦肉及蛋类中含量丰富。

维生素 C（抗坏血酸）能促进儿童的生长发育，增强抵抗力，预防传染病，保持骨骼和牙齿的健康，并能促进外伤的愈合，增强血管的韧性，防治坏血病。新鲜蔬菜、水果含有维生素 C。它是水溶性维生素，不能储存于体内，摄入过多，将随尿排出。

维生素 D 能增进钙和磷的吸收，能帮助构成骨骼和牙齿。如维生素 D 缺乏，儿童会患佝偻病或手足搐搦症。动物肝脏、鱼肝油及蛋类含有丰富的维生素 D。

水是身体中不可缺少的物质，其重要性仅次于空气。水是构成全身组织和体液的主要成分，可调节体温，完成体内物质的吸收、运送和排泄，并能调节生理机能，维持体液的正常渗透压，使肌肉、血管更富于弹性。儿童每日约需水 1 400～1 600 毫升，除从食物中获得一部分外，还应从饮料中补充。

热量是食物中几种营养在体内代谢时释放的能量。蛋白质、脂肪、碳水化合物是提供热能的来源，它们之间有正确的比值才能充分地发挥各自的生理作用。如果膳食中热量供给不足时，其他的营养素也不能在体内很好地被吸收。

一般来说，蛋白质占总热量 10%～15%，脂肪占 25%～30%，碳水化合物占 55%～60%。

根据婴幼儿对各种营养素的需要,在安排儿童膳食时,必须注意以下几点:

膳食必须满足儿童对热量和营养素的需要。2～4 岁,每日需热量 1 200～1 400 卡;4～6 岁,每日需热量 1 400～1 700 卡。

食物的选择、搭配要恰当,各种营养素的供给要足量。各种营养素之间要有正确的比例,蛋白质、脂肪、碳水化合物的比值接近于 1:1:4～5。动物性及豆类蛋白质不应低于 50%,动物性脂肪不应少于 15%。

三餐的热量分配要合理,一般早餐占总热量 25%,中餐为 35%,点心为 10%,晚餐为 30%。并要做到定时、定量。

食物的烹调方法,要符合儿童的生理、心理特点,要色、香、味具备,以引起儿童食欲,易于消化和吸收。

要保持进餐环境的安静,进餐前后最好不处理幼儿中的问题,以免影响进食情绪。

日本一所幼儿园的体育工作[1]

去年5月,我们去日本考察幼儿教育。日本幼儿园的体育工作,给我们留下了深刻的印象。现将爱知教育大学附属幼儿园的体育工作,作一简单的介绍,供同志们借鉴。

重视体育锻炼,增强幼儿体质

该园有一个宽敞的体育活动场地。场上铺着一种特制的红色沙土,松软而富有弹性。孩子每天早晨到园后,就身着汗衫、短裤,有的还赤着脚,在运动场上进行各项体育活动。场地四周设有各种运动器具,如秋千、单杠、平梯、山洞、滑梯、荡绳,此外还有一个大型的、多功能的攀登架,儿童们既可以攀登、滑滑梯,又可以在网绳上爬行。单杠、平梯在我国幼儿园中很少设置,担心悬吊动作会使儿童肩关节发生脱臼和肌肉扭伤。而据日本同行说,他们并未遇到过这种情况。体育教授竹内伸也认为这类活动有利于锻炼幼儿的臂力。从实际情况看,这类运动很受幼儿喜爱。

在运动场的一端有一面积较大的沙坑(约有16平方米),配合玩沙游戏备有大的木铲、水桶、畚箕等。在这样的沙坑中,教师几乎可以带领全班儿童在沙坑里挖山洞、堆沙丘、开水沟等。

该园的体育设备较多,条件较好,可教师仍注意利用园内的自然条件,开展体育活动。如他们在两棵树的枝桠上架一根较粗的木头,在木头上系着两根粗绳,绳上打着几个结,幼儿坐在绳末端的结上,双手拉住绳,前后晃荡,犹如荡秋千,他们还在沙坑两边的树干上,分别

---

[1] 本文原载于《早期教育》(南京)1988年第8期。

在上下系两根粗绳,让年龄稍大的幼儿双手拉着上面的绳子,双脚踩着下面的绳子,从一端一步步地走向另一端。通过这类活动,可以锻炼、培养儿童的勇敢精神、平衡力和灵活性。

孩子们从 8:30 入园一直可以活动到 10:15(10:30 起有一次全班性的集体活动),在这段时间里,每个幼儿都可以充分地活动,体力、脑力得到一定的锻炼。

日本儿童衣服普遍穿得很少,体质较好。5 月初的日本气温一般在 20 摄氏度左右。当时我们都穿着毛衣、厚的裙子,而幼儿园的小朋友却只穿着汗衫、短裤。据老师介绍,在冬天儿童也是穿短裤的。儿童虽穿得很少,可没有见到有一人流鼻涕和患感冒的。这说明经过锻炼后,儿童体质普遍较好。相比之下,我们的儿童衣服穿得过多,保护过多,缺乏锻炼。在一天的活动中,儿童喝的全是凉的自来水(日本自来水消毒过滤较好,可以直接饮用)。午饭是儿童早晨从家中带来的,在 5 月份的气温下,儿童的盒饭已不蒸热,中午直接吃冷食。据说,这种种做法可以锻炼儿童的肠胃功能和增强他们对环境的适应能力。

该园的教师很注意儿童体育锻炼的科学性。他们经常分析、研究所做的工作,不断提高工作的效果和质量。他们曾做过这样一些研究:记录幼儿一周中心率的变化,观察研究幼儿生活节奏和保育的关系;在幼儿体育运动后,及时测量幼儿机体生理活动反应,为掌握体育锻炼的运动量和时间提供科学依据;通过拍摄幼儿体育活动的录像,分析体育活动对幼儿身体发育的影响,分析幼儿动作发展情况,研究如何培养儿童正确的动作。

富有营养的午餐

幼儿上午半天的体力、脑力活动量较大,能量消耗较多,因此午餐的主副食数量和质量在一天膳食中应占较大的比重,这样才能保证幼儿生长发育的需要。

该园的午餐是由家长根据幼儿园提出的要求准备的。这里介绍几名幼儿所带饭盒内的食品:

饭团、蛋卷、肉圆、樱桃、橘子、鸡腿、小红果。

饭团、鹌鹑蛋、肉圆、油炸小饼、苹果、橘子。

饭团、生菜、肉圆、鸡蛋、蕃茄、橘子。

奶油夹糕、鹌鹑蛋、草莓、香肠、胡萝卜、豌豆。

饭团、鸡腿、花生米、樱桃、橘子、果冻。

(饭团一般均放有2~3个,大多数饭团外面都包着紫菜,有的包着豆腐皮。)

从以上几个幼儿饭盒中主副食搭配情况看,幼儿午餐是符合营养要求的,因为它具有以下特点:

主副食搭配恰当。主食不多(每人约1.5~2两饭)。但副食品种多,质量较高,一般都有肉、蛋、蔬菜、水果等,从而保证了儿童对各种营养素的需要。

注意了食品的色、香、味。午餐食品多种多样,色彩鲜艳,即使食品本色不鲜艳,家长也会配上一个用彩色塑料剪的花、小动物放在饭盒里,所以一个个饭盒犹如一件件工艺品。蔬菜、水果都是生食,这样可较好地保存食品中所含的维生素C,午餐中摄入一定量的维生素C,有助于蛋白质的吸收。

教师在安排幼儿进餐时,十分注意幼儿独立能力的培养。如就餐前要求每个幼儿自己拿取饭盒、水杯、筷子等。幼儿吃完午饭后,要将饭盒收拾好放进自己的小包中。3岁班的幼儿入园1个月后,就开始在幼儿园吃午饭,并学会了上述技能。

教师还从教育幼儿出发,向家长提出要求:幼儿每天的午饭,家长必须亲自制作2~3种食品,不允许全部购买熟食品。他们这样做的目的,是让幼儿能实际观察食物由生到熟的整个制作过程,知道每样食物都是来之不易的;幼儿可以看到母亲的劳动,增强对母亲的热爱情感;家长通过亲自为幼儿准备午餐,也会增强教育子女的责任感。该园的主任说,在日本,一些年轻的母亲常常忽视自己对子女的教育责任,现在通过为孩子准备午餐,为孩子缝制餐巾、小包和为孩子服装上刺绣花纹等工作,教育责任心增强了,也密切了亲子关系。

漂亮、合体的服装

漂亮的服装可以使人显得精神。儿童服装应该轻盈柔软,宽大舒适,能够促进儿童身体的发育;服装的结构还应简单,以便于儿童自己穿脱。

该园为幼儿设计了在园活动时统一的园服。服装的式样和布料颜色的选配很适合儿童的特点,儿童穿后美观大方,活泼可爱。

园服,男孩是西服、短裤,西服为大翻领,上面另加一层白色的衬领;女孩为藏青色长袖连衣裙,配上白色大翻领,中间结紫红色领带,色彩鲜明、协调。裙子正反面均有皱折,从而使裙摆宽大,而线条又有变化,显得活泼舒适。衣料是涤纶的,厚实、挺刮。因此这套服装端庄大方,美观,儿童化。

幼儿活动时穿的汗衫、短裤设计得也很好,服装式样全园是统一的,但三个年龄班的颜色不同。在汗衫的袖子和裤子的中缝处镶有一道边,这道边上贴着三条不同颜色的横杠,标志该幼儿入园时间的长短,是新生还是老生等,还增加了服装的美感。

园服的衣袖上挂着一黄色圆牌,表示这些孩子为学前儿童,不能独立过马路。司机开车时遇到挂黄牌的孩子,必须放慢车速(据说全日本均如此)。衣服的前胸挂有一红色牌子,上面写着孩子的名字和所在班级,便于全园教师认识和进行教育。这些做法说明其教育工作的细致。

幼儿穿着整齐统一的服装,使人感到精神焕发,朝气勃勃。大家穿着一样的服装,会使幼儿自然地感受到集体的荣誉,热爱所在的集体。日本中小学也都有统一的校服,从中可以看出日本教育界很重视儿童团体精神的培养。

学前儿童中常见的不良情绪和行为及其纠正[1]

在学前儿童发展过程中,由于主客观的原因所引发的消极的情绪和行为是不足为奇的。但如果在某一孩子身上经常反复地出现某一种或几种不良行为,形成习惯,那么就很可能影响孩子的心理健康。如果家长们能在孩子初露苗头时就分析原因,采取正确的对策,孩子的不良情绪和行为就较容易被克服。下面列举常见的几种情绪行为表现及其处理、纠正方法,供家长参考。

不 听 话

这是一种拒绝服从、大声喊叫、顶嘴、违抗成人命令和意愿的行为。

常见原因:

1. 成人事先未能及时让儿童知道什么是必须听的,什么是必须做的,什么是不能去做的等行为规则,以至后来再对他的行为加以限制,就会比较困难。

2. 成人对儿童要求不一致,易导致儿童不听话行为。

3. 成人对儿童的要求、期望不符合儿童的实际水平。要求太高,常使他产生挫折感;要求过低,因不需作多少努力,会养成他马马虎虎、不负责任的态度。这两者都会诱发孩子产生不听话的行为。

4. 成人管教情绪化,有时形成与孩子争执、僵持的局面。这样不

---

[1] 本文系与楼必生合著,原载于《早期教育》1992 年第 5 期。

仅不能解决问题,反而会造成其不听话的行为。

纠正方法:

1. 成人管教态度、家中成员之间的要求应一致,在教育过程中要防止情绪化的情况出现。在孩子情绪剧烈时,成人可以暂时不理他,等他情绪平稳后,再指出他不听话、发脾气的行为是错误的。

2. 一次给儿童提出一项目标,让其尽力实现。当儿童经过努力完成任务后,成人应该给予鼓励、表扬。

3. 对比较倔强、固执的儿童,在提出要求后应向他进行解释,讲清道理,使他知道为什么要这样做,什么样的行为是好的,使他比较容易接受你的要求。

大 发 脾 气

大发脾气指不能控制自己怒气的行为,常以尖叫、哭喊、踢人、打人、摔东西等表示自己的愤怒,有时孩子会憋气引起痉挛,失去知觉。

常见原因:

1. 不愉快情绪的自然发泄。如过度兴奋,或一件事总是做不好,最后甚至失败了。或儿童玩兴正浓时,成人却要他做不愿做的事,以致发脾气。

2. 儿童以发脾气为手段,要挟成人。

纠正方法:

1. 成人发现儿童疲劳或易怒时,可温和地提醒他停止正在参与的活动,以便休息一下。成人也可以坐下来,参加儿童的活动,以助他一臂之力,使儿童免遭挫折,防止沮丧和不愉快的情绪的发生。

2. 在变换活动前,成人应预先提醒孩子,让他有思想准备。

如果儿童以发脾气作为达到目的的手段,要挟成人,这时最好的方法是不理他,并用坚定的口吻告诉他:他必须平静下来,不哭闹,你才和他说话。成人说完话后可以离开他,让他独自想想。儿童看到成人态度坚决,他自然会停止哭闹,听从成人的指示。

当年幼的孩子由于累了而发脾气时,这时成人可抱抱他,对他说一些安慰的话，使他有安全感。

口吃

指说话时会重复某一个字，或在一句话中不该间隙处停顿，或拉长字音，发音发生困难。口吃是与心理状态有着密切关系的言语障碍。男孩较多。

发生原因：

1. 大多由于情绪紧张引起。4岁以下的儿童，口吃现象较普遍，这多半由于他不知用什么字、词来表达自己的想法。稍大的儿童在和成人说话时，往往因成人打断他，或不十分注意听，就会试着用持续的说话方式获取成人的注意，于是引起了口吃。有时儿童因害怕听他说话的人，或担心听话的人不赞同他，会因情绪不安引起口吃。父母因儿童不良行为过分责备，或不给他申辩机会，会造成儿童口吃。此外，儿童身心遭受创伤，或受惊吓也会引起口吃。

2. 受口吃者感染或直接去模仿引起口吃。

纠正方法：

1. 儿童和成人说话时，首先请他说得慢一点，同时成人要注意倾听他说话，不可随意打断，也不要因他说话不够流畅而表现出不耐烦的情绪。

2. 口吃儿童一般都比较敏感，成人对他不可责备、恼怒，因这种态度只会使其更为不安，口吃现象更加严重。

3. 成人应采用温和、缓慢的语气和儿童说话，给儿童一个良好的语言榜样，他们会自然而然地模仿成人说话的词语和表达方法。

恐惧

这种与生俱来的情绪状态，会随着心理的发展越来越复杂化。什么都不怕的孩子容易遇到麻烦。但是过分胆小紧张，时常处于惊恐之中，也会影响身心健康，有可能形成退缩、冷漠、孤僻和焦虑的性格特点。

常见原因：

1. 原始恐惧。如听到巨响和身体失去平衡就会恐惧。
2. 受容易恐惧的父母的先天或后天的影响。
3. 不正确的教育。如"不好好睡觉，野猫来抓"；"不听话送派出所"；"爱插嘴，让医生在舌头上打一针"等。惩罚也会引起恐惧，孩子做错一点事，父母就打骂，或在能力上提出过高要求，达不到就惩罚，引起紧张和恐惧。
4. 有过惊吓的情绪经验，如手中的食物冷不防被公鸡抢走，从此看见公鸡就害怕。
5. 缺少有关知识。如不知道黑夜和影子是怎么产生的，为什么黑夜的一切都变得阴暗模糊，所以怕黑夜、怕黑物、怕影子。
6. 身体虚弱和动作不协调。
7. 情感共鸣和情感想象。

纠正方法：

1. 父母树立大胆、勇敢的榜样。
2. 施以科学的教育，讲清自然界和社会中哪些是可怕的，哪些是不可怕的。教幼儿躲避危险的方法，如不跟着生人走，不在建筑工地或池塘旁边玩耍，不靠近蜜蜂等。指导孩子比较观察各种东西在白天和夜晚呈现出来的不同形状，作影子实验，避免将物品的影子和黑暗中的物体当作"鬼怪"。
3. 理解安慰受惊的孩子，不要强迫孩子否认和掩饰害怕，使他知道许多成人和孩子都会有害怕心理，可以使孩子丢掉羞耻感，增强克服恐惧的自信心。
4. 不要过分保护孩子。
5. 以比较温和的方式对待孩子的错误。
6. 开展丰富多彩的活动，积累多种经验，锻炼才干和胆量。
7. 提出适当要求，不要勉强胆小的孩子做不愿意做的事情。
8. 谨慎选择故事和电视节目，直到孩子可以分辨事实和幻想。

如果孩子的恐惧已经成为一种比较固定的情绪状态，如夜惊、遗尿、做噩梦、咬手指甲、吃不下饭、发呆等,应立即去请求心理卫生专家的帮助。

过分依恋父母

过分依恋父母的孩子情感丰富而又脆弱,不爱活动,对生活不感兴趣,独立能力差,缺乏自信。如不及时纠正,很可能会因为环境的变化,原依恋对象的分离而引发"抑郁症"、"孤独症"或"社交恐惧症"。

常见原因:

可能是成人和孩子双向作用的结果。一方面是父母或祖辈爱得过度,另一方面可能是孩子的气质类型所致。这类孩子一般都比较内向。

纠正方法:

1. 父母应该以理智控制感情,给孩子的情感应适度降温。
2. 培养孩子的独立生活能力和自信心。
3. 随着年龄的增长,逐步扩大孩子的交往范围,点滴积累分离经验,让孩子交许多新朋友,体验集体生活的乐趣。
4. 丰富孩子的生活内容,提高操作技能,转移孩子的兴奋中心,使孩子在活动中尝到前所未有的欢乐。

重视向幼儿进行营养教育[1]

食物对幼儿身体的正常发育和健康是十分重要的,它对幼儿智力的发展和社会性的培养也是必不可少的。幼儿的膳食安排合理、平衡,可以使他们获得身体生长发育所需要的一切营养,这是保证幼儿身体正常发育的物质基础;同时,可以建构一个发育良好的大脑,也是他们心理发展的需要。

当前,我国人民的物质生活有了较大的改善和提高。根据全国九省市的调查,1985~1995年的10年中,6~7岁组,城区女童体重和身高分别增长1.28千克和2.0厘米,城区男童体重和身高分别增长1.16千克和1.7厘米;郊区女童体重和身高分别增长0.82千克和2.2厘米,郊区男童体重和身高分别增长0.99千克和2.5厘米。这明显地反映了群体儿童营养和健康状况有了很大的改善。但是,我们也必须看到,当前人们对幼儿的营养需要也还存在一些片面的理解,导致了幼儿种种不良的饮食习惯。因此,教师和家长不仅要懂得一些基础的营养知识,懂得合理调配幼儿膳食的要求、原则;同时,成人还应向幼儿进行营养教育,要让幼儿从小就知道,人们吃什么、怎样吃才会使身体健康,并从小养成良好的饮食习惯。本文中笔者想就如何向幼儿进行营养教育谈一点自己的看法。

---

[1] 本文原载于《启蒙》1996年第11期。

让幼儿知道食物会使身体健康

首先,应该让幼儿知道食物与人体健康的关系。(1)人的生命的维持,人能够进行各项活动,儿童的生长发育等,都需要不断地从外界吸取身体所需要的物质。这些物质来自于食物,因此说,食物使人的生命得以维持,使人身体健康。(2)食物中含有各种营养素,不同的食物含有不同的营养素。教育幼儿爱吃各种食物,养成多吃粗食、杂食和蔬菜的习惯,每天的饮食要定时定量。(3)食物中含有的营养素对每个人都是必需的,每个人都需要同样的营养素,但需要的数量可能有所不同。只有获取足够的营养,身体才可能健康。

其次,向幼儿介绍他所吃的食物和新食物。让幼儿知道它们的名称,各含有哪些营养素,对自己身体有什么作用,使幼儿愿意接受和品尝它。例如,在向幼儿介绍青菜、豆角等蔬菜时,可以告诉他们:在这些蔬菜中,有许多的粗纤维,它可以帮助人的胃肠消化,它还像一把大扫帚,能清扫人的肠子,可以把里面的脏东西扫干净,并将它们从大便里排出去。所以,我们要多吃蔬菜,这样身体才会健康。

为便于幼儿认识新食物,在向幼儿介绍时,可每次介绍一种。介绍后,让幼儿仔细看看、闻闻、再摸一摸、尝一尝,最后,让他们说一说。如,这种食物是什么样的,它有什么味道,吃的感觉如何,等等。幼儿也许会说"西红柿红红的,像个大柿子","西红柿可以做菜,也可以当水果吃"。有的食物还可以让幼儿拿在手上啃着吃,如鸡大腿等。这种吃法,孩子们很喜欢。

如果幼儿不愿意品尝新食物,这时可让他观察别人的进食情况,看到人们很有兴味地吃着新食物,也会感染幼儿,会激起他品尝的愿望,这时成人可建议他尝一点点。他品尝后,有可能被食物的美味所吸引,会再次品尝它,从而接受了这一新的食物。如果有的幼儿在看别人进食后仍不愿品尝,成人应进一步了解其原因。例如,用猪肝、木耳、紫菜等做成的菜,由于颜色深,不鲜亮,幼儿不愿品尝;豆制品往往有股豆腥味,也常引不起幼儿的食欲;还有的幼儿是因为身体不舒服而不愿进食,等等。成人应针对不同的原因,对幼儿进行教育和帮助,同时,也可考虑改进菜肴的制作方法。如,可将猪肝搅成猪肝泥,再和胡萝卜、木耳、肉馅等掺和在一起做成包子、猪肝丸子;将豆腐与别的菜肴一起做成豆腐丸子。这样的改变可引起幼儿的好奇心理,使他们愿意品尝它。还有的幼儿不愿尝试某种食物是受家长的影响。这时需做家长的工作,使家长也能转变态度,和幼儿一起接受这种食物。

吸引幼儿参加食物的准备工作

幼儿都十分喜欢参加食物的准备工作,在幼儿的游戏中,我们常能看到这种兴趣和积极性,例如,在"娃娃家"或"食堂"游戏中,他们十分认真地准备,制作着各种"食物",喂娃娃吃这些美味的"食物"。因此,成人吸引幼儿参加食物的准备工作,既能满足他们希望参与的兴趣和积极性,又给予了他们一次学习制作食物的机会。在准备食物的过程中,幼儿能够获得多方面的经验,例如,他们可以观察食物由生到熟的变化过程;称量食物的重量;计算食物的烹调时间;理解一些词语的意义,如搓、剥、削、炒、蒸……参加食物的准备工作,可以让他们感到责任——他是家中或集体中的一分子,他应为大家服务。同时,这样的活动也使幼儿具有能力感和成就感,当他们与成人一起完成了某一食物的准备时,他们会十分高兴,这同时也给了他一份自信心,因为,他从中感受到了自己也可以做好这份工作。

幼儿可以参加以下食物的准备工作,和成人一起整理蔬菜,例如,择青菜、剥豆子等。参加食物的制作过程,例如,和成人一起搓元宵、包水饺、煎荷包蛋,还可以让幼儿学着擀面条、蒸蛋糕等。他们从中不仅学习了制作食物的方法,而且对食物的制作过程也会有所体验。让幼儿参加进餐前的准备工作,例如,与成人一起整理餐具与餐桌,按照进餐人数分发碗筷与食物,要完成这一任务,幼儿必须能准确地计算进餐人数,或能按进餐人数一一对应地摆放碗筷与食物。

在进餐过程中对幼儿进行教育

首先,成人应为幼儿创设一个愉快、舒适的进餐环境,以增强他们对食物的积极态度。这种积极的态度不仅可引起幼儿进食的欲望,也有利于消化液的分泌,从而有助于食物的消化与吸收。

其次,要教会幼儿正确使用汤匙、筷子,学习文明的进餐方式。例如,左手拿碗,右手的大拇指、食指和中指夹住筷子;教幼儿吃饭时,要一口饭、一口菜,不能只吃菜,不吃饭;要细嚼慢咽,饭菜咽下后,再吃第二口,不能把饭菜全含在口中,不嚼不咽,等等。成人应通过讲解、示范,让幼儿练习,使他们掌握正确的进餐方式。

第三,成人应告诉幼儿,进餐时如何保持身体、桌面的清洁;进餐时不能大声说笑,以免将饭菜呛入气管里;要教育幼儿不挑食、不偏食,吃完属于自己的一份饭菜。

第四,成人应为幼儿做出榜样。在家庭中,幼儿都是与成人一起进餐的,因此,成人对食物的态度和饮食习惯,对幼儿有着潜移默化的影响。如果成人进餐时对每样食物都很喜爱,吃得津津有味,幼儿就会受到感染,他们就会去吃每一种菜,而不太会只吃某一种食物,拒绝吃另一种食物。

成人对食物的态度和饮食行为,对幼儿有着十分明显的影响,这是毫无疑义的。因此,成人应为幼儿做出榜样。但同时,成人对幼儿进餐时的行为应提出明确的要求,并且要持之以恒,只有这样,他们的良好饮食习惯才能养成。

向幼儿进行营养教育应注意的问题

重视幼儿认识、态度和行为的一致。在向幼儿进行营养教育时,既要教给他们一些粗浅的营养知识,又应重视幼儿对待食物的态度及健康的饮食行为习惯的培养。正确的态度是促进他们将所获得的营养知识转化为行为习惯的动力,良好的饮食行为习惯的养成是营养教育的核心,也是营养教育的主要目标。健康的饮食行为习惯不仅有益于幼儿自身,而且将影响民族素质的提高。一般说来,幼儿对食物、对人体所需要的营养素有了一定的认识后,会有利于其形成对食物的正确的态度,会有利于养成健康的饮食行为习惯。但是这三者之间并不存在必然的因果关系,如果成人将注意只放在让幼儿获得一些粗浅的营养知识上,忽视他们正确态度的形成、良好行为习惯的养成,这将影响营养教育主要目标的实现。因此,在向幼儿进行营养教育时,成人要将这三方面的内容融为一体,注意幼儿这三方面协调一致的发展,只有这样,才可能使营养教育取得预期的效果。

重视幼儿园与家庭在教育上的一致要求。营养教育的内容与要求,不仅在幼儿园要进行,在家庭中也应贯彻,共同督促幼儿执行。只有双方一致的教育,才可能形成幼儿对食物、对人体所需营养的正确态度,才可能养成他们健康的、协调一致的饮食行为习惯。幼儿一般在园里的饮食行为习惯表现较好,他们大多能够不挑食、不偏食,吃完自己的一份饭菜。可在家庭中,常由于家长不坚持要求,幼儿往往表现出种种不良行为。例如,挑拣饭菜,只吃某种食物,拒绝吃另一种食物;吃饭时边吃边说,一顿饭可吃上一个小时;不肯自己吃,要成人喂,等等。幼儿这种家园不一致的行为表现,无法养成他们健康的饮食行为习惯。无法使营养教育取得应有的效果。此外,也还有一些家长对合理安排幼儿的膳食缺乏正确的认识。因此,幼儿园应针对这种种情况,给予家长具体的帮助和指导,只有这样,才能使家庭和幼儿园在教育上密切配合,坚持对幼儿的行为要求,才可能形成他们正确的态度,养成他们良好的行为习惯。

幼稚园第一要注意的是儿童的健康[1]

陈鹤琴先生是我国现代著名的教育家、儿童心理学家,我国现代幼儿教育的开创者。陈鹤琴先生的教育思想及其实践是极其丰富的,也是极为宝贵的。本文拟从学习陈鹤琴先生有关儿童健康问题的论述,谈一点自己的认识和体会。

一、保证儿童健康是幼儿教育的第一个任务

早在1927年,陈鹤琴先生在《我们的主张》一文中就明确提出:"幼稚园第一要注意的是儿童的健康。"其后,他在很多文章中都一再强调,幼稚教育最重要的目的是养成有强健身体的儿童。新中国成立后,他在《苏联的幼儿教育》一文中,总结了幼儿教育的特点,指出:"健康教育,是幼儿教育最主要的目标。"在1952年所写的《幼儿教育新动向》一文中,他又一次明确提出:"幼儿教育的第一个任务是保证幼儿的健康和身心的正常发育。"

为什么儿童的健康是幼稚园第一要注意的问题呢?陈鹤琴先生认为,幼稚期是人生可塑性最大的时期,幼稚期也是奠定人生健全发展的时期。他从国家的强大和民族的繁衍这样的高度,来论述儿童健康的重要,同时也从儿童自身的成长,来考察童年时期身心健康发育的重要性。他说:"要知道强国必先强种,强种先强身,要强身先要注意幼年的儿童。……不但要强身、强种、强国,还应注意儿童的身体;

---

〔1〕 本文选自《陈鹤琴教育思想研究文集——纪念陈鹤琴先生诞辰100周年》(人民教育出版社1997年7月版)。

就是儿童目前的问题,也非得有强健的身体不可。因为他的智力,他的行为,都是跟着他的健康走的。""健全的身体是一个人做人、做事、做学问的基础。"以上论述使我们看到,幼儿时期是一个人身心发展最迅速的、也是最基础的时期。儿童身体的正常发育和健康,对儿童心理的健全发育,以至对一个人成年以后的身心健康,有着重要的影响。

陈鹤琴先生十分重视儿童的心理正常发育,重视儿童的心理健康。他热爱儿童,一生都在研究儿童、了解儿童。他主张要按儿童的心理特点去启发、发展儿童,对儿童不同特点的需要和能力,要正确对待并进行引导。他要求教师、家长都能这样做,要求大家为儿童创设最好的环境和教育,使儿童身心都能健康发展。

1921年,陈鹤琴先生在《儿童心理及教育儿童的方法》一文中指出:"常人对于儿童的观念之误谬,以为儿童是与成人一样的,儿童的各种本性本能都是同成人一色的,所分别的,就是儿童的身体比较成人的小些罢了。……假使我们要收教育的良果,对于儿童的观念,不得不改变的;施行教育的方法,不得不研究的。"为了研究儿童、了解儿童,陈鹤琴先生实际研究了一个儿童发展的程序,研究了儿童身体、动作的发展,还研究了儿童的模仿、暗示感受性、游戏、学习等等问题。他的这些研究,使人们了解到儿童身心发展过程和发展特点,使做教师的、做父母的懂得应该如何教育儿童,如何做才能使儿童身心正常发育。陈鹤琴先生在《儿童心理学》一书中指出:"儿童对社会适应的是否健全,儿童生理方面或心理发展的程度,是否表现着常态的前进,儿童对于卫生习惯有否养成,以及儿童身体健康是否得到健美的发展,幼儿期的教育都该担负相当的责任。"从这段话中,我们可以看出陈鹤琴先生提出的儿童发展,包括着儿童的社会适应的良好状态,包括着儿童生理和心理的发展。儿童身心正常发展是幼儿教育首先应担负的责任。

当代科学技术的进步和社会的发展,使人们进一步认识到健康是身体、心理和社会适应的健全状态,而不只是没有疾病或虚弱现象。这就要求广大教育工作者提高认识水平,从更广阔的背景上来考察、研究儿童的健康问题，使卫生保健的目标和任务更趋向合理和完善，使幼儿园健康教育这一任务能更好地贯彻执行。

二、向儿童进行健康教育必须采取的措施

陈鹤琴先生不仅明确指出"幼稚园第一要注意的是儿童的健康"，而且他还具体、详细地阐述了实行"健康第一"这一任务必须做到以下几点：

首先，托儿所、幼稚园的环境，儿童的生活必须依照卫生的要求安排。

托儿所、幼稚园的房舍和设备是儿童生活和学习的外部环境。良好的外部环境是儿童身心健康发育的重要保证。陈鹤琴先生指出，幼稚园的园舍要整洁，空气要流通，要有预防传染病的设施等。幼稚园要有相当的设备，在可能范围以内，置备为儿童用的东西，那是不可省的。因为适合儿童身心发展的设备，可以刺激儿童，可以强健儿童的身体，同时又便于教学。

陈鹤琴先生指出，在幼稚园和家庭里面，都必须让儿童严格遵守作息时间。如按时起床，按时睡觉，按时进餐等等。因为这样做可以保护儿童健康，养成儿童规律的生活习惯。

陈鹤琴先生还提出，要注意儿童身体的锻炼，要让儿童多在户外活动，给儿童充分的娱乐和游戏。他说，身体的锻炼是增强体质的重要手段，通过锻炼，增强儿童体格，使其能较好地适应环境。娱乐和游戏可以给儿童丰富的经验，可以给儿童学习怎样控制情绪和怎样与人相处，还可以发展身体的技能，它对儿童身心发展是有重大意义的。

其次，陈鹤琴先生提出，要给儿童足够的营养，注意衣着的合理，要积极地培养儿童的卫生习惯，要重视疾病的预防和儿童身体缺点的矫正。他说，儿童需要良好的营养才能发育成长，并指出合理的衣着也是不容忽视的。他说：儿童穿开裆裤，就有碍个人卫生，还有些孩子，一到冬天就被长袍大褂束缚得连走路也成问题了。对这些，教师应该随时指导母亲纠正过来。对儿童衣着质料、式样的选择，教师都可以给母亲建议和指导。他还指出，培养良好的卫生习惯，是巩固儿

童身心健康的必备条件。为此,他在《家庭教育》一书中具体地阐述了培养儿童卫生习惯的内容和方法。儿童正处在迅速生长发育时期,对外界环境的适应能力和对某些致病微生物的免疫能力较差,故易感染各种疾病。因此,陈鹤琴先生提出:预防传染病是保护儿童健康最重要的工作,并要注意矫正儿童身体的一些不很严重的、较轻微的缺点,如口吃、坐立姿势不正确等。他还具体阐述了如何注意眼睛的卫生。

第三,为了使儿童的心理能正常发育,为了维护儿童的心理健康,陈鹤琴先生不仅具体阐述了儿童心理发展的特点,而且向教师、家长提出了若干教育儿童的重要原则。他指出,教育儿童用积极的鼓励比消极的刺激好得多。他说,小孩子是喜欢称赞的,两三岁的小孩子就喜欢"听好话"的,喜欢旁人称赞他的。儿童受到鼓励就格外喜欢做事,格外喜欢学习。当儿童事情做得不对时,成人应积极地暗示而不要消极地命令。因儿童受到激励,很容易去改过,激励会使儿童处在主动的地位,因而乐于去做成人提出的事。相反,消极的命令、指责以至打骂孩子,只会使孩子更不听话、更加顽皮。然而对儿童的鼓励要适当,太过就会失掉它的效用。

为儿童提供学习和成功的机会。他说,小孩子喜欢成功的,一有成就很高兴,就有自信心;成就事愈多,自信力也愈大;自信力愈大,事情就愈容易成功。因此他指出,应当给小孩子有画画、看图画、剪图、剪纸、穿珠、塑泥、玩沙等机会。他还说,小孩子好游戏的,游戏就是工作,工作就是游戏;多游戏,多快乐。

早上和晚间不宜打骂小孩子。他说,夜间应让儿童安安稳稳睡觉。晚间打孩子让他身体受了痛苦还是小事,心神上受的痛苦那是大事。孩子挨打以后,必定不能安安稳稳睡觉的,还会梦中常常哭喊。清早打孩子,害处更大,孩子受了大惊会生病。即使不生病,也会使他一天心神不宁,严重影响孩子的心理健康。做父母的不宜打孩子,早晚更不宜打孩子。

教儿童友好地待人接物。教儿童如何待人接物,实际上也就是培养儿童健康的心理和良好的社会适应能力。儿童个性的发展和社会化过程的实现都离不开人际交往。儿童除与成人交往外,还需要和同伴交往。一个具有良好行为并具备一定交往技能的儿童,他不仅能引起成人的注意和喜爱,而且能被同伴接纳和认可。这种状况能满足儿童"被爱"及"与人交往"的心理需要,使儿童的心理得到健康的发展。为此,陈鹤琴先生提出:做父母的应当教小孩子考虑别人的安宁,应当教小孩子对长者有礼貌,做父母的应当教小孩子爱人,不准小孩子打人,要养成儿童收藏玩物的好习惯。

教师和父母应当是儿童的朋友和伴侣。陈鹤琴先生认为父母与孩子作伴侣有以下的好处:没有隔膜,父子间产生浓厚的爱情;容易训育小孩子,小孩子也容易教育的。他认为建立师生友谊是幼稚园教师掌握教学技术的原则。他说,教师一定要跟儿童建立友谊,使儿童觉得你是他的朋友,他的伙伴,他很信赖你。

在幼儿教育实践中,做教师的,做父母的,必须遵循陈鹤琴先生提出的教育原则,贯彻执行他所提出的各项措施,才可能保证儿童身心健康的发展。

三、几点体会

陈鹤琴先生关于儿童健康问题的思想和论述,对我们今天的幼儿教育的发展具有重要的指导意义。今天,我国的幼儿教育比起旧中国的情况,无论从数量上还是从质量上,都发生了巨大的、根本性的变化,儿童的健康状况也有了极大的改变。但是,我们必须看到,陈鹤琴先生提出的幼稚园第一要注意的是儿童的健康这一思想,在今天仍要认真地学习,提高对这一问题的认识,并在幼儿教育的实践中,认真地贯彻执行。

首先,要保护和增强儿童的身体健康。儿童时期身体各个组织、各个器官都处在迅速生长发育过程中,但是身体的发育还很不完善,机体对疾病的抵抗力和对外界的适应能力都比较差,容易受外界各种因素的影响,因此对儿童的身体健康仍要给予足够的重视。

据报道,目前3岁以下儿童缺铁性贫血发病率仍达30%以上,北方佝偻病达32%(摘自1991年7月22日《光明日报》)。上海医科大学金山医院眼科对1 470名4～6岁的幼儿眼屈光生理值进行了调查，发现视力异常者高达32.99%(《学前教育》1991年3月)。此外，一些教师和父母害怕儿童在户外活动会跌着、碰着，于是大部分时间让儿童在屋里呆着。这样做，使儿童好动的需要得不到应有的满足，使儿童身体不能受到户外阳光、空气的锻炼。这种不恰当的保护，只会使儿童体质脆弱，不堪风寒。在当前实际教育中，影响儿童身体健康的问题还有许多，这些都再次说明，陈鹤琴先生提出的儿童的健康是第一要注意的思想，在今天仍具有十分重要的现实意义，他所提出的保护和增强儿童健康的种种意见和措施，是我们今天幼儿教育实践中仍要认真学习和认真执行的。

其次，要十分重视儿童的心理健康。儿童时期不仅身体在迅速地生长发育，而且是一个人个性初步形成的时期。童年时期心理和社会适应的良好状态，直接影响到成年时对社会态度和身心健康状态。当前，一般人们仍将健康局限于身体的健康，很多父母只要孩子身上没有毛病，就认为孩子是健康的。从一些城市对儿童心理卫生问题的调查情况看，儿童心理健康问题需要引起教师和家长的注意和重视。南京市曾在1981年对城市和郊区1 246名幼儿和小学生进行调查，发现挑食和偏食者占34.1%，依赖心重者占21%，情绪不稳者占16.8%。上海市儿科研究所1981年和1983年调查3岁儿童485人，5岁儿童517人，发现口吃占6.1%，好打架占9.5%，脾气发作占3%，任性占32%。他们查得有心理社会发育问题者，3岁儿童占6%，5岁儿童占6.1%(见《少年儿童心理卫生咨询手册》)。上述情况表明，当前儿童心理卫生状况是需要家长和教师注意的。分析儿童心理问题产生的原因，我们认为和当前部分家庭教育不当有密切关系，有些父母对孩子过分宠爱，过多照顾，事事依从孩子，一切以孩子为中心，造成儿童任性、执拗、依赖性等不良行为和情绪。另外，跟一些幼儿教师不正确的教育观、儿童观也有一定的关系。全国十省市幼儿教育调查资料表明，在问及教师对儿童的喜爱程度时，有34.3%的教师明确回答"一般"，有3.26%直接说"不喜欢"，有29.86%喜欢"聪敏"的孩子(见

1991年6月4日《报刊文摘》)。陈鹤琴先生关于儿童心理健康的思想和教育原则,是每一个做教师的、做父母的都必须认真学习、认真执行的。

第三,应当训练幼儿教师,应当向家长宣传教育,使他们真正认识到健康是幼儿时期第一重要的任务,使他们十分明确并真正掌握保护和增强儿童健康的具体内容、方法和措施。只有做好这两方面的工作,我们才能培养出体、智、德、美、身、心和谐发展的新一代儿童。

陈鹤琴先生关于儿童健康教育的思想和论述,是我国幼儿教育理论宝库中的重要组成部分,是十分宝贵、十分丰富的教育遗产。今天,在纪念陈鹤琴先生诞生100周年的日子里,我们要认真学习他的有关儿童健康教育的思想和论述,更重要的是要实行和发扬他的教育思想,为进一步建立我国社会主义的幼儿教育理论体系而努力奋斗。

保教结合 促进儿童健康成长[1]

一、幼儿教育必须实行保育与教育相结合的原则

幼儿时期是一个人身心发展十分迅速的时期。在这个阶段,儿童身体的各个组织、各个器官都处在迅速的生长发育过程中,他们已具备了人体的基本结构。但是这一时期儿童身体的发育还很柔弱、很不完善,机体对外界环境的适应能力及对疾病的抵抗力都较差,极容易受外界种种不良因素的影响。

幼儿时期还是一个人智慧发展的最佳期,也是一个人个性初步形成的时期。童年时期心理和社会适应的良好状态,直接影响到成年时对社会的态度和身心健康状况。我国著名幼儿教育家陈鹤琴先生曾指出:幼儿教育的第一个任务是保证幼儿的健康和身心的正常发育。这些都说明教育必须与保育相结合,要采取切实有效的卫生保健措施,保护和增强儿童的健康,促进儿童身心和谐发展。

教育与保育相结合,首先保育应贯穿于儿童全部教育活动中。也就是说,在儿童一日生活的各项活动中应体现保育与教育相结合的原则,要采取相应的卫生保健措施,促进儿童健康成长。其次,儿童保育涉及到身心两个方面,即不仅要重视儿童身体保健,还要重视心理保健。当代科学技术的进步和社会的发展,使人们进一步认识到健康是"身体、心理和社会适应的健全状态,而不只是没有疾病或虚弱现象"。这一定义使我们从更高的认识水平、更广阔的背景上来考虑、研究儿

---

[1] 本文原载于《早期教育》1993年第5期。

童的健康和保健问题,使我们认识到不仅要注意儿童身体健康与保健,而且要重视他们的心理健康与保健。

教育与保育相结合这一原则,只有在幼儿教育的实践中达到了统一与协调,才可能真正促进儿童身心和谐的发展。

二、为幼儿创设良好的生活环境

良好的生活环境是幼儿身心健康的物质基础和基本保证。幼儿生活居住空间宽敞,阳光充足,具有基本的卫生设施和户外活动场所等等,这不仅是幼儿身体健康所必需的,而且也是幼儿心理健康、社会适应能力发展所必需的;符合卫生要求的生活环境为幼儿进行活动、与同伴交往提供机会和条件,这有利于幼儿社会性的发展。同时,良好的外部环境还可以激发幼儿认知兴趣和求知欲望,培养幼儿感受美的能力。

一些调查表明,当前在我国城乡部分地区,幼儿生活条件还不能达到应有的标准,如大多数家庭中没有单独的室内厕所,严重缺少洗浴设备,城市中公寓式的住房和筒子楼,使幼儿缺少户外活动场地,这些都影响着幼儿的健康水平和卫生习惯的形成。因此,改善幼儿生活环境条件是幼儿教育的任务之一。

三、重视营养,合理安排幼儿膳食

营养是保证幼儿正常生长发育和身心健康的重要因素。合理营养可促进幼儿身体和智力的发育,增进健康,提高机体免疫力。

幼儿营养不足可导致营养障碍和缺乏,造成生长迟缓和引起疾病,而营养长期供给过量,同样对幼儿生长发育带来不良的影响。据报道,目前3岁以下儿童缺铁性贫血发病率仍达30%以上,北方佝偻病达32%。而在一些大中城市,随着经济的发展,人民的生活水平不断提高,广大家庭对儿童营养日益重视,儿童的膳食结构较过去有很大的变化。这种变化表现在,一方面儿童营养状况良好,没有出现营养缺乏症,儿童生长发育良好;另一方面一些调查揭示出,儿童膳食结构不尽合理,儿童每天摄取的动物性食品及动物脂肪过多,谷类供给不足,蔬菜类供给过少,这一情况在家庭中尤为突出,肥胖儿较前一两年有所增加。同时一些幼儿饮食习惯不好,常吃零食。以上两种情况互为因果,导致儿童食欲不振,引起消化和心理功能紊乱,影响儿童的生长发育。

为保证儿童正常生长发育,必须向儿童提供营养合理、科学调配的儿童膳食,让他们每天有规律、按适当比例摄取生长发育所需要的6种营养素。同时还应监测儿童生长发育情况,以便及早发现问题,及时干预。

四、为幼儿提供健康的心理社会环境

儿童身心健康地发展,不仅需要一个良好的物质环境,同时还需要一个健康的心理社会环境。所谓健康的心理社会环境,即儿童生活的环境应充满爱与温暖,儿童与周围的人关系和谐、协调,感到安全愉快。这种爱与温暖具体表现在:成人能够理解、尊重幼儿的兴趣、要求和欲望,能够根据儿童的发展水平提出恰当的要求,同时还能够谅解和宽容儿童的缺点。

为创设这一健康的心理社会环境,成人首先要了解儿童身心两方面的需要,成人应当懂得儿童不仅有各种生理需要,而且有各种心理需要,当儿童身心需要得到满足时,他就会表现出积极的情绪、良好的行为。相反,当需要不能满足时,则会使儿童受到挫折,感受到压力,长期的挫折和压力,会引起儿童情绪和行为的障碍,严重时甚至会引起心理疾患。其次,要为儿童提供活动和表现能力的机会和条件。这样做既能够满足儿童活动的需要,又可以使儿童在活动中表现自己的才能,这样不仅能使儿童感受到成功的快乐,而且还会因其成功获得成人和同伴的称赞和认可,使儿童的心理需要得到应有的满足。第三,成人对儿童提出的要求应符合其身心发展水平。适应儿童身心发展水平的要求既能够使他们经过努力而完成任务,又可以使他们因获得成功而增强自信心和成就感。有了自信心可以使儿童最大限度地发挥自己的潜能,而长期的挫折则会使他们产生自卑、胆怯、焦虑、紧张等不良情绪。最后,成人还需对儿童进行心理卫生教育,以增强他们应付周围环境压力的能力。一些心理卫生专家曾指出,童年期是讲

究心理卫生的黄金时期。因此,重视儿童的心理保健与教育是十分必要的。

最后还要强调一点,即保教人员和家长必须提高自己认识,树立正确的教育观念,这样才可能准确理解儿童体、智、德、美全面发展的培养目标,才可能切实做好保育工作,促进儿童身心和谐发展。

幼儿的解剖生理特点[1]

人体从外表上看,可分为头、颈、躯干和四肢4个部分。身体的表面是皮肤,皮肤下面是皮下组织、肌肉和骨骼等。骨骼和肌肉围成颅腔、胸腔和腹腔三大体腔。颅腔在头部,腔内是脑;躯干部有胸腔和腹腔,两腔之间以横膈膜为界。胸腔里有心、肺等,腹腔里有胃、肠、胰、肝、脾、肾、膀胱等内脏。虽然上述各器官在形状和功用上很不相同,但是,它们都是由细胞构成的。细胞是人体结构和功能的基本单位,是构成人体生命大厦之"砖"。一类细胞聚合在一起就构成了组织;不同的组织巧妙地搭配起来就形成了器官;许多器官合起来完成某一方面的全套功能,就构成了各种"系统"。

儿童一出生就已经具有人体的基本结构和生理功能,但是,从出生到发育成熟,人体的各个器官及其生理功能还要发生一系列的变化。儿童不是成人的"缩影",也不是一个"小大人",而是一个稚嫩的个体,一个正在发育中的个体。我们必须很好地了解儿童身体发育的特点,这样才可能给予他们合理的、科学的照顾和保护,才可能促进他们的身心健康发展。

第一节 运动系统

运动系统由骨、骨连结和骨骼肌三部分组成。人体共有206块骨,分为颅骨、躯干骨和四肢骨三部分。它们构成了人体的支架,支撑着身体各部分的软组织,使人体具有一定的形状;保护着脑、脊髓、心、肺、肝、肾、膀胱、子宫等内脏器官,使它们不易受到外力的损

---

[1] 本文系《幼儿卫生学》(南京师范大学出版社1997年9月第1版)一书的第二章。

伤。骨骼是骨骼肌的主要附着点。附着在骨骼上的骨骼肌收缩,或牵动骨骼,完成身体的运动;或固定骨骼,维持身体的姿势。运动系统在神经系统的调节和其他系统的配合下,对身体起着运动、支持和保护的作用。

一、幼儿运动系统的特点

(一) 骨骼

幼儿骨骼比较柔软,软骨多,骨较短较细,骨化没有完成。

幼儿骨的成分与成人骨不完全相同。幼儿的骨组织中含有机物(主要是胶原)较多,含无机物(主要是钙、磷、镁、氟等无机盐)较少。成人骨中有机物与无机盐含量之比约为 3∶7,而儿童骨中有机物与无机盐含量之比约为 1∶1。因此,与成人骨比较,幼儿骨的硬度小、弹性大,容易变形,一旦发生骨折,可能出现折而不断的现象,即"青枝骨折"。幼儿的骨膜比较厚,血管丰富,这对骨的生长及再生有着重要的作用。

幼儿的骨正在生长。人四肢上的骨骼叫长骨。儿童出生时,长骨的两头还是软骨。软骨一边发育使长度不断增加,一边钙化。人长个子主要是由于下肢长骨的长度增加。到了发育成熟的年龄,长骨两头的软骨完全钙化,长成一根坚硬的骨头,此时骨的长度就不再增加了。

腕骨　人一共有 8 块腕骨。出生时,腕骨还都是软骨,随着年龄的增长,腕骨逐渐钙化,大约 10 岁~13 岁左右,整个腕骨钙化完成。由于腕骨处于逐渐钙化的过程中,手的腕部力量不足,手完成精细动作比较困难,故幼儿不宜长时间进行手部精细动作的作业。

脊柱　脊柱是人体躯干的支架,上承头颅,下部与髋骨相连,相邻椎骨之间借椎间盘连结。成人脊柱有四个生理弯曲,即颈曲、胸曲、腰曲、骶曲,这是人类直立姿势所形成的特征(见图①)。新生儿的脊柱从侧面看几乎是直的,上述生理性弯曲是随着小儿的生长发育逐渐形成的。3 个月左右婴儿已经会抬头,出现了颈椎前凸;到 6 个月~7 个月会坐时,出现了胸椎后凸;到 1 岁会走时,出现了腰椎前凸。最初,这些生理性弯曲尚未固定,躺着时这些弯曲可以消失。一般要到6岁～7岁以后,这些弯曲才被韧带固定。到了20岁～21岁以后,这些生理性弯曲才能完全固定下来。在脊柱尚未完全固定以前,不良的姿势可以造成脊柱畸形,如脊柱侧曲、驼背等。

头颅骨　新生儿的头颅骨骨化尚未完成,骨与骨之间的骨缝没有闭合；形成囟门(见图②)。额骨和顶骨之间的前囟门,一般在1岁～1.5岁时闭合；顶骨和枕骨之间的后囟门,一般在出生后6周～8周闭合。骨缝在3个月～4个月时闭合。但当营养不良或患佝偻病时,骨化过程可能会发生障碍,囟门也可能较迟闭合。

髋骨　髋骨是由髂骨、坐骨和耻骨三块骨头组合而成的,一般要到19岁～24岁才能完成钙化。在没有完成钙化之前,组成髋骨的三块骨头之间的连结不很牢固,容易在外力作用下发生错位,造成不正常的接合,影响骨盆的发育。因此,在组织幼儿运动时要注意避免让幼儿从高处向硬的地面上跳。

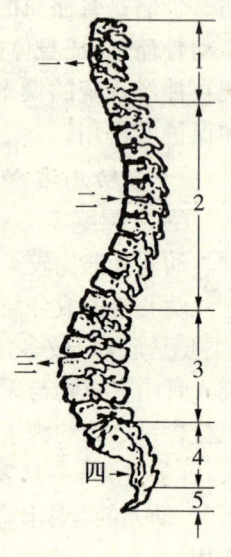

图①　脊柱侧面观

一、颈曲；二、胸曲；
三、腰曲；四、骶曲；
1.颈椎；2.胸椎；3.腰椎；4.骶骨；5.尾骨

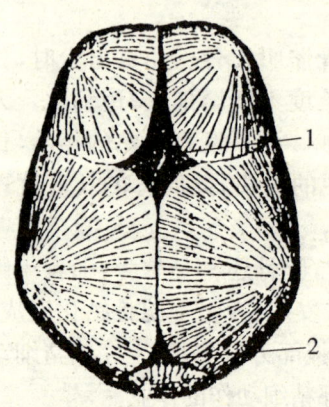

图②　新生儿的头骨

1.前囟；2.后囟

(二) 骨连结

骨与骨之间的连结称骨连结。因为人体各部分骨的功能不同,所以骨连结的方式也不同。骨连结可分为直接连结和间接连结。直接连结由骨与骨之间的结缔组织膜或软骨直接连接而成,如颅骨之间的骨缝、椎骨之间的椎间盘等。间接连结称为关节,这是骨与骨之间的主要连结方式。关节活动范围较大,不同形式的关节可以做各种不同的运动。

幼儿的关节面软骨相对较厚,关节囊较浅,关节附近的韧带较松,所以关节的伸展及运动范围比成人大。但关节的牢固性较差,在过强的外力作用下容易脱臼。

足弓　足骨借助坚强的韧带连结形成向上突隆的弓形,称为足弓。足弓具有弹性,能缓冲行走与跳跃时身体和脑的震荡。足底韧带松弛,可使足弓塌陷或消失,形成扁平足。扁平足弹性差,长时间站立或行走会压迫足部神经和血管,容易造成疲劳或足部疼痛。幼儿足弓的肌肉、韧带还不结实,如运动不合适或运动量过大,容易形成扁平足。为保护幼儿足弓正常发育,应注意幼儿运动不要负荷过重,并让幼儿穿合适的鞋。

(三) 肌肉

幼儿的肌肉正处在生长发育过程之中,发育尚未完善。

幼儿肌肉嫩且柔软,收缩性差,容易疲劳。幼儿年龄越小,肌肉中所含的水分越多,而蛋白质、无机盐等固体物质就越少,因而肌肉的力量和能量储备都不如成人。幼儿肌肉虽易疲劳,但由于新陈代谢旺盛,氧气供给充分,故消除疲劳也较成人快。

幼儿神经系统发育不够完善,因此对骨骼肌活动的调节功能不强。

儿童大肌肉群发育早,小肌肉群发育晚,3岁～4岁的幼儿上、下肢活动已经相当协调,这时已能走会跳了。到5岁时,下肢肌肉发育较快,因此,活动有节律,跳跃比较平稳,跑的速度也加快了。但是,幼儿的小肌肉群发育较晚,5岁～6岁的幼儿,手部的小肌肉才开始发育。此时,幼儿能初步做一些比较精细的动作,但时间不能持久,否则容易疲劳。

二、幼儿运动系统的卫生保健

第一,培养正确体姿,防止胸廓和脊柱畸形。体姿,即坐、立、行时身体的习惯姿势。正确的体姿可预防驼背和脊柱侧弯,还可以使人看上去有精神。坐着时,两脚平放,不弓背,不耸肩,身子坐正;站立时,身子正,腿不弯,抬头挺胸;走路时,抬起头,自然挺胸,眼往前看,两臂自然摆动。

第二,桌椅高矮要合适。应根据幼儿的身高,制作适合幼儿使用的桌椅,防止幼儿出现驼背。此外还应注意幼儿写字、绘画时的握笔姿势。握笔姿势正确可使幼儿坐姿端正,骨骼生长发育正常,还可保护幼儿视力。

第三,重视幼儿体育锻炼。适宜的体育锻炼,可以加速血液循环,促进身体的新陈代谢,使肌肉、骨骼能得到更多的营养,从而使肌纤维体积增大,弹性增加,肌肉活动的能力也相应提高;体育锻炼还可使骨细胞增殖,促进骨骼增长,加速骨的钙化,使骨质更坚硬。

第四,保证幼儿获得足够的营养。要特别注意幼儿膳食中钙、磷、维生素 D、蛋白质的供给,以促进骨的钙化和肌肉的发育。

第二节 呼吸系统

呼吸是人体与外界环境进行气体交换的过程。呼吸系统包括鼻、咽、喉、气管、支气管等气体的通道,以及进行气体交换的器官——肺。鼻、咽和喉为"上呼吸道",喉以下则为"下呼吸道"。上、下呼吸道都是气体进出肺的过路通道,肺内的"肺泡"才是进行气体交换的场所。

一、幼儿呼吸系统的特点

(一)鼻

鼻是呼吸道的起始部分,是保护肺的第一道防线。

儿童面部与颅骨发育尚未成熟,鼻和鼻腔相对短小。鼻腔内黏膜柔软,富有血管,鼻腔较狭窄,因此易受感染,且感染后即会引起充血、流涕,造成鼻腔闭塞、呼吸困难,甚至还会引起鼻炎。

幼儿的鼻泪管较短,开口部的瓣膜发育不全,位于眼的内眦;因此,上呼吸道感染往往会侵及眼部,引起泪囊炎、结膜炎等。

(二) 咽

幼儿咽部狭小、垂直,有丰富的淋巴组织,其中最大的是左右两个扁桃体。新生儿的扁桃体藏于腭弓之间,腺窝和血管均不发达,以后随着淋巴组织的发育而逐渐长大。4岁～10岁时发育达最高峰,14岁～15岁时又逐渐退化。扁桃体具有一定的防御功能,但是当细菌藏匿于腺窝深处时,又可成为慢性感染的病灶。

幼儿的咽鼓管较短而且直,接近水平状态。当上呼吸道感染时,细菌会由咽部经过咽鼓管侵及中耳,引起中耳炎。

(三) 喉

幼儿喉腔狭窄,较成人长,黏膜柔嫩,有丰富的血管和淋巴组织。有炎症时,常会出现呼吸困难。幼儿喉部软骨柔软。3岁以前,男女儿童的喉头外形相似,3岁以后男孩的甲状软骨骨板角变锐,10岁以后喉结逐渐明显,形成男性喉形。

幼儿声门窄而短,声带短而薄,所以声调较成人高而尖。幼儿声门肌肉容易疲劳,如果经常大声喊叫或唱歌方法不当,声带就会充血肿胀、变厚,声音变得嘶哑。

(四) 气管、支气管

幼儿气管和支气管较狭窄,缺乏弹性组织,黏膜柔嫩且富有血管,黏液腺分泌不足,纤毛运动能力差,所以不仅容易受感染,而且也容易引起阻塞,导致呼吸困难。

(五) 肺

幼儿肺的弹性组织发育较差,间质发育旺盛,血管丰富。6岁～7岁时,肺泡组织结构与成人基本相似,但肺泡数量较少。随着年龄增长和身体发育,肺的容积才逐渐增加。肺的发育在出生后几个月内和青春期最迅速。

幼儿胸廓呈圆桶状,膈肌位置较高,心脏呈横位,胸腔较小,肺相对较大,几乎填满整个胸腔。呼吸肌伸缩能力差,呼吸时胸廓运动不充分,所以幼儿肺的扩张受到限制,不能充分地进行气体交换。

(六) 呼吸频率

儿童年龄越小,呼吸越快。幼儿胸腔狭窄,呼吸肌不发达,肺活量小,但代谢旺盛,对氧气的需求量接近成人,为满足机体耗氧的需要,只能增加呼吸的频率。(不同年龄儿童的呼吸频率见表1)

表1 不同年龄儿童呼吸次数的平均值

年　龄	每分钟呼吸平均次数
出生~1岁	20
1岁~3岁	24
4岁~7岁	22
8岁~14岁	20

＊新生儿一般为40次/分钟~44次/分钟

儿童呼吸不均匀,支配呼吸运动的中枢神经发育不完善,往往是深度与浅度的呼吸相交替,呼吸节律不齐。这种现象在新生儿身上尤为明显。

二、幼儿呼吸系统的卫生保健

第一,培养幼儿良好的卫生习惯。首先,要培养幼儿用鼻呼吸的习惯。鼻腔的黏膜能分泌黏液,使空气湿润和温暖,并且鼻内有鼻毛和丰富的毛细血管,能挡住空气中的灰尘和细菌,保护呼吸系统。其次,帮助幼儿掌握正确擤鼻涕的方法:先轻轻捂住一侧鼻孔,擤完后,再擤另一侧,擤时不要太用力。再次,教育幼儿不要蒙头睡觉,以保证睡眠时有充足的氧气供给。幼儿正处在生长发育时期,需要较多的氧气,因此,不管在什么样的天气里,都不能让幼儿蒙头睡觉。另外,还要教育幼儿不用手挖鼻孔,以防鼻腔感染或出血。

第二,重视体育锻炼和户外活动。体育锻炼能加强呼吸系统的功能,使幼儿胸廓和呼吸肌的发育逐渐完善,使上呼吸道的抵抗能力得到增强。因为,在锻炼过程中,随着骨骼、肌肉的活动,能量的消耗骤增,幼儿需要吸入大量氧气,排出大量的二氧化碳。在这种情况下,呼吸系统必须加倍地工作,使胸廓容量增大,呼吸肌力量增强,肺活量增大。经常在户外活动,尤其是利用冷空气进行锻炼,可增强呼吸系统的抵抗力,降低呼吸道疾病的发病率。

第三,注意保护幼儿声带。唱歌、朗读、说话需要声带及肺的活动。唱歌地点的空气必须保持清爽、湿润,冬天不宜在室外冷空气中唱歌;要选择适合幼儿音域特点的歌曲和朗读材料,让幼儿用自然的声音唱歌和说话,避免大声喊叫;在唱歌或朗诵过程中,让幼儿得到适当休息,以防声带过度疲劳。

第四,保持室内空气新鲜。新鲜空气中含有充足的氧气,能促进人体的新陈代谢,对幼儿整个身体的生长发育都是十分有利的。必须经常开窗通风换气,保持室内空气新鲜,但应避免对流风,防止幼儿感冒。

第三节 循环系统

循环是指各种体液不断地流动和相互交换的过程。循环包括血液循环和淋巴循环两部分,其中血液循环起主要作用。淋巴循环是血液循环的辅助和补充。

人体的新陈代谢需要氧气和养料,同时要排出二氧化碳和废物。人体内执行运输养料和废物任务的是循环系统。

循环系统是一个密闭的连续性的管道系统,它包括心脏、动脉、静脉和毛细血管。心脏是血液循环的动力器官,是一个"血泵",正是它的收缩推动血液在血管中奔流不息,以保证机体内环境的相对稳定和新陈代谢的正常进行。血管是血液循环的管道,凡是离心的血管,即把心脏这个"泵"打出来的血液输送出去的血管,叫做"动脉",而将血液送回心脏的血管叫做"静脉"。

一、幼儿循环系统的特点

(一)造血和血液特点

1. 造血。儿童出生以后,骨髓是生成各种血细胞的唯一器官。

淋巴组织是产生淋巴细胞的场所。在正常情况下,婴儿出生2个月以后骨髓外造血停止。当婴儿遇到各种感染、溶血、贫血等病理情况时,因骨髓造血储备小,其肝、脾和淋巴结可以随时根据需要,恢复胎儿时期的造血状态。此时,肝、脾和淋巴结都会肿大。当病情去除后,骨髓造血又恢复到正常。

2. 血液特点。幼儿年龄越小,血液量占整个体重的比例就越高。新生儿血液量占体重的15%,1岁时占体重的11%,14岁时占体重的9%。这种情况对婴幼儿的生长发育是有利的。幼儿血液中含水分和浆液较多,含凝血物质、纤维蛋白质和无机盐类都较少。血液中的红细胞和血红蛋白的含量随年龄的增长而稍有变动。儿童出生时,红细胞数可高达500万个/立方毫米～700万个/立方毫米,血红蛋白达15克/升～22克/升。以后,由于红细胞生成素合成减少,骨髓红细胞的功能下降,红细胞和血红蛋白逐渐减少,至出生后2个月～3个月达最低水平,出现生理性贫血。以后,由于贫血对造血器官的刺激,红细胞生成素增多,红细胞和血红蛋白又逐渐增多,至12岁时达到成人的水平(儿童各年龄血细胞成分的平均正常值见表2)。因此判断儿童是否贫血和贫血程度,必须参照不同年龄儿童血象的正常值以及红细胞形态。幼儿血液中白细胞的数量和成人差不多,但对机体防御和保护机能较差的淋巴细胞较多。幼儿血小板数与成人相近,每立方毫米血液中含15万～25万个,一般不受年龄影响。

表2 儿童各年龄血细胞成分的平均正常值

年龄 血液成分	6个月	1岁～2岁	4岁～5岁	8岁～14岁
红细胞(百万个/立方毫米)	4.2	4.3	4.4	4.5
血红蛋白(克/100毫升)	12.3	11.8	13.4	13.9
白细胞(个/立方毫米)	12 000	11 000	8 000	8 000
中性粒细胞(%)	31	36	58	55～65
淋巴细胞(%)	60	56	34	30
血小板(万)	25	25	25	25

(二) 心脏、血管特点

1. 心脏。幼儿心脏重量在体重中所占比例大于成人,约占体重的 0.89%,成人心脏重量占体重的 0.48%～0.50%。出生时,心肌约重 20 克～25 克,1 岁时是出生时的 2 倍,2 岁半时为 3 倍,近 7 岁时增至 5 倍,其容积约 100 毫升～120 毫升。随后心脏的增长速度缓慢,直到青春期再次快速增长,18 岁～20 岁时,心脏的容积达 240 毫升～250 毫升。

幼儿心肌纤维束彼此交织较松,心肌纤维细微,弹性纤维少。6 岁～7 岁后,弹性纤维开始分布到心肌壁内,增加了心脏的弹性,增强了心脏收缩的功能。

幼儿年龄越小,心率越快。幼儿心脏发育不完全,心肌薄且弹性小,心脏容量小,脉搏输出量小。而幼儿新陈代谢旺盛,对氧气和养料的需要量大,只有增加心跳次数,才能增加心脏输出的血量,以适应机体的需要。随着年龄增长,心跳次数逐渐减少。幼儿心率、脉搏极不稳定,易受情绪、运动和进食等内外因素的影响。(各年龄心率平均值及范围见表 3)

表 3 各年龄心率平均值及范围(次/分钟)

年 龄	平 均 值	最小值～最大值
出生	127.9	88～158
1 岁～	119.2	85～187
3 岁～	108.8	75～133
4 岁～	100.8	71～133
6 岁～	91.7	68～125
8 岁～	88.9	64～123
11 岁	82.3	52～115
男 12 岁～14 岁	77.4	58～102
女 12 岁～14 岁	87.3	55～109

2. 血管。幼儿血管的内径比成人大,尤其是动脉。新生儿动脉

内径与静脉内径之比为1∶1,成人为1∶2。随着年龄增长,儿童的动脉口径相对变窄。幼儿肺、肾、肠、皮肤等处的毛细血管非常丰富,因此血流量大,供给全身的营养物质和氧气充足。儿童在10岁前,肺动脉直径较主动脉大。到了青春期,主动脉直径开始超过肺动脉。儿童年龄越小,血管壁越薄,血管弹性也越小。随着年龄增长,血管壁加厚,弹性纤维增多,弹性增强,到12岁时,已具有成人动脉的构造。

3. 血压。儿童年龄越小,血压越低。原因是儿童心脏的血液输出量较小,而且血管内径又大,动脉壁柔软,受到的阻力小。随着年龄增长,儿童的血压也逐渐提高。(各年龄儿童平均血压见表4)

表4 各年龄平均血压(毫米汞柱)

年 龄	平均收缩压	平均舒张压
新生儿	80±16	46±16
6个月	89±29	60±10
1岁	96±30	66±25
2岁	99±25	64±25
3岁	100±25	67±23
4岁	99±20	65±20
5岁	94±14	55±9
6岁	100±15	56±8
7岁	102±15	56±8
8岁	105±16	57±9

(三)淋巴系统特点

儿童淋巴系统发育较快,淋巴结的防御和保护机能比较显著,但淋巴结发育尚未完善,结缔组织较少,淋巴小叶分隔不清,淋巴滤泡未形成,被膜较薄,感染后容易扩散,局部轻微感染就可使淋巴发炎、肿大,甚至化脓。淋巴结肿大与一定区域的感染有关(感染部位与肿大淋巴结的关系见表5)。

表5　感染部位与肿大淋巴结的关系

感染所在部位	肿大的淋巴结
咽、口腔	颌下淋巴结
鼻咽、口腔、腮腺、颈及面部皮肤	颈部淋巴结
头皮、后颈部	枕部淋巴结
上肢	腋窝淋巴结
下肢、会阴	腹股沟淋巴结

二、循环系统的卫生保健

第一,合理安排幼儿一日生活。为保护幼儿心脏正常的活动,需要让儿童避免长时间的剧烈运动;幼儿一日生活的安排,应注意动静交替、劳逸结合;对不同体质的幼儿,在活动安排上应区别对待,对他们提出不同的要求。

第二,注意体育锻炼。体育锻炼可提高心血管活动的适应能力,特别是可以增强心肌收缩力,使心脏体积增大,心跳缓慢有力,从而减轻心脏的负担,使心脏得到充分的休息,不易疲劳。

在组织幼儿体育锻炼时,应注意在运动前做好准备活动,以提高运动效率;运动结束时要做好整理活动,尤其是剧烈运动后不要马上停下来。剧烈运动后马上停止会影响呼吸,减少氧气的补充。同时肌肉活动的停止,必然影响静脉血液回流心脏,使心脏血液的输出量减少,血压降低。由于重力的影响,血液不容易送到头部,这时极易发生暂时性脑贫血,引起恶心、呕吐、面色苍白、心慌,甚至晕倒。

第三,合理安排幼儿的膳食。合理安排幼儿膳食可预防动脉硬化。动脉硬化是中老年人脑血管和心血管病的主要原因。预防动脉硬化应从幼儿开始,幼儿膳食安排科学、合理,可减少胆固醇和饱和脂肪酸的摄入量,防止和延缓动脉的硬化。

在安排幼儿膳食时,应注意供给幼儿制造红细胞必需的物质。儿童时期血液总量增加很快,因而需要的造血原料也较多。合成血红蛋白需要蛋白质和铁作原料,如果膳食中缺少蛋白质和铁,血红蛋白的合成就会受到影响,甚至会发生缺铁性贫血。维生素 B_{12} 和叶酸虽然不是直接的造血原料,但它们与红细胞的发育成熟有关,缺乏维生素 B_{12} 和叶酸会引起营养性巨幼细胞性贫血。

第四,预防传染病和谨慎用药。预防传染病,可避免因传染病引起的心脏疾病。

骨髓是制造血细胞的"工厂",某些药物如氯霉素、合霉素等,有抑制骨髓造血功能的作用,要谨慎使用。

第四节 消 化 系 统

消化系统是由消化管和消化腺两部分组成的。消化管包括口腔、咽、食管、胃、小肠、大肠、肛门等。消化腺主要有唾液腺、胃腺、肠腺、肝脏和胰腺等。消化系统的功能是通过消化管运动和消化液的作用,将食物分解成可吸收的成分。

一、幼儿消化系统的特点

(一)牙齿

人的一生先后有两组牙齿萌出,第一次萌出的是乳牙,第二次是恒牙。

乳牙在出生后 6 个月～8 个月开始萌出,最迟不晚于 1 岁,2 岁～3 岁出齐,共 20 个。乳牙的萌出有一定的时间和一定的顺序,且左右成对地萌出。最先萌出的是两个下中切牙,然后萌出上面的 4 个切牙,再萌出两个下侧切牙,1 岁时可以有 8 个牙。1 岁半左右 4 个第一乳磨牙萌出,在切牙与磨牙之间的空隙为尖牙位置,2 岁左右 4 个尖牙长出。最迟两岁半,4 个第二乳磨牙萌出。6 岁～7 岁时,乳牙开始脱落,恒牙开始萌出,逐渐替代乳牙。12 岁～14 岁,乳牙、恒牙基本交换完毕(见图③、图④)。在 6 岁左右,第一恒磨牙最先萌出,故又称作六龄齿(恒牙萌出时间与顺序见表 6)。第一恒磨牙的位置对于建立正常的咬合关系有重要的意义。第一恒磨牙发育不好或过早缺失会造成其他恒牙的倾斜,影响牙的正常咬合。

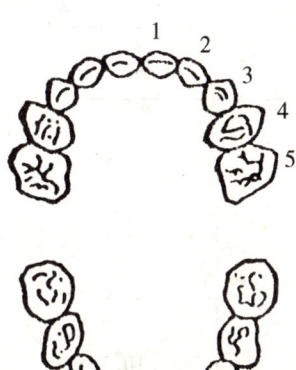

图③ 乳牙的排列、数目和形状

1. 乳中切牙(共4个) 2. 乳侧切牙(共4个) 3. 乳尖牙(共4个) 4. 第一乳磨牙(共4个) 5. 第二乳磨牙(共4个)

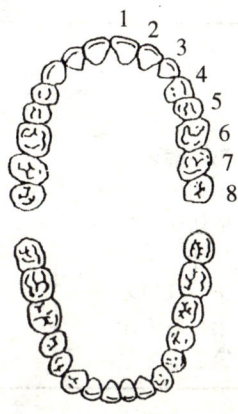

图④ 恒牙的排列、数目和形状

1. 中切牙(共4个) 2. 侧切牙(共4个) 3. 尖牙(共4个) 4. 第一前磨牙(共4个) 5. 第二前磨牙(共4个) 6. 第一磨牙(共4个) 7. 第二磨牙(共4个) 8. 第三磨牙(即智齿,共4个)

表6 恒牙萌出时间与次序

	男 性(岁)	女 性(岁)
上颌		
第一磨牙	6～7.5	5.5～7.5
中切牙	5.5～6	6～9
侧切牙	7.5～10	7～10
第一双尖牙	9～12	9～12
尖牙	10～13	9.5～12
第二双尖牙	10～13	9.5～12
第二磨牙	11.5～14	11～14

幼儿的解剖生理特点

续 表

	男 性（岁）	女 性（岁）
下颌		
第一磨牙	6～7	5～7
中切牙	6～7.5	5～8.5
侧切牙	6.5～8.5	5.5～9
尖牙	9.5～12.5	8.5～11.5
第一双尖牙	9.5～12.5	9～12
第二双尖牙	10～13	9.5～13
第二磨牙	11～13.5	10.5～13

正常出牙并无痛感，一般也无特殊症状。有时婴儿初出牙时会出现短时睡眠不安、体温微升等情况。

乳牙在胎儿时期已经钙化，要使幼儿有坚固的乳牙，必须注意孕妇的营养。恒牙在胚胎期已经发生，大部分恒牙在婴儿时期已经钙化。要使幼儿有坚固的恒牙，必须注意婴幼儿时期营养的供给。

乳牙在口腔中存在的时间虽然短暂，但却是儿童的主要咀嚼器官，对消化和营养的吸收有重要作用。同时，乳牙咀嚼活动的刺激可促使颌骨和咀嚼肌的正常发育。乳牙的健全发育和位置正常，可引导恒牙的正常萌出。乳牙的存在还有助于儿童的发音，使儿童能进行清楚的语言表达。

（二）唾液腺

唾液腺有三对：腮腺、颌下腺和舌下腺。新生儿唾液腺尚未发育，口腔黏膜干燥。出生后3个月～4个月，唾液腺开始发育，唾液增多。婴儿不会吞咽唾液，可能有生理性流涎。随着婴儿逐渐长大，这种情况也就会消失。唾液中的淀粉酶可使淀粉初步消化，变成麦芽糖。唾液中溶菌酶可杀灭细菌。

（三）胃

新生儿的胃呈水平位，贲门肌发育较差，比较松弛，胃内容物易随空气溢出，所以婴儿容易漾奶。当儿童学会独立行走后，胃逐渐变为垂直位。

儿童胃的容量较小,随年龄的增长,胃容量也逐渐增大。新生儿胃容量为30毫升～50毫升,1岁时为250毫升,3岁时为700毫升,6岁时约为900毫升。

幼儿胃黏膜柔软而富有血管,胃壁较薄,弹性组织、肌肉层及神经组织发育较差,因此胃的蠕动机能差。

幼儿胃分泌的胃液的酸度比成人低,胃液中酶的含量也比成人少,因此消化能力较弱。

(四)肠

幼儿肠管相对比成人长。成人的肠管为身长的4倍半,而婴幼儿的肠管则为身长的5～6倍,消化道面积相对比成人大。小肠与大肠之比在不同年龄也不相同,新生儿为6∶1,婴幼儿为5∶1,成人为4∶1。

婴幼儿肠黏膜发育较好,有丰富的血管网和淋巴管网。分布在小肠肠壁上的绒毛数几乎达到成人水平,因而小肠肠壁道通透性好,吸收率高,容易将营养物质吸收到血管和淋巴管内。但当消化道发生感染,肠内细菌或毒素也容易通过肠壁进入血液,使病情加重。

婴幼儿肠道肌肉组织和弹力纤维还没有发育好,肠的蠕动能力比成人弱,肠内容物通过较慢,容易发生便秘和粪中毒。

婴幼儿结肠不够固定,肠壁薄,易发生肠套叠;直肠壁和腹后壁不够固定,因而容易脱肛。

(五)肝脏

幼儿的肝脏相对比成人的大,5岁时重约650克,占体重的3.3%,而成人的肝脏只占体重的2.8%～3.0%左右。3岁以下正常幼儿常可在肋弓下摸到肝脏的缘。它距肋弓约1～2厘米,一般4岁以后逐渐缩入肋下就摸不到了。

幼儿肝小叶和肝细胞发育不完全,胆囊小,分泌的胆汁少,因而消化脂肪的能力较差。

幼儿肝细胞分化不完全,组织软弱,肝脏容易充血,对感染的抵抗力较弱,解毒功能较差。

二、幼儿消化系统的卫生保健

第一,注意口腔卫生,保护牙齿。口腔是消化道的起始部分,牙齿是咀嚼的工具,注意口腔卫生,保护牙齿是十分重要的。首先,要培养幼儿早晚刷牙、饭后漱口的好习惯,教会幼儿掌握正确的刷牙方法。其次,教育幼儿要少吃零食,睡觉前不吃糖果。经常不按时进食,经常吃零食,会影响消化腺的分泌和胃肠蠕动,使食物不能很好消化,营养物质不能很好吸收;如果睡觉前吃糖果而又不再漱口、刷牙,那么很容易出现龋齿。再次,每年应定期检查幼儿的牙齿,发现龋齿要及时进行治疗。另外,要慎用抗菌素,例如使用四环素类药物会使牙釉质发育不好,易脱钙变黄,容易造成龋齿。

第二,建立合理的饮食制度,培养幼儿良好的饮食习惯。消化器官的活动是有规律的,应培养幼儿定时、定量进餐的习惯。幼儿消化能力较弱,为幼儿准备的饭菜既要新鲜、富有营养,又应易于消化、吸收。

幼儿胃容量较成人小,因而要让幼儿少吃多餐。一般除三餐外,上、下午应各安排一次点心。

第三,注意让幼儿在进餐时保持愉快情绪。消化道和消化腺的活动都受神经系统的调节。幼儿进餐时是否有食欲与进餐时的情绪有密切关系。幼儿进餐时情绪愉快,会促进胃液的分泌,增强食欲,有利于食物的消化和吸收。

为保持幼儿进餐时的愉快情绪,教师应注意保持进餐环境的整齐与清洁,良好的环境会引起幼儿的食欲。在幼儿进餐前和进餐过程中,教师不应批评、指责幼儿行为上的问题,以免影响幼儿的情绪。

第四,饭前饭后不做剧烈运动。消化系统的各器官的活动除了受中枢神经系统的控制和调节外,还受植物性神经系统的支配。剧烈运动可使交感神经作用加强,心跳和血液循环加快,大部分血液涌向肌肉,为机体提供能量。此时胃肠活动被抑制,消化液分泌减少,胃肠蠕动减弱,影响对食物的消化。所以饭前半小时不应进行剧烈运动,饭后也应休息半小时到1小时后,才能进行运动。

第五,培养幼儿定时大便的习惯。粪便中有一些有毒的物质,粪便在体内停留时间过长,对身体健康是不利的。培养幼儿定时大便的习惯,教育他们多吃蔬菜、水果,多喝开水,多参加运动,能使大便通畅,预防便秘。

第五节 泌尿系统

泌尿系统包括肾脏(泌尿)、输尿管(输尿)、膀胱(贮尿)和尿道(排尿)。

人体在新陈代谢过程中不断产生代谢的废物和多余的水。代谢物是多种多样的,需要通过不同的途径排出体外。肾是人体的主要排泄器官,肾的泌尿机能对保持人体内环境的相对稳定起着重要作用。

一、幼儿泌尿系统的特点

(一)肾功能较差

婴幼儿时期,肾皮质发育不全,肾功能较差。年龄越小,肾小管越短,肾小球滤过率越低。幼儿肾小管排泄及再吸收功能均较差,对尿的浓缩和稀释功能也较弱,较容易发生脱水和水肿。

(二)膀胱贮尿功能差,排尿次数多

幼儿膀胱容量小,黏膜柔弱,肌肉层及弹性组织不发达,贮尿功能差,所以排尿次数多。年龄越小,每天排尿次数越多。出生一周的新生儿,每天排尿20次~25次,1岁时每天15次~16次,4岁~7岁每天排尿6次~7次。

膀胱受脊髓(反射性的)和大脑(反射性的和随意性的)控制。婴儿由于大脑皮质发育尚未完善,当膀胱内贮存的尿液达到一定量时,膀胱黏膜的反射刺激会引起不自觉的排尿。随着神经系统的发育和排尿训练,幼儿对排尿已能随意控制,但有的儿童排尿控制能力差,夜间仍易遗尿。

(三)尿道短,易感染

儿童尿道短,尤其是女孩更短。新生女婴尿道仅1厘米~2厘米,至青春期才长到3厘米~5厘米。女孩的尿道开口接近肛门,如不注意外阴部卫生,就容易发生尿道感染而引起炎症。感染后细菌可经尿道上行到膀胱、肾脏,引起上行性泌尿道感染。

尿液中有尿酸、尿素等成分,其中有的物质在体内贮留过久对身体有害。

二、幼儿泌尿系统的卫生保健

第一,培养幼儿定时排尿的习惯。排尿动作是一种反射性反应。随着儿童的神经系统发育不断完善,满1周岁即能控制排尿。2岁～3岁时,这种对排尿的控制能力已经得到巩固,即使在睡眠时亦能控制排尿。因此应从小养成幼儿定时排尿的习惯。

在幼儿园中,教师在组织集体活动前,应提醒幼儿排尿。但应注意不要频繁地让幼儿排尿,以免影响儿童正常的贮尿功能,造成尿频。同时要注意不要让儿童长时间憋尿,因尿液的生成是连续性的,而排尿是间歇性的,膀胱贮尿有一定的限度,所以有尿意就应该排尿。积尿太多,膀胱过分膨胀,使膀胱壁过度伸展而失去收缩能力,会引起排尿困难,也容易造成感染。

第二,保持会阴部的清洁卫生。预防上行性泌尿道感染,就应注意尿道口周围的卫生。为此,应该做到:尽早让幼儿不穿开裆裤;每天晚上应给幼儿清洗外阴部;厕所、便盆要每天清洗、消毒。

第三,每天供应幼儿足够的开水。人体每天摄取的水量和排出的水量要维持相对的平衡,组织细胞才能进行正常的生理活动。让幼儿每天喝足够的开水,使幼儿体内的废物能及时地随尿排出,可保护幼儿的身体健康。

第六节 皮 肤

皮肤覆盖在人体表面,柔软而有弹性,是保护人体的一道防线。皮肤还具有调节体温、感受外界刺激的作用,其中的腺体具有排泄体内废物的功能。

一、幼儿皮肤的特点

(一)幼儿皮肤保护功能差

幼儿皮肤的角质层比较薄嫩,皮脂分泌少,发育不完善,保护功能差,对外界冲击的对抗能力较差,容易受损伤和感染,有时会成为全身感染的入侵门户。

(二) 皮肤调节体温的功能差

皮肤具有保温和散热双重功能,人体热量约75%～85%经过皮肤发散。幼儿皮肤调节体温的功能较成人差。幼儿皮肤中毛细血管丰富,血管腔比较大,单位面积皮肤上的血流量较成人大,散热快;幼儿皮肤的表面积大于成人,散热多。另外,幼儿神经系统对血管运动的调节功能不够健全,因此幼儿对外界环境温度的变化往往不能适应。环境温度过低,幼儿容易受凉;环境温度过高,又容易受热。

(三) 皮肤的渗透能力强

幼儿皮肤的表皮薄嫩,角质层发育不完善,富有血管,因而有较高的吸收和通透能力,有些物质可渗过角质层被吸收到体内。如果不慎让幼儿接触到有毒物品,或涂拭药物时未能注意药物的浓度和剂量,就会损害幼儿的身体。

二、幼儿皮肤的卫生保健

第一,使幼儿养成良好的卫生习惯。保护皮肤最重要的方法是保持皮肤的清洁。清洁的皮肤具有杀菌能力。要教育幼儿每天用肥皂清洗身体裸露的部分,勤洗头、洗澡,勤换内衣,勤剪指甲,以保持皮肤的清洁。

第二,注意幼儿衣着的卫生。为幼儿挑选的衣料应能保温、吸湿和透气,质地应柔软、轻便,应选用柔软的全棉布做幼儿的内衣。合成纤维布料吸水性较差,汗水易附着在皮肤上,导致微生物的繁殖,从而诱发皮肤过敏、湿疹以及其他皮肤疾病。因此,幼儿不能穿合成纤维制作的内衣。

在日常生活中,成人应根据气候的变化和幼儿活动情况,及时给幼儿增减衣服。幼儿衣服不宜穿得过多,以锻炼和增强幼儿适应气候变化的能力。

第三,重视体育锻炼和户外活动。经常进行体育锻炼和在户外活动,可以促进人体的新陈代谢,改善皮肤的血液循环,增强体温调节能力,同时可以提高皮肤对冷、热刺激的适应能力,增强身体的抵抗力。

要充分利用空气、阳光和水这三件宝，锻炼幼儿身体。新鲜空气中的氧含量高，能促进新陈代谢；冷空气可使血管先收缩后扩张，提高血管收缩和扩张的灵活性，增强机体对寒冷的适应能力。日光中有两种光线。一种是红外线，它照射人体后，能使血管扩张，加快新陈代谢进程，使全身得到温暖；另一种是紫外线，它照射到人体的皮肤上，可使皮肤中7-脱氢胆固醇转变为维生素 D_3，帮助机体吸收食物中的钙和磷，预防佝偻病的发生。让幼儿多接触水，利用水的温度和水的机械作用，给幼儿以刺激，可以达到锻炼幼儿皮肤的目的。例如让幼儿用冷水洗手洗脸，可锻炼皮肤的适应能力等。

第七节 内分泌系统

内分泌系统是人体的调节系统，它与神经系统配合，共同调节机体的各种生理功能，使之适应体内外环境的变化。

人体主要的内分泌腺有脑垂体、肾上腺、甲状腺、甲状旁腺、胸腺、胰腺和性腺等。

一、脑垂体

脑垂体是人体最重要的内分泌器官。在4岁以前和青春期脑垂体生长最为迅速，其机能也最活跃。

生长激素是脑垂体分泌的影响生长发育的一种最重要的激素。幼儿时期生长激素分泌不足，儿童就会出现生长缓慢、身体矮小等症状，严重的甚至会患侏儒症，但是智力发育一般不受影响；如果幼儿时期脑垂体机能亢进，生长激素分泌过多，再加上长骨的骨骺与骨干尚未愈合等因素的影响，儿童会出现细胞分裂速度过快、生长速度过快等症状，严重的甚至会患巨人症。在一天之中，生长激素白天分泌少，夜间分泌多，因此保证幼儿足够的睡眠对生长激素的正常分泌十分重要。

二、甲状腺

甲状腺是人体最大的内分泌腺，它主要分泌甲状腺素。甲状腺素的主要功能是调节新陈代谢，兴奋神经系统，促进骨骼的生长发育。

幼儿时期，如果甲状腺机能不足，可出现甲状腺肿大，甚至发生呆小症（克汀病）。呆小症主要表现为智力明显低下，有不同程度的听力和言语障碍,身体矮小,身体发育不匀称:躯干长,下肢短。呆小症是一种完全可以预防的疾病。

如果甲状腺亢进,甲状腺分泌过多,则会出现甲状腺肿大、突眼、多汗、心率加快、脾气急躁、易激动、基础代谢加快、身体逐渐消瘦、乏力等症状。

第八节 神经系统

神经系统是人体生命活动的主要调节系统,机体各器官、各系统在神经系统的统一调节和支配下协调地进行各种生理活动。

神经系统由中枢神经系统和周围神经系统两部分组成。中枢神经系统包括脑和脊髓,周围神经系统包括脑神经、脊神经和植物性神经。大脑是神经系统最高级的部位,控制神经系统的其他各个部分。

在全身各器官、各系统的发育中,神经系统的发育处于领先地位。

一、幼儿神经系统的特点

(一)中枢神经系统的发育过程

儿童出生时,延髓已基本发育成熟。延髓的成熟保证了基本生理活动的正常进行。3岁以前,大脑皮层发育尚未成熟,对皮层下各中枢的控制能力较弱。

3岁~7岁,脑的发育仍然很迅速。3岁时,大脑皮层细胞已大致完成分化,8岁时已与成人没有多大区别。

儿童大脑皮层各种中枢按照一定的顺序发育成熟:枕叶→颞叶→顶叶→额叶。幼儿时期,大脑皮层各种中枢的发育都已逐渐接近成人水平,额叶显著增大,也已相当成熟。

儿童出生时小脑的脑沟不深,小脑半球也很小。1岁时,小脑发育迅速,3岁时基本上达到成人水平,已能维持身体的平衡,并使动作基本准确。

(二)脑重量和脑细胞数目的变化

儿童出生时平均脑重约370克左右,相当于体重的1/8~1/9。1岁时脑的重量约为950克左右。6岁时已达到1 200克左右,约为成人脑重的80%(成人脑重约为1 500克)。

脑细胞的生长可分为三个阶段:第一阶段,细胞增生,表现为细胞分裂,细胞数量增加;第二阶段,细胞增生,同时增大,表现为细胞分裂速度减慢,细胞的体积增大;第三阶段,细胞增大,表现为细胞分裂停止,体积增大。这三个阶段是逐步过渡的。

出生前半年至出生后一年是脑细胞数目增多的重要阶段。1岁以后虽然脑细胞的数目不再增加了,但是细胞的突起却由短变长,由少到多,细胞突起之间也建立起复杂的联系。这就为儿童智力的发展提供了生理基础(如图⑤)。

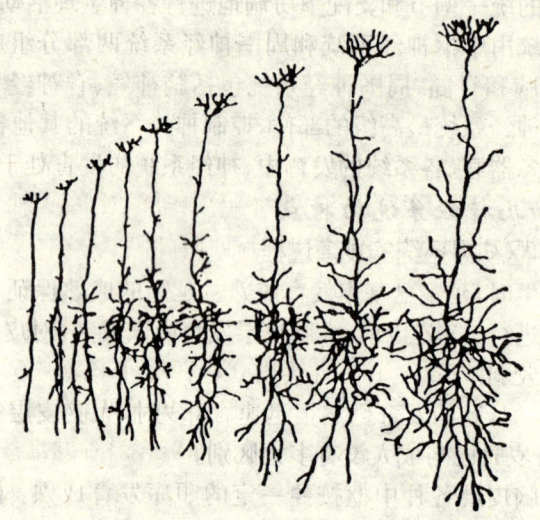

图⑤ 神经细胞在出生后的发育

注意轴突和树突的发育情况:左1为刚出生时,
左2为2岁时,右1为成年时。

(三)神经髓鞘化

神经纤维外层髓鞘的形成表明了神经传导通路和神经纤维形态发育的成熟程度。髓鞘包裹在神经突起的外面,好像电线的绝缘外皮。有了这层"绝缘外皮",身体受到刺激后,就能迅速而精确地将刺激通过神经传到大脑皮层。所以说,神经纤维外层髓鞘的形成,表明神经传导通路和神经形态发育的成熟程度。

在婴幼儿时期，神经髓鞘的发育还不成熟，其功能还不完善。当外界刺激作用于神经而传到大脑时，由于没有髓鞘的隔离，兴奋极易扩散，刺激在无髓鞘神经纤维中传导的速度也较慢。此时幼儿易激动、疲劳，注意力不集中，对外来刺激反应较慢而且容易泛化。6岁左右的幼儿，因其大脑半球的神经纤维已完成髓鞘化，所以在接受外界刺激时就能较迅速、准确地做出反应，能形成比较稳定的条件反射。

（四）脑代谢的特点

1. 耗氧量。在生长发育过程中，儿童的脑对氧的需要量较大。在基础代谢状态下，儿童脑的耗氧量为全身耗氧量的50％，而成人只为20％。因而儿童脑的血流量占心脏输出量的比例也较成人大。

幼儿脑组织对缺氧十分敏感，对氧的耐受力也较差。

2. 能量供给。中枢神经系统代谢所需要的能量，主要由葡萄糖氧化而获得。因而，脑组织对血液中葡萄糖（血糖）的变化非常敏感。幼儿体内肝糖元的储备量少，饥饿可导致血糖含量过低，造成脑功能紊乱。

（五）高级神经活动的特点

幼儿高级神经活动抑制过程不够完善，兴奋过程强于抑制过程，兴奋与抑制在大脑皮层很容易扩散，神经活动的强度较弱。在日常生活中表现为幼儿容易激动，好动而不好静，控制自己的能力较差，注意力不易集中，容易随新异刺激而转移注意力，容易产生疲劳。

二、幼儿神经系统的卫生保健

第一，制订并执行合理的生活制度。制订并执行合理的生活制度，就是要合理安排好幼儿一日的活动时间，组织好活动内容。如果能长期坚持执行，就会在儿童大脑皮层上形成一系列的条件反射，使肌体整个生理活动能按一定的规律进行。这样做，会减轻幼儿神经系统的负担，有益于幼儿身体健康，也有助于幼儿良好行为习惯的养成。

大脑皮层具有镶嵌式的活动特点，即大脑皮层不同区域分管不同的工作。当人们在从事某一项活动时，只有相应区域的大脑皮层在工作（兴奋），与这项活动无关的区域则处于休息（抑制）状态。随着工作性质的转换,工作区与休息区不断轮换。在安排组织幼儿活动时,如注意到动静交替,就可以使大脑皮层各区域的神经细胞轮流工作和休息,避免大脑疲劳现象的发生。

第二,保证充足的睡眠。睡眠状态是大脑皮层的一个弥漫性抑制过程,它可以使中枢神经系统、感觉器官和肌肉等得到充分休息,从而使其功能得到恢复。儿童年龄越小,神经系统发育越不完善,所需要的睡眠时间就越多。(不同年龄儿童一昼夜需要的睡眠时间见表7)

表7 不同年龄儿童一昼夜需要的睡眠时间

年　龄	1个月~6个月	7个月~12个月	1岁~2岁	2岁~3岁	5岁~7岁
睡眠时间 (小时)	16~18	14~15	13~14	12	11

婴儿过了百日,白天可安排睡三觉;9个月以后,白天睡两觉;2岁以后中午安排一次午睡即可。白天睡眠每次约2小时。

除了要保证幼儿有足够的睡眠时间,还应注意幼儿睡眠的质量。要让他们睡得踏实、睡得香。

第三,注意营养。脑和身体其他组织一样,需要多种营养素。营养成分的缺乏不论对成熟脑还是对处于生长时期的脑影响都很大。同时还必须指出,脑器官有一个特点,就是细胞增殖"一次性完成",错过了这个机会,再也无法补偿。处于生长时期的脑对营养不足尤为敏感。此时营养不足,不仅会影响大脑的功能,而且还会影响大脑的重量和形态。大脑发育关键时期,为胎龄18周至出生后两足岁。

儿童脑的发育十分迅速,需要优质蛋白质、磷脂、葡萄糖、维生素B族等营养物质。如果怀孕后期和哺乳期营养不良,婴儿长大后其智力可能会低于正常儿童。表现在学习上,为注意力涣散,记忆力减退,反应迟缓,语言发展缓慢等。

第四,重视良好环境的创设和教育活动的开展。大量实验研究表明,后天环境对婴儿脑的发育有重要的制约作用。通过感官获得的外部世界的各种刺激进入大脑,是婴儿脑正常发育的必要条件。科学证明,脑中得不到锻炼的区域,其正常发育将停滞,甚至可能萎缩,失去发挥作用的功能。儿童脑的成熟有赖于儿童是否能得到足够的外部刺激,也有赖于成人是否为儿童脑的积极活动创设了必需的教育条件。

重视幼儿生活环境的合理安排,组织丰富多样的、适合幼儿身心发展水平的教育活动,对幼儿脑的发育成熟有着十分重要的作用。

第九节 视觉器官和听觉器官

一、视觉器官——眼

眼是引起视觉的光感受器,它的主体部分是眼球,附属部分有眼肌、眼睑、睫毛和泪腺等。

(一) 幼儿眼的特点

1. 幼儿眼球的前后轴较短。幼儿可因眼球前后轴较短而产生生理性远视。随着眼球的发育,眼轴变长,一般到5岁左右,远视可逐渐成为正视(正常视力)。

2. 幼儿眼球晶状体弹性较大。幼儿眼球晶状体弹性好,调节能力强,因而在观看很近的物体时,眼睛也能看清且不觉得累。但如果不注意,晶状体调节过度,睫状肌持续紧张,造成睫状肌疲劳,会形成近视。

3. 儿童出生时因缺乏双眼单视能力,可能有暂时性的斜视,即两眼向前看或转动时视轴不平行,一眼向内、外、上或向下斜。一般情况下,在6个月时就不再会出现斜视现象,到5岁~6岁时双眼单视能力就发育成熟了。

(二) 幼儿眼的卫生保健

第一,注意科学采光。幼儿看书、画画、写字时,光线应充足,并应从左侧射来,以免出现暗影遮光。注意不要让幼儿在光线过强或过暗的地方看书、画画。过强或过暗的光线,都会使眼睛很快疲劳,从而影响幼儿的视力。

第二,注意用眼卫生。幼儿看书、画画、写字时,要保持正确姿势,眼与书的距离要保持在1市尺左右。看书、画画一段时间后,要进行一些体力活动或户外活动,使眼睛疲劳得到及时恢复。注意定期调换幼儿的座位,防止斜视。

第三,幼儿看电视时间不宜过长,次数也不宜过多。看电视处在暗环境之中,需要依靠视网膜杆状细胞中的视紫红质来维持暗视能力,每看1小时电视所消耗的视紫红质需要休息半小时才能恢复。长时间看电视节目,显像管的X射线会严重消耗视网膜中的视紫红质,使视力明显下降,甚至会造成视网膜萎缩。因此,3岁~4岁幼儿每次看电视时间不得超过10分钟~15分钟,5岁~7岁每次不超过25分钟~30分钟。室内除发光屏幕外,看电视的幼儿的身后最好能安装一盏小电灯。这种辅助照明,可以减轻幼儿的视力疲劳。

第四,发展幼儿的视觉能力。研究表明,儿童早期特别是3岁以前是视觉发育敏感期。视觉功能的发育有赖于外界环境光的刺激,刺激的剥夺会影响视觉功能的正常发育。成人可通过各种活动培养和发展幼儿的辨色力等。

第五,定期检查幼儿的视力,及时矫治斜视、弱视。儿童过了3岁,每半年要检查一次视力。如果发现视力不足0.9,应该带幼儿去眼科检查,找出原因,尽早矫正。发现幼儿有斜视、弱视也要早治。治疗弱视的最好时机是6岁以前。经过治疗,视力可以提高,并可恢复立体视觉。

第六,预防眼外伤。要向幼儿进行安全教育,预防眼外伤的发生。

二、听觉器官——耳

耳是听觉和位觉(平衡觉)的感受器官。耳由外耳、中耳和内耳三部分组成。外耳包括耳廓和外耳道。中耳由鼓膜、鼓室和三块听小骨组成。内耳也称迷路,由半规管、前庭和耳蜗三部分组成。半规管和前庭内有位觉感受器,耳蜗内有听觉感觉器。

(一)幼儿耳的特点

1. 外耳道壁尚未完全骨化。幼儿的耳正处在发育过程之中,外耳道的骨部和软骨部发育都没有完全成熟,外耳道皮下组织少,皮肤与软骨膜相贴较紧。外耳道炎性肿胀常会引起剧烈疼痛,并容易扩散到附近的组织与器官。

2. 幼儿的咽鼓管较成人短,口径大,位置水平,咽部开口位置亦低,因而咽部感染容易沿咽鼓管侵入鼓室,引起中耳炎。(外耳道、耳咽道位置随年龄变化示意图见图⑥)

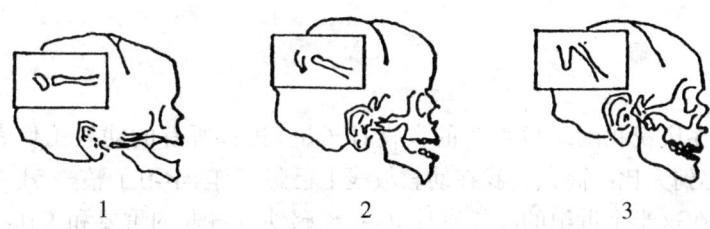

图⑥　外耳道、耳咽道位置随年龄的变化
1. 新生儿;2. 5岁;3. 成人

3. 年幼儿童的硬脑膜血管与鼓膜血管相连,因而中耳的炎症有时可导致脑膜炎。

(二)幼儿耳的卫生保健

第一,注意保持幼儿鼻、咽、喉的清洁卫生,预防中耳炎。要保持鼻咽部的清洁,必须预防感冒,以防止病菌侵犯中耳。另外要教育幼儿轻轻擤鼻涕,以免将鼻咽部的分泌物挤入耳中。

第二,禁止用锐利的工具给幼儿挖耳。用锐利的工具给幼儿挖耳有可能引起外耳道感染,并容易划破鼓膜。因此,不能用锐利工具给幼儿挖耳。幼儿耳道如发生栓塞,应请医生取出。

第三,避免过强的声音影响幼儿的听力。要教育幼儿小声说话,用自然声音唱歌,不大声喊叫。要防止环境中噪音对幼儿听力的影响。教育幼儿听到过强的声音要捂耳、张口,防止强音震破耳膜,影响听力。

第四,慎用耳毒性药物。某些治病的药物或人体接触某些化学制剂会引起位听神经中毒,使位听神经受到损害。

耳毒性抗菌素有链霉素、卡那霉素、庆大霉素等,其中以链霉素中毒最为常见。因此,要慎用耳毒性药物。

美好的事业
幸福的人生[1]

在庆祝我国幼教百年的大喜日子里,我和所有的幼教工作者一样,感到无比的高兴。我在幼教战线上已经工作、学习了整整51个春秋。在这半个世纪的漫长岁月里,我深感幼教事业的重要和工作的艰辛,同时也从工作中获得无数的欢乐!

1951年我考入苏州市苏南幼儿师范学校(前身为景海幼儿师范学校,1952年并入新苏州师范学校)。毕业后进入南师教育系学习。7年的师范教育,在老师们的辛勤教导和培育下,我逐步认识到幼儿教育是一切教育的基础,它关系到每个人的终身发展和进步,关系到国家的命运和未来。我为自己能选择教师这一崇高的职业感到自豪。1963年我由幼儿师范学校调到南师大五台山幼儿园担任园长工作后,更真切、深刻地感受到这一点。

当时五台山幼儿园是一所全托幼儿园,教师不仅要担负对幼儿进行教育的重任,还要管理好幼儿的全部生活,甚至要担负起一部分家庭承担的责任,比如给孩子理发、看病,有时候家长工作繁忙,星期天孩子也留在园内由教师照顾。春天是传染病多发季节,1963年2月,我到幼儿园工作的第二周,在园的全部幼儿被隔离起来直到五一放假,在确保孩子没有问题后,才让家长接回家。整整两个月的时间,每个教师平常照顾孩子,星期天还需接待家长,只能每周轮流休息半天,有时候连这半天都不能保证。当时大家心里就只有一个想法:让幼

---

〔1〕 本文原载于《幼儿教育》2003年增刊。

在园身体健康、生活快乐,让家长放心和满意。

  幼儿教育是一项艰辛的事业,我在幼儿园工作的几年,感受尤为深刻。记得我到幼儿园的第一天,正是幼儿洗澡的日子。当时幼儿园条件差,没有较好的取暖设备,只能在浴室里生一只大煤炉。为了防止幼儿在洗澡时受凉感冒,教师们将洗澡时间改在晚上,这样幼儿一洗完,就可以用棉被裹好,直接送进卧室睡觉。100多名幼儿就这样由教师一个一个抱进卧室。有的教师组织幼儿洗澡,有的教师组织等待的幼儿开展活动,还有一部分教师组织卧室内的幼儿入睡。回想起那情景,真像一场战斗。

  平日里教师们的工作也相当紧张,当时排定的上班时间就是9小时。上午班的教师每天6:30就赶到幼儿园,根据当天的气温变化给幼儿调整着装,和夜班教师交接,了解幼儿夜间睡眠和身体的健康情况。担任下午班的教师则要到晚上8:30才能下班。年轻教师还经常要完成一些额外的劳动任务。例如给幼儿洗棉被,那时还没有洗衣机,全部是用手搓洗。因此,天气一晴,大家就抢着把被子洗好、缝好。夜间孩子突然发热、生病,也是教师抱着孩子跑去医院看病。当时我园既有金陵女子大学毕业的老教师,也有南师院和幼师毕业的年轻教师。老教师对事业的执著追求,对幼儿的关心热爱,对工作的认真细致,给大家树立了良好的榜样。年轻教师个个朝气蓬勃,干劲十足,各项任务总是抢在前面。正因为有这样一个好的教师群体,幼儿园才渡过了一个又一个难关。

  那段时间幼儿园的教育活动丰富多彩,学习、研究的气氛也很浓厚。大家在南师学前教研室教师的指导下,在园内老教师的带领下,不断深入地探索、研究全托幼儿园的教育特点和规律。为了培养全托幼儿的自我服务能力和爱劳动的好习惯,教师们根据各年龄班的发展水平和特点,研究、确定了各班自我服务活动的内容、活动开展的途径和组织形式。例如,小班培养幼儿学习自己穿、脱袜子,扣衣服纽扣,抹自己坐的小椅子等;中、大班幼儿要学习穿、脱、折叠衣服,抹活动室的桌椅、橱柜,学习园地种植(如点播种子,给蔬菜浇水等);大班幼儿学习洗手帕、修补旧图书等,每天下午还轮流派出两名幼儿帮助弟弟妹妹穿衣服。这些活动的开展,不仅培养了幼儿的自我服务能力,养成了幼儿良好的生活习惯,还培养了他们关心同伴、关心他人、爱惜物品等良好的品德行为。

当时幼儿园地处五台山高坡上,园内场地不大,开展体育活动受到一定的限制,教师们就充分利用周围环境中的有利条件,如带领幼儿去五台山体育场散步、进行球类游戏等。大班教师还在每天早上幼儿起床后,带领幼儿在宽敞、安全的省体委门口的场地上跑步、做早操,活动半小时后再回幼儿园盥洗、吃早餐。这些户外体育活动,充分利用了阳光、空气等自然条件,使幼儿的身体得到了很好的锻炼,提高了幼儿肌体的抵抗力和适应能力。

这些教育活动的开展,使幼儿身心都获得了较好的发展。今天,我仍感到当时的教育实践值得认真思考、总结。

1975年,我调入母校南京师范学院工作。20年来,我一直从事幼儿数学教育这门课程的教学与科研工作。随着这门课程的建立和发展,我从一个侧面看到了我国幼儿教育理论发展变化的轨迹。记得20世纪80年代初,受教育观念的局限,幼儿园的数学教学以教师演示、讲解的上课形式为主,虽然教师注意运用多种教学方法、教具激发幼儿兴趣,帮助他们理解所学的概念,但仍偏重于知识、技能的学习。例如,当时在学习数的组成和分解时,教师用各种贴绒教具反复地演示、讲解两个××可以分成一个××和一个××,一个××和一个××合起来又是两个××了。最后幼儿学会了说这句话,教师就以为他们已学会2的组成和分解,事实上,幼儿大多只是记住了这句话,但他们并不理解这句话的含义。随着幼儿教育改革的深入,教师对各种教育理论有了进一步的学习和理解,教育观念上有了很大转变。大家开始关注、研究幼儿的学习活动,研究幼儿数理逻辑知识是怎样构建的。与此同时,也开始反思"教"的活动,思考着什么样的"教"有利于幼儿的学习和发展。今天,在很多幼儿园中,教师都十分重视在教育教学活动中培养幼儿对数学现象、数学问题的兴趣和好奇心,重视环境的创设，让幼儿在操作中，在与材料的相互作用中，获得数学的经验，获得精神的成长。近几年来，教师们又进一步认识到，幼儿教育内容应与幼儿的生活联系，应与幼儿园的各项教育内容整合，教育内容应该情景化、活动化、过程化和经验化，大家正在用这些教育思想指导自己的教育实践。

而今，当我每一次走进幼儿园时，总被教师们那具有创意的工作吸引，孩子们专注的"工作"态度，富有创造力、想象力的表达，以及他们制作的一件件颇有特色的"作品"，总让我十分惊喜和激动。我曾看到幼儿用各种废旧材料（纸盒、塑料、奶粉罐、雪碧瓶等）制作出一棵棵形态各异的"大树"，表达他们对"树"的认识；用绘画和手工制作的方法表现一个个带有数字的物体形象……这一切充分地表现着幼儿的智慧和创造才能。我为教师们的专业成长感到高兴，更为孩子们的健康成长感到高兴！

现在，我虽然已经退休了，但我仍然愿意为幼儿教育做一点力所能及的事，因为我爱孩子，我爱幼教！

个人成果参考目录

1. 小、中班幼儿计算教育活动举例　幼儿教育（江苏）1986年9.10.11月
2. 计算教学法幼儿园教师培训教材　人民教育出版社　1987年6月第一版
3. 对早期数学教育中几个问题的认识　早期教育1988年第11、12期
4. 中班数学《给图形找标记》教学活动设计及评析　早期教育1991年8月
5. 几何图形游戏的设计　幼儿教育　1994年2月
6. 幼儿教育百科（撰写数学、体育部分词条）　上海教育出版社　1989年1月
7. 幼儿园的建筑和设备卫生　江苏教育出版社　1990年7月第1版　第7章
8. 《教育大辞典·幼儿教育卷》（撰写数学、体育部分词条）　上海教育出版社　1990年9月
9. 幼儿园教材教法（数学部分，主编）　南京出版社　1990年6月
10. 幼儿教学活动操作材料　中国广播电视出版社　1991年10月
11. 幼儿数学教育材料和游戏录像片（编导之一）中国儿童电影制片厂音像出版社　1992年5月
12. 幼儿数学画册（主编　并编写了小班上册）　江苏少年儿童出版社　1993年11月

13. 幼儿健康画册（主编） 江苏少年儿童出版社 1993年12月

14. 幼儿数学画册教师指导用书（主编） 江苏少年儿童出版社 1995年5月

15. "幼儿园课程指导丛书"健康部分（主编之一） 南京师范大学出版社 1996年6月

16. 21世纪小小百科·人卷分册（主编） 浙江教育出版社 1997年3月

17. "新编幼儿园系列教材"小、中、大班教师用书（主编之一） 新时代出版社 2002年1月

18. 学前班教师用书（主编之一） 华东师范大学出版社 2005年7月

19. "幼儿园活动体验课程"小、中、大班教师参考书（副主编之一） 人民教育出版社 2005年6月

20. "幼儿园渗透式领域课程"小、中、大班教师用书（数学部分主编） 南京师范大学出版社 2005年5月

个人学术年表

1979年11月　参加全国幼儿教育研究会在南京召开的成立大会及第一届年会。
1987年5月　赴日本名古屋爱知教育大学及当地幼儿园访问并参观。
1989年10月　参加由国家教委在南京主办的幼儿教育国际研讨会。
1991年3月　参加天津市幼儿教育研究会年会及学术研讨会，并在会上作了专题报告。
1992年4月　参加在西安举办的全国幼儿数学教育研讨会，并在会上作了专题报告。
1995年10月　在成都市参加由全国学前教育研究会召开的学术研讨会。
1996年9月　参加在上海召开的海峡两岸婴幼儿人格建构研讨会。
1996年12月　参加由香港教育学院举办的中华幼儿教育学术交流会，并在会上作了专题报告。
1997年10月　参加在上海召开的中国学前教育研究会学前儿童健康教育专业委员会成立大会暨学术研讨会。
1998年6月　参加在珠海召开的第二届学前儿童健康教育学术研讨会。
1999年4月　参加在青岛召开的中国学前教育研究会托幼机构教育专业委员会学术研讨会。
2000年6月　参加在长沙召开的第三届学前儿童健康教育学术研讨会。
1984年9月　去新疆乌鲁木齐市联合大学学前专业大专班讲课。
1986年9月　去沈阳艺术幼儿师范学校大专班讲课。
1989年4月　去厦门教育学院幼教大专班讲课。
1989年10月～1994年10月　每年10月均去浙江幼儿师范大专班讲课。
1991年6月　给济南幼儿师范举办的全国幼儿卫生学教师培训班讲课。
1991年12月　给江苏省幼儿师范举办的幼儿园骨干教师培训班讲课。
1992年2月、3月、6月、9月　分别给长沙、芜湖、徐州、昆明等地幼儿园骨干教师讲课。

1992年11月～1995年11月　每年给东南大学建筑系学生作《幼儿园房屋建筑卫生要求》专题报告一次。

1993年6月、11月　分别给包头市、新乡市幼儿园骨干教师讲课。

1993年3月、1998年9月　分别担任东南大学建筑系硕士、博士论文答辩委员会委员(硕士、博士各1人)。

1994年4月、11月、12月　分别去上海、新乡、济南等地讲课。

1995年10月、12月　分别去成都、郑州讲课。

1997年1月、4月、6月、7月、8月　分别去温岭、九江、井冈山、茂名等地讲课。

1998年5月、6月、8月、9月、12月　分别去合肥、厦门、珠海、银川、天津、汕头等地讲课。

1999年2月、4月、5月、8月、9月　分别去四川攀枝花、青岛、上海浦东、合肥、广东南海等地讲课。

2000年7月　去福州讲课。

2001年5月　去湛江讲课。

2002年5月、6月　去山东胜利油田、兰州讲课。

2002年9月　给香港教育学院举办的数学培训班讲课。

2003年12月,2004年5月、6月　分别去西安、黄石、长春等地讲课。

后　记

　　在文集完成之时，我首先想到的是要感谢我的老师方观容教授，是老师将我引领进幼儿数学教育这一领域之中，并倾注全力指导我的教学和科研工作，使我能为学前儿童数学教育的学科建设做了一些工作，这一切都是老师培养、指导的结果。我还要感谢李美筠、何佩芬、赵寄石和北京师范大学学前教育系万钫等教授，是她们的关心和帮助，使我能够比较快地熟悉、掌握幼儿保健、儿童营养等方面的基本理论和基础知识，较好地完成了"幼儿卫生学"这门学科的教学任务。这里，我还要感谢我的老师、同学唐淑、王志明、楼必生等同志，30多年来她们一直关心着我，对我的专业方向、教学和科研工作，都给了许多宝贵的建议和帮助，在我遇到问题和困难之时，总能从她们那儿得到及时的帮助。从20世纪80年代中期起，我先后与系里青年教师肖湘宁、顾荣芳、张俊等同志共同担任同一学科的教学工作，并合作研究相关的课题。在我们一起合作研究的过程中，他们常会以一种新的视角、新的理念思考和剖析问题、总结经验，使课题研究有所突破、有所发展。在这次文集选编中，顾荣芳同志对文集的内容的选择和编排顺序等方面都给予我许多帮助，使文集得以较好地完成。对他们多年来给予我的关心、支持和帮助，我是十分感谢的。在此，我还要感谢学前系的领导和老师，感谢他们多年来对我的关心和帮助,在我退休以后仍常邀请我参加幼儿园的课程研究工作,使我能继续为幼儿教育出一点力,同时也使我退休后的生活更为充实和快乐。

在文集完成之时,我要对与我们合作多年的幼儿园老师们深表谢意。南京市逸仙桥小学附属幼儿园特级教师朱珬瑶老师从20世纪70年代末起我们就合作研究幼儿园数学教育问题,至今已近30年了,她丰富的教学经验和教学智慧使一些教育理念能在教育实践中实施和展现,一些研究中的困惑、难题也在我们共同讨论中得到解决。20世纪80年代中期、90年代初期,南京市中华路幼儿园贾宗萍、甘晓娟(当时她在逸仙桥小学附属幼儿园),南京市玄武区教师进修学校马柳新,南京市珠江路小学附属幼儿园严文琪、李铭、朱宇红(李、朱两位老师现已调至南京市长江路小学附属幼儿园)、宋云梅、童孝嫱、汤小文,东南大学附属幼儿园王桂玲、吴岚、陈雯、赵晓丽、沈洪洁等老师参加到课题研究中,这批年轻教师的参加,使我们的研究能更好地展开,更深入地进行。幼儿园数学教育研究所取得的每一成果都饱含着他们的智慧和辛勤劳动,是我们共同努力的结果。

最后,我要感谢江苏教育出版社的领导和编辑同志,他们对文集进行了认真审阅和修改,使文集能顺利出版。

张慧和
2006年6月

图书在版编目（CIP）数据

张慧和文集／张慧和著．—南京：江苏教育出版社，
2006.9
（学前教育家文库）
ISBN 7-5343-7626-2

Ⅰ.张…　Ⅱ.张…　Ⅲ.①张慧和－文集②学前教育－教学研究－文集③儿童－保健－文集
Ⅳ.G612-53②R174-53

中国版本图书馆 CIP 数据核字（2006）第 089152 号

书　名	张慧和文集
作　者	张慧和
责任编辑	夏　焰
出版发行	凤凰出版传媒集团
	江苏教育出版社（南京市马家街 31 号 210009）
网　址	http://www.1088.com.cn
集团网址	凤凰出版传媒网 http://www.ppm.cn
经　销	江苏省新华发行集团有限公司
照　排	南京展望文化发展有限公司
印　刷	江苏淮阴新华印刷厂
厂　址	淮安市淮海北路 44 号（邮编 223001）
电　话	0517-3941427
开　本	890×1240 毫米　1/32
印　张	9.25
插　页	1
字　数	240 000
版　次	2006 年 9 月第 1 版
	2006 年 9 月第 1 次印刷
书　号	ISBN 7-5343-7626-2/G·7311
定　价	24.00 元
批发电话	025-83260760,83260768
邮购电话	025-85400774,8008289797
短信咨询	10602585420909
E-mail	jsep@vip.163.com
盗版举报	025-83204538

苏教版图书若有印装错误可向承印厂调换
提供盗版线索者给予重奖